LE PRESBYTÈRE.

TOME PREMIER.

GENÈVE,
CHEZ LES PRINCIPAUX LIBRAIRES.

1839.

(Par Rodolphe Töpffer)

LE PRESBYTÈRE.

IMPRIMERIE F. RAMBOZ.

LE
PRESBYTÈRE.

TOME PREMIER.

GENÈVE,

CHEZ LES PRINCIPAUX LIBRAIRES.

1839.

LIVRE PREMIER.

Il y a des momens dans la vie où une heureuse réunion de circonstances semble fixer sur nous le bonheur. Le calme des passions, l'absence d'inquiétude nous prédisposent à jouir; et si au contentement d'esprit vient s'unir une situation matériellement douce, embellie par d'agréables sensations, les heures coulent alors délicieusement, et le sentiment de l'existence se pare de ses plus riantes couleurs.

C'est précisément le cas où se trouvaient les trois personnages que j'avais sous les yeux. Rien au monde dans leur physionomie qui trahît le moindre souci, le plus petit trouble, le plus faible remords; au contraire, on devinait, au léger rengorgement de leur cou, ce légitime orgueil qui procède du contentement d'esprit; la gravité de leur démarche annonçait le calme de leur cœur, la moralité de leurs pensées; et dans ce moment même où, cédant aux molles influences d'un doux soleil, ils venaient de s'endormir, encore semblait-il que de leur sommeil s'exhalât un suave parfum d'innocence et de paix.

Pour moi (l'homme est sujet aux mauvaises pensées), depuis un moment je maniais une pierre. A la fin, fortement sollicité par un malin désir, je la lançai dans la mare, tout à côté.... Aussitôt les trois têtes sortirent en sursaut de dessous l'aile.

C'étaient trois canards; j'oubliais de le dire. Ils faisaient là leur sieste, tandis qu'assis au bord de la flaque, je songeais, presque aussi heureux que mes paisibles compagnons.

Aux champs, l'heure de midi est celle du silence, du repos, de la rêverie. Durant que le soleil darde à plomb ses rayons sur la plaine, hommes et animaux suspendent leur labeur ; le vent se tait, l'herbe se penche, et les insectes seuls, animés par la chaleur, bourdonnent à l'envi dans les airs, formant une lointaine musique qui semble augmenter le silence même.

A quoi je songeais? à toute sorte de choses, petites, grandes, indifférentes ou charmantes à mon cœur. J'écoutais le bruissement des grillons ; ou bien, étendu sur le dos, je regardais au firmament les métamorphoses d'un nuage ; d'autres fois, me couchant contre terre, je considérais, sur le pied d'un saule creux, une mousse humide, toute parsemée d'imperceptibles fleurs ; je découvrais bientôt dans ce petit monde des montagnes, des vallées, d'ombrageux sentiers, fréquentés par quelque insecte d'or, par une fourmi diligente. A tous ces objets s'attachait dans mon esprit une idée de mystère et de puissance qui m'élevait insensiblement de la terre au ciel, et alors, la présence du Créateur se faisant fortement sentir, mon cœur se nourrissait de grandes pensées.

Quelquefois, les yeux fixés sur les montagnes, je songeais à ce qui est derrière, aux lointains pays, aux côtes sablonneuses, aux vastes mers ; et si, au milieu de ma course, je venais à heurter quelque autre idée, je la suivais où elle voulait me conduire, si bien que, du bout de l'Océan, je rebroussais subitement jusque sur le pré voisin, ou sur la manche de mon habit.

Il m'arrivait aussi de tourner les yeux sur le vieux presbytère, à cinquante pas de la mare, derrière moi. Je n'y manquais guère lorsque l'aiguille de l'horloge approchait de l'heure, et qu'à chaque seconde j'attendais de voir, au travers des vieux arceaux du clocher, le marteau s'ébranler, noir sur l'azur du ciel, et retomber sur l'airain. Surtout j'aimais à suivre de l'oreille le tintement sonore que laissait après lui le dernier coup, et j'en recueillais les ondes décroissantes, jusqu'à ce que leur mourante harmonie s'éteignît dans le silence des airs.

Je revenais alors au presbytère, à ses paisibles habitans, à Louise, et, laissant retomber ma tête sur mon bras, j'errais en compagnie de mille souvenirs, dans un monde connu de mon cœur seulement.

Ces souvenirs, c'étaient les jeux, les plaisirs, les agrestes passe-temps dans lesquels s'était écoulée notre enfance. Nous avions cultivé des jardins, élevé des oiseaux, fait des feux au coin de la prairie; nous avions mené les bêtes en champs, monté sur l'âne, abattu les noix et folâtré dans les foins ; pas un cerisier du verger, pas une pêcher de ceux qui cachaient au midi le mur de la cure, qui ne se distinguât pour nous de tous ceux du monde entier par mille souvenirs que ramenait, comme les fruits, chaque saison nouvelle. J'avais (l'enfant est sujet aux mauvaises pensées), j'avais, pour elle, picoré les primeurs chez les notables du voisinage; pour elle encore j'avais eu des affaires avec le chien, avec le garde-champêtre, avec le municipal; incorrigible tant qu'elle aima les primeurs. Dans ce temps-là, tout entier au présent, j'agissais, je courais, je grimpais; je songeais peu, je rêvais moins encore, si ce n'est parfois, la nuit, au garde-champêtre.

Mais ce jour dont je parle, ce n'était pas du garde-champêtre que j'étais occupé. Et puis, il était mort, et son successeur, m'ayant trouvé plus souvent solitaire au bord de la mare qu'attentif aux primeurs, avait conçu de moi une opinion très-avantageuse. Cet homme sensé avait deviné que la préférence que je marquais pour les arides bords de la flaque, ne pouvait provenir que d'une préoccupation entièrement étrangère à cette préoccupation des primeurs que son métier était de contenir dans de justes bornes.

En effet, malgré l'ingrate aridité de ses étroites rives, j'avais pris en affection singulière cette petite mare et son saule ébranché. Peu à peu j'en avais fait mon domaine, sûr que j'étais, à l'heure de midi, de n'y rencontrer personne que les trois canards, dont la tranquille société me plaisait beaucoup, depuis que le sentiment de leur présence s'était associé au charme de mes rêveries.

Il faut dire aussi que, par un singulier changement qui s'était fait en moi, j'aimais presque mieux, depuis quelque temps, songer à Louise qu'être auprès d'elle.

Ce goût étrange m'était venu, j'ignore comment ; car nous étions les mêmes êtres qui jusqu'alors n'avions eu d'autre instinct que de nous chercher l'un l'autre, pour jaser, courir et jouer ensemble. Seulement j'avais vu quelquefois la rougeur parcourir son visage ; une timidité plus grande, un sourire plus sérieux, un regard plus mélancolique, et je ne sais quelle gêne modeste, avaient remplacé sa gaîté folle et son naïf abandon. Ce changement mystérieux m'avait beaucoup ému. Aussi, quoique je l'eusse toujours connue, il me semblait néanmoins que je la connusse depuis peu de temps, et de là naissait quelque embarras dans mes manières auprès d'elle. C'est vers cette époque que j'avais commencé à fréquenter la mare, où, accompagné de son image, je m'oubliais des heures entières. Je m'y complaisais surtout à rebrousser dans le passé, pour embellir les souvenirs dont j'ai parlé, de ce charme tout nouveau que je trouvais en elle. Je les reprenais un à un, jusqu'aux plus lointains, et, portant dans chacun d'eux les récentes impressions de mon cœur, je repassais avec délices par toutes les situations, si simples pourtant, de notre vie champêtre, y goûtant un plaisir qui me les faisait chérir avec tendresse.

Je reçus une visite. C'était un moineau qui vint se poser étourdiment sur le saule. J'aime les moineaux, et je les protége; c'est un rôle héroïque pour qui vit aux champs, où tous les détestent et conspirent contre leur scélérate vie; car leur crime journalier, c'est de manger du grain.

Celui-là, je le connaissais, et trois ou quatre autres encore, avec qui nous conspirions à notre tour contre l'égoïsme des hommes. Les blés étant mûrs, l'on avait planté au milieu du champ un grand échalas, surmonté d'un chapeau percé, qui servait de tête à des haillons flottans; en telle sorte que les moineaux voyaient bien les épis gros et dorés, mais, pour tout le grain du monde, ils n'eussent osé toucher à un seul, sous les yeux du grave magistrat qui en avait la garde. Il en résultait que, venant à la mare, le long de la lisière du champ, je ne manquais pas d'arracher une douzaine d'épis, sans remords aucun, avec une secrète joie. Je les dispersais ensuite autour de moi; et je voyais, avec un plaisir que je ne puis rendre, les moineaux fondre des branches voisines sur cette modique pâture, et piquer le grain presque sur ma main.... Et quand au retour je repassais devant le fantôme, un léger mouvement d'orgueil effleurait mon cœur.

Le moineau, après une courte station sur le saule, fondit sur un des épis qui se trouvaient à côté des canards. Les canards sont maîtres chez eux, et trouvent inconvenant qu'un moineau les dérange. Ceux-ci, allongeant le cou d'un air colère, se dirigèrent en criant contre le léger oiseau, qui, déjà remonté dans les airs, regagnait joyeusement sa couvée, l'épi dans le bec, à la barbe du fantôme.

Mais le chant des canards..... Ce ne fut point, je pense, par un mouvement d'impertinence, mais plutôt par l'effet puissant de ces lois mystérieuses qui président aux associations d'idées ; le chant un peu rauque que venaient de faire entendre mes trois compagnons, porta involontairement ma pensée sur le chantre du presbytère. Ce qui me fait croire qu'en cela je ne fus point conduit par une maligne intention, c'est que j'aimais peu à songer à cet homme, et, le plus que je pouvais, je l'écartais de mes souvenirs, dans lesquels il ne figurait que pour en altérer le calme. En effet, avant tout autre, il m'avait fait connaître la peur, la honte, la colère, la haine même et d'autres passions mauvaises, que sans lui j'eusse ignorées longtemps encore.

———

Il passait pour juste, je le trouvais méchant ; on le disait sévère, je le trouvais brutal ; et j'avais, pour trouver cela, des motifs, qui, à la vérité, m'étaient personnels. Par justice, il avait dénoncé plus d'une fois mes délits aux notables, au garde-champêtre, à mon protecteur même, me faisant la réputation d'un incorrigible garnement. C'était par sévérité que, joignant le geste au reproche, il m'avait plus d'une fois fait connaître la vigueur de son bras, et l'éclat sonore de sa large main. Voilà ce qui influençait mon opinion. Si j'eusse vécu avec lui seul, peut-être j'aurais pris en habitude ces procédés, et, remarquant que presque jamais je n'étais irrépréhensible, je les eusse regardés comme la conséquence d'une vertueuse indignation. Mais j'avais sous les yeux d'autres exemples, et l'indulgente bonté que je rencontrais dans le cœur d'un autre homme, formait un contraste qui me faisait paraître la vertu du chantre tout à fait repoussante. C'est ainsi qu'il y avait pour moi deux justices, deux vertus : l'une rigide, colère et peu aimable ; l'autre indulgente, douce, et digne d'être éternellement chérie.

———

Mais un autre grief m'animait contre le chantre, et celui-là plus profond que les autres. Depuis que j'avais grandi, il ne recourait plus aux mêmes argumens qu'autrefois ; mais son humeur s'exhalait en reproches violens et en discours empreints d'une défiance qui commençait à blesser ma fierté. Je la méritais pourtant jusqu'à un certain point ; car, comme il y avait à la cure un autre homme pour qui mes actions étaient sans voile, je ne me croyais point tenu de tout avouer au chantre ; en sorte que, déjà absous à mes propres yeux du reproche de mensonge ou de fausseté, je mettais auprès de lui quelque malice dans mes réticences. En provoquant ainsi sa colère quelque temps auparavant, je m'étais attiré une punition cruelle. Un mot funeste lui était échappé, qui, tout en me montrant chez cet homme l'intention de m'outrager, avait en même temps altéré profondément l'heureuse sécurité où j'avais vécu jusqu'alors.

Comme j'avais l'air de braver sa fureur, en opposant à la violence de ses emportemens la douceur patiente de mon protecteur : « Il est trop bon pour un enfant trouvé, » m'avait-il dit.

Plein de stupeur, je m'étais hâté de fuir dans un endroit solitaire, pour y calmer le trouble où ces mots avaient jeté mon âme.

Depuis cette époque, je fuyais sa présence, et mes plus belles journées étaient celles où les travaux de la campagne l'appelaient à s'absenter de la cure. Alors j'éprouvais, dès le matin, une confiante sécurité qui répandait son charme sur tous mes projets, et j'oubliais jusqu'aux funestes paroles qui m'avaient tant ému.

Quelquefois aussi, songeant que cet homme était le père de Louise, je surprenais dans mon cœur une involontaire vénération pour lui, et sa rudesse même ne me semblait pas un obstacle à l'aimer. Portant ce sentiment plus loin encore, plus il m'inspirait d'éloignement, plus je trouvais digne d'envie de combler la distance qui me séparait de lui par le dévouement, le sacrifice et la tendresse, et voyant luire au delà des jours sans haine, je cédais au besoin de mon cœur, et du sein de ma solitude je chérissais cet homme redouté.

Tout en songeant au chantre, je m'étais étendu sur le dos, après avoir placé mon chapeau sur mon visage pour me défendre du soleil.

J'étais dans cette position, lorsque je sentis une légère démangeaison qui, commençant à l'extrémité de mon pouce, cheminait lentement vers les sommités de ma main droite, négligemment posée par terre. Quand on est seul, tout est événement. Je m'assis pour mieux reconnaître la cause de celui-ci. C'était un tout petit scarabée, d'un beau rouge moucheté de noir, de ceux que chez nous on nomme *Pernettes*. Il s'était mis en route pour visiter les curiosités de ma main, et, déjà arrivé près de la première phalange,

2

il continuait tranquillement son voyage. L'envie me prit aussitôt de lui faire les honneurs du pays, et, le voyant hésiter en face des obstacles que lui présentaient les replis de la peau dans cet endroit, je saisis de l'autre main une paille que j'ajustai entre le pouce et l'index, de manière à lui former un beau pont. Alors, l'ayant un peu guidé en lui fermant les passages, j'eus le bonheur inexprimable de le voir entrer sur mon pont, malgré la profondeur de l'abîme, au fond duquel les replis de mon pantalon, éclairés par le soleil, devaient lui apparaître comme les arêtes vives d'un affreux précipice. Je n'aperçus pourtant point que la tête lui tournât ; mais, par un malheur heureusement fort rare, le pont vint à chavirer avec son passant. Je redoublai de précautions pour retourner le tout sans accident, et mon hôte toucha bientôt au bord opposé, où il poursuivit sa marche jusqu'au bout de l'index qui se trouvait noirci d'encre.

Cette tache d'encre arrêta mes regards, et ramena ma pensée sur mon protecteur.

C'était l'obscur pasteur du petit troupeau disséminé par les champs autour du vieux presbytère. Enfant, je l'avais appelé mon père; plus tard, voyant que son nom n'était pas le mien, avec tout le monde je l'avais appelé M. Prévère. Mais, lorsque le mot du chantre m'eut révélé un mystère sur lequel, depuis peu seulement, je commençais à réfléchir, M. Prévère m'était apparu comme un autre homme, et avait cessé de me paraître un père, pour me sembler plus encore. Dès lors, à l'affection confiante et familière que sa bonté m'avait inspirée, était venue se joindre une secrète vénération, qu'accompagnait un respect plus timide. Je me peignais sans cesse cet homme pauvre, mais plein d'humanité, recueillant à lui mon berceau délaissé. Plus tard, je me le rappelais excusant mes fautes, souriant à mes plaisirs, et tantôt me donnant d'indulgentes leçons, plus souvent encore provoquant mon repentir par la tristesse de son regard et la visible peine de son cœur; en tout temps attentif à compenser par ses tendres soins l'infériorité où pouvait me placer, aux yeux des autres, le vice de ma naissance. Et songeant que durant tant d'années il avait dédaigné d'en trahir le secret, et de s'en faire un titre à ma reconnaissance, je me sentais attendrir par les plus vifs sentimens de respect et d'amour.

Mais, en même temps que j'éprouvais plus d'affection pour lui, j'étais devenu plus timide à la lui témoigner. Plusieurs fois, ému de reconnaissance, j'avais été sur le point de me jeter dans ses bras, laissant à mes pleurs et à mon trouble le soin de lui montrer tout ce que je n'osais ou ne savais lui dire, et toujours, la retenue que m'imposait sa présence comprimant l'essor de mes sentimens, je restais auprès de lui gauche, silencieux, et, en apparence, plus froid qu'à l'ordinaire. Alors aussi j'éprouvais le besoin de m'éloigner, et, mécontent de moi, je revenais dans ma solitude. Là, j'imaginais mille incidens d'où je pusse tirer occasion de lui parler, et bientôt, trouvant un langage, je lui tenais tout haut les plus tendres discours. Mais, l'oserai-je dire? souvent, par un tour bizarre que prenait mon imagination, j'aimais à me supposer atteint d'un mal mortel, appelant à mon chevet cet homme vénéré; et là, comme si l'attente d'une mort prochaine et prématurée dût imprimer à mes paroles un accent plus touchant et plus vrai, je lui demandais pardon de mes fautes passées ; je bénissais avec attendrissement ses soins, ses bienfaits ; je lui disais un dernier adieu ; et, versant dans mes discours l'émotion croissante dont j'étais pénétré, je jouissais en idée de sentir une de ses larmes se mêler à mes sanglots.

J'avais encore recours à un autre moyen tout aussi étrange, mais qui n'allait pas mieux au but. Cet homme, que je voyais tous les jours, à qui je pouvais parler à chaque instant, j'avais imaginé de lui écrire des lettres, et la première fois que cette idée me vint, elle me sembla admirable. Enfermé dans ma chambre, j'en composais plusieurs. Je choisissais ensuite celle qui me plaisait le plus, et je la mettais dans ma poche pour la remettre moi-même aussitôt que j'en trouverais l'occasion. Mais, dès que j'avais cette lettre sur moi, j'évitais le plus possible de me trouver avec M. Prévère, et si je venais à le rencontrer seul, une vive rougeur me montait au visage, et mon premier soin, pendant qu'il me causait, était de froisser et d'anéantir au fond de ma poche cette lettre où se trouvait pourtant ce que j'aurais tant aimé lui dire.

Mais ce n'était pas à l'occasion d'une lettre semblable que, ce jour-là, je m'étais noirci le bout du doigt. Voici ce que je lui avais écrit, le matin même, sur une feuille que j'étais venu relire auprès de la mare :

Monsieur Prévère

Je vous écris, parce que je n'ose vous parler de ces choses. Plusieurs fois j'ai été à vous ; mais, en vous voyant, les mots m'ont manqué, et pourtant je voulais vous dire ce que j'ai sur le cœur.

C'est depuis six mois, monsieur Prévère, depuis la course aux montagnes, d'où nous revînmes tard, Louise et moi. Je n'ai plus été le même, et je ne sais plus trouver de plaisir qu'à ce qui se rapporte à elle ; aussi je crains de vous avoir souvent paru distrait, négligent et peu appliqué. C'est involontaire, je vous assure, monsieur Prévère, et j'ai fait des efforts que vous ne savez pas ; mais, au milieu, cette idée me revient sans cesse, et toute sorte d'autres que je vous dirai, et que vous trouverez, je crains, bien extravagantes ou blâmables. A présent que je vous ai dit cela, je sens que j'oserai vous parler si vous me questionnez.

Charles.

Je lisais et relisais cette lettre, bien déterminé à la remettre le jour même.

———

Un soir de l'automne précédent, nous étions partis, Louise et moi, pour visiter les deux vaches de la cure, qui passaient l'été aux châlets, à mi-côte de la montagne. Nous prîmes par les bois, jasant, folâtrant le long du sentier, et nous arrêtant aux moindres choses qui se rencontraient. Dans une clairière, entre autres, nous fîmes crier l'écho; puis à force d'entendre sa voix mystérieuse sortir des taillis, une espèce d'inquiétude nous gagna, et nous nous regardions en silence, comme si c'eût été une troisième personne avec nous dans le bois. Alors nous prîmes la fuite d'un commun mouvement, pour aller rire plus loin de notre frayeur.

Nous arrivâmes ainsi près d'un ruisseau assez

rempli d'eau pour rendre le passage difficile, à pieds secs du moins. Aussitôt je proposai à Louise de la porter sur l'autre rive ; je l'avais fait cent fois. Elle refusa..... et tandis que, surpris, je la regardais, une vive rougeur se répandit sur son visage, en même temps que mille impressions confuses me faisaient rougir moi-même. C'était comme une honte jusqu'alors inconnue, qui nous portât ensemble à baisser les yeux. Je songeais à lui faire un pont de quelques grosses pierres, lorsque, ayant cru deviner à son embarras et à son geste qu'elle voulait ôter sa chaussure, je m'acheminai en avant.

J'entendis bientôt derrière moi le bruit de ses pas ; mais je ne sais quelle honte m'empêchait de me retourner, en me faisant craindre de rencontrer son regard. Comme si nous eussions été d'accord, elle éluda ce moment en venant se replacer à côté de moi, et nous continuâmes à marcher sans rien dire, et sans plus songer au châlet, dont nous laissâmes le sentier sur la gauche, pour en prendre un qui nous ramenait vers la cure.

Cependant la nuit s'était peu à peu étendue sur la plaine, et les étoiles brillaient au firmament ; quelques bruits lointains, ou, plus près de nous, le chant monotone du coucou, se mêlaient seuls par intervalles au silence du soir. Dans les endroits où le taillis était peu épais, nous apercevions la lune scintillant parmi les feuilles et les branchages ; plus loin nous rentrions dans une obscurité profonde, où le sentier se distinguait à peine du sombre gazon de ses bords. Louise marchait près de moi, et quelque frémissement s'étant fait entendre sous un buisson, elle me saisit la main comme par un mouvement involontaire. Un sentiment de courage prit aussitôt la place de l'inquiétude que je commençais à partager avec elle, et l'impression d'un plaisir tout nouveau me fit battre le cœur.

Dans la situation où nous étions, c'était comme une issue à notre gêne, et quelque chose de la douceur d'une réconciliation. Il s'y joignait aussi pour moi un charme secret, comme si elle eût eu besoin de ma protection, et que j'eusse été un appui pour sa timide faiblesse. Profitant de l'obscurité qui empêchait qu'elle ne s'aperçut de ma préoccupation, je tournais sans cesse les yeux de son côté, sans être rebuté de ce que je ne pouvais la voir. Mais je sentais mieux sa présence, et je savourais avec plus de douceur les tendres sentimens dont j'étais pénétré.

C'est ainsi que nous atteignîmes la lisière du bois, où, retrouvant la voûte du ciel et la lumière de la lune, je retombai dans un autre embarras.

Il me sembla qu'il n'y avait plus de motif pour que je retinsse sa main, et d'autre part je trouvais qu'il y eût eu de la froideur ou de l'affectation à retirer la mienne ; en sorte que, dans ce moment, j'aurais désiré de tout mon cœur qu'elle me la retirât d'elle-même. Je tirais toute sorte d'inductions des plus insensibles mouvemens de ses doigts, et les plus involontaires frémissemens des miens me causaient une extrême émotion. Par le plus grand bonheur, une clôture se présenta qu'il fallut franchir. Aussitôt je quittai la main de Louise, après avoir passé par tant d'impressions aussi vives que nouvelles.

Quelques instans après, nous arrivâmes à la cure.

Pendant que je relisais ma lettre, le bruit d'une croisée qui s'ouvrit à la cure me fit tourner la tête. Je vis M. Prévère qui, debout dans sa chambre, me considérait. J'anéantis aussitôt ma lettre comme j'avais fait les autres.

M. Prévère continuait de rester les bras croisés, dans une attitude de réflexion et sans m'appeler, comme il lui arrivait quelquefois, pour nous donner une leçon, à Louise et à moi. Remarquant qu'il avait mis son chapeau, et l'habit avec lequel il avait accoutumé de sortir, je pris le parti de m'asseoir, dans l'espérance que je le verrais bientôt s'ôter de cette fenêtre où sa présence m'imposait une grande gêne, sans que je voulusse néanmoins la lui laisser voir en m'éloignant moi-même.

Heureusement un ami, qui souvent déjà m'avait rendu d'éminens services, vint me tirer d'embarras.

———

C'était Dourak, le chien de la cure. Il n'était pas beau; mais il avait une physionomie intelligente, et une sorte de brusquerie vive et franche qui donnait du prix à son amitié. Sous les grands poils noirs qui hérissaient sa tête, on voyait briller deux yeux dont le regard un peu sauvage se tempérait pour moi seul d'une expression caressante et soumise. Du reste, haut de taille et plein de courage, il avait eu souvent des affaires, et, l'automne précédent, quelques jours après notre course, il était revenu glorieusement des châlets avec tous ses moutons et une oreille de moins, ce qui lui avait valu l'estime et les complimens du hameau.

C'est lui qui vint me trouver. Je me levai comme pour le caresser, et, ayant l'air de le suivre où il voulait me conduire, j'allai chercher plus loin une autre retraite.

A quelques pas de la mare, un mur soutenait l'espèce de terrasse sur laquelle s'élevait, au milieu des tilleuls et des noyers, le paisible presbytère. Des mousses, des lichens, des milliers de plantes diverses tapissaient cette antique muraille, dont l'abord était embarrassé par une multitude d'arbres et de buissons, qui croissaient en désordre dans ce coin retiré. En quelques endroits où la terre était moins profonde, l'herbe seule couvrait le sol, formant ainsi de petits enclos parmi l'ombrage et la fraîcheur.

C'est dans une de ces retraites que je vins m'établir. Le chien m'y avait précédé, flairant le terrain et faisant partir les oiseaux que recelaient ces tranquilles feuillages. Dès que je me fus assis, il vint s'accroupir en face de moi, comme pour savoir à mon air ce que nous allions faire.

C'est à quoi je songeais moi-même, lorsque je crus entendre un petit bruit, à quelques pas de nous. Je me levai aussitôt, et, ayant écarté les branches flexibles qui me fermaient le passage, je vis le chantre qui faisait sa méridienne, couché contre terre.

Je le regardai quelques instans, retenu par je ne sais quelle curiosité. Je trouvais de l'intérêt à considérer, endormi et sans défiance, cet homme que j'étais habitué à voir sous un aspect tout différent. Il me semblait, à la vue de son paisible sommeil, que je sentisse mon cœur s'épurer, et l'éloignement qu'il m'inspirait se perdre dans un sentiment de respect pour son repos. Aussi me retirais-je déjà tout doucement, lorsque je fus ramené plus doucement encore par une indiscrète velléité.

———

Le chantre portait une jaquette de gros drap noir, ayant deux larges poches du côté extérieur. J'avais remarqué que, de l'une d'elles, sortait à moitié un papier ployé en forme de lettre.

Je ne sais quel bizarre rapprochement je vins à faire dans mon esprit entre ce papier et l'attitude pensive où je venais de laisser M. Prévère ; mais ce fut à une idée aussi vague que se prit ma curiosité.

Je retournai donc sur mes pas, mais dès lors avec l'émotion d'un coupable. Tremblant au plus petit bruit qui se faisait à l'entour, je m'arrêtais de temps en temps pour lever les yeux en haut, comme si quelqu'un m'eût regardé de dessus les arbres ; puis, je les baissais bien vite, pour ne pas perdre de vue le chantre. Ses cheveux noirs et courts, les robustes formes de son cou, cette tête dure et hâlée, appuyée sur deux grosses mains calleuses, m'inspiraient un secret effroi, et l'idée d'un réveil terrible épouvantait mon imagination.

Cependant Dourak, trompé par mon air d'attente et d'émotion, s'était mis à guetter tout à l'entour, la patte levée et le nez au vent, lorsque, au bruit d'un lézard qui glissait sous des feuilles sèches, il fit un grand bond, et tomba bruyamment sur ces feuilles retentissantes. Je restai immobile, tandis qu'une sueur froide parcourait tout mon corps.

Ma frayeur avait été telle, que je me serais éloigné immédiatement, sans une nouvelle circonstance qui vint piquer au plus haut degré ma curiosité. J'étais assez près du papier pour y distinguer l'écriture de Louise.

D'ailleurs, le bruit assez fort qu'avait fait Dourak n'ayant en aucune façon altéré le profond sommeil du chantre, j'étais sorti de ma peur à la fois soulagé et enhardi. Je ne conservais plus qu'une grande indignation contre Dourak, à qui je fis des signes muets de colère, et toute sorte d'éloquentes gesticulations pour m'assurer de son silence. Mais, m'apercevant qu'il prenait la chose au grotesque, je finis bien vite ma harangue, car je voyais avec une affreuse angoisse qu'il allait faire un saut et m'aboyer au nez.

Je fis encore un pas. La lettre n'était pas reployée entièrement, mais négligemment froissée. Le chantre venait probablement de la lire, ce que je reconnus à ses lunettes qui étaient auprès de lui sur le gazon.

Mais j'éprouvai la plus délicieuse surprise lorsque, sur le côté extérieur, je lus ces mots, tracés par la main de Louise : *A Monsieur Charles.* J'eus la pensée de m'emparer de la lettre, comme étant ma propriété, mon bien le plus précieux ; puis, réfléchissant aux conséquences que pourrait avoir cette démarche, je chancelai, et un petit mouvement nerveux que fit le chantre, à cause d'une mouche qui s'était posée à fleur de sa narine, acheva de m'ébranler. Je cherchai donc à lire dans l'intérieur des deux feuillets, tout en inspectant les mouches.

Il y en eut une, entre autres, qui me donna un mal infini. Chassée de la tempe, elle revenait sur le nez, pour se poser ensuite sur le sourcil. Dourak, voyant les mouvemens que je faisais pour l'éconduire, se leva, tout prêt à sauter dessus. Je laissai donc la mouche pour retourner à la lettre, tout en inspectant Dourak.

Je commençai par souffler entre les feuillets pour les écarter, et je pus ainsi entrevoir les mots qui formaient le bout des lignes. Les premiers que je lus, tout inintelligibles qu'ils étaient, me causèrent une grande surprise. C'étaient ceux-ci : ..... cette lettre, vous serez déjà loin de.....

La ligne finissait là. Je crus m'être trompé. Qui sera loin ? loin de quoi ? et je me perdais en conjectures. Espérant que les lignes suivantes me découvriraient quelque chose, je repris mon travail, mais avec moins de fruit encore ; car, le papier se présentant de biais, les fins de lignes devenaient toujours plus courtes, et la dernière ne me laissait plus voir qu'une ou deux lettres

Je lus des mots épars, des lambeaux de phrases, qui, sans m'apprendre rien de plus, me jetèrent néanmoins dans une vive anxiété.

Je m'occupai aussitôt de lire le revers intérieur de la feuille, qui m'offrait le commencement des lignes suivantes dans un espace de même forme, et je passai bientôt aux transports de la joie la plus douce que j'eusse encore ressentie. Le sens n'était pas complet, mais c'était mieux encore ; car j'en voyais assez pour suppléer librement et selon mon gré à ce qui en restait voilé.

« .... Oui, Charles, disait-elle, je me le reproche maintenant ; mais plus je m'attachais à vous, plus il me semblait qu'un invincible embarras s'opposât aux moindres signes qui eussent trahi le secret de mon cœur. Mais, mon ami, aujourd'hui que . . . . . »

A ce langage, des larmes troublèrent ma vue. Je m'arrêtai quelques instants ; puis, revenant à mon travail, je pris les deux feuillets par le bout afin de les écarter et de lire plus bas . . . .

. . . . . . Alors, comme si tout dans ce jour eût dû concourir à réaliser le charme de mes rêves les plus chéris, j'aperçus une boucle de ses cheveux. . . . .

Ici, le chantre souleva brusquement la tête... Je me jetai contre terre à la renverse.

Je ne voyais plus, et la peur m'ôtait le souffle. Dourak, surpris de ma chute, vint me lécher la figure : je lui donnai sur le museau une tape qui provoqua un cri plaintif. Alors, la honte et le trouble me suffoquant, je fis, à tout événement, semblant de dormir moi-même.

Mais, dès que j'eus fermé les yeux, je n'osai plus les rouvrir. J'apercevais bien, au silence profond qui s'était rétabli, que le chantre ne faisait plus de mouvement ; mais loin de le supposer endormi de nouveau, mon imagination me le représentait agenouillé auprès de moi, sa tête inclinée sur la mienne, et son œil soupçonneux cherchant à surprendre ma ruse dans mon regard, au moment où j'ouvrirais les paupières. Je voyais sa main levée, j'entendais son rude langage, en sorte que, fasciné par cette image menaçante, je demeurais les yeux clos, et couvrant de la plus parfaite immobilité l'agitation extrême à laquelle j'étais en proie.

A la fin, faisant un immense effort, j'entr'ouvris les yeux, que je refermai bien vite ; puis, par degrés, je les ouvris tout à fait, et je tournai la tête....... Le chantre dormait de tout son cœur, après avoir changé de position.

J'allais me relever tout doucement, lorsqu'au bruit d'un char qui passait sur la route, Dourak s'élança impétueusement hors du taillis, en sautant par-dessus le chantre. Je retombai bien vite dans mon profond sommeil.

Le chantre, troublé dans son repos, fit entendre un grognement indistinct, et marmotta quelques mots de gronderie contre le chien.... j'attendais mon tour. Cependant, comme sa voix s'en allait mourant, je concevais déjà quelque espoir, lorsque je me sentis frapper lourdement la jambe. Je redoublai de sommeil, après avoir été secoué par un énorme tressaut.

J'eus le temps de faire des conjectures, car les mêmes terreurs me tenaient les yeux fermés. A la fin, je sentis avec épouvante que le monstre avait une chaleur sensible ; et, l'angoisse montant à son comble, je regardai......... C'était la grosse main calleuse, nonchalamment étendue sur ma jambe, avec tout l'avant-bras attenant.

Cette fois, j'étais pris ; pris comme à la trappe. Il n'y avait moyen de reculer ni d'avancer. Toutefois, la peur me donnant du courage, et le chantre ne bougeant pas, je me mis à réfléchir avec assez de sang-froid aux ressources que pouvait encore m'offrir ma situation. J'imaginai de substituer à ma jambe quelque appui artificiel, de façon qu'après l'avoir dégagée peu à peu, je pusse m'échapper. Et déjà je m'enfuyais, en idée, à toutes jambes, lorsque, du haut de la terrasse, une voix m'appela : Charles! C'était celle de M. Prévère !

Au même moment, Dourak bondit par les taillis, pousse droit à moi, foule le chantre, et remplit l'air de ses aboiemens.

Le chantre se leva, et moi aussi. Son premier mouvement fut de porter les yeux et la main sur la poche où était la lettre, après quoi nous nous regardâmes.

— Vous ici! s'écria-t-il.

—Charles! appela encore une fois M. Prévère. A cette voix, le chantre se contint, et ajouta seulement ces mots : Allez! ça va finir.

Je m'échappai tout tremblant.

Je fis un détour pour rejoindre M. Prévère, afin de gagner un peu de temps; car le désordre de mes traits était tel, que je n'osais me présenter à lui. Mais il se trouva devant moi, au sortir du taillis.

—C'est vous que je cherchais, Charles, me dit-il. Votre chapeau : nous irons faire une promenade ensemble.

Ces mots m'embarrassèrent beaucoup, car mon chapeau était resté auprès du chantre; et, à peine délivré de son terrible regard, je redoutais horriblement de m'y exposer de nouveau. Néanmoins, ne voulant pas paraître hésiter, je rentrai dans le taillis ; mais la surprise et l'émotion me firent chanceler, quand je vis, sous les arbres, le chantre qui nous observait silencieusement au travers du feuillage. Il s'approcha de moi, et me présentant mon chapeau :—Le voici, dit-il à voix basse ; prenez, et allez.

Je pris et j'allai, encore plus déconcerté par ce ton inaccoutumé de modération, qu'accompagnait un regard sans colère.

Je rejoignis M. Prévère, et nous nous éloignâmes. Pendant que je marchais à ses côtés, mon trouble se dissipait peu à peu ; mais, à mesure que le calme renaissait dans mon âme, une inquiétude d'un autre genre commençait à y poindre. L'air du chantre, la tristesse de M. Prévère, cette promenade inattendue, toutes ces choses présentes à la fois à mon esprit, s'y liaient ensemble d'une façon mystérieuse, et une attente sinistre suspendait ma pensée, impatiente de se reporter sur la lettre de Louise.

M. Prévère continuait à marcher en silence. A la fin, je jetai furtivement les yeux sur sa figure, et je crus y surprendre une espèce d'embarras. Le subit effet de cette remarque fut de m'ôter celui qui m'était ordinaire auprès de lui, et je conçus l'espoir de lui parler cette fois selon le gré de mon cœur. L'idée que cet homme, si digne d'être heureux, portait en lui quelque secret chagrin, achevait de m'enhardir, par la pensée que peut-être il ne dédaignerait pas de le partager avec moi.

—Si vous aviez quelque peine, M. Prévère, lui dis-je en rougissant, est-ce que vous ne me jugeriez pas digne de la partager? — Oui, Charles, me répondit-il, j'ai une peine, je vous la confierai; et je vous crois si digne de la connaître, que je fonde ma consolation sur la manière dont vous la supporterez vous-même. Mais allons plus loin, ajouta-t-il.

Ces mots me troublèrent, et mille conjectures se croisèrent dans mon esprit. Néanmoins un sentiment d'orgueil se mêlait à ce trouble, car les paroles confiantes de M. Prévère me relevaient dans ma propre estime.

———

Arrivés vers le pied de la montagne, M. Prévère s'arrêta.—Restons ici, dit-il, nous y serons seuls.

C'était une espèce d'enceinte, formée par les parois d'une carrière anciennement exploitée, où quelques noyers formaient un bel ombrage. De là on découvrait de lointaines campagnes, tantôt unies et divisées par d'innombrables clôtures, tantôt montueuses ou couvertes de bois, et sillonnées par le cours du Rhône. De loin en loin quelques clochers marquaient la place des hameaux, et, plus près de nous, les troupeaux épars paissaient dans les champs. C'est là que nous nous assîmes.

— Charles, me dit M. Prévère avec calme, si vous avez quelquefois réfléchi sur votre âge, vous serez moins surpris de ce que j'ai à vous dire. Votre enfance est finie; et, de l'emploi que vous allez faire de votre jeunesse, dépendra votre carrière future. Il faut maintenant que votre caractère se développe par la connaissance du monde, par vos rapports avec vos semblables; il faut que des études nouvelles étendent votre savoir, perfectionnent vos facultés; afin que, peu à peu, selon vos efforts, vos talens et votre honorable conduite, vous entriez dans la place que la Providence vous aura assignée ici-bas... Mais, mon ami, ce n'est plus dans ces humbles campagnes....

Je le regardai avec effroi.

.... ce n'est plus auprès de moi, Charles, que vous pourriez désormais trouver ces ressources nouvelles....... Il faudra nous quitter.

Ici, M. Prévère, dont ces derniers mots avaient altéré la voix, s'arrêta quelques instans, pendant que, livré à mille combats intérieurs, je restais immobile. Il reprit bientôt:

.... Les devoirs qui me retiennent ici m'empêcheront de vous accompagner, et de diriger vos premiers pas dans le monde, comme je l'aurais désiré. Mais peut-être sera-ce un bien pour vous, Charles, que de tomber dans des mains plus capables, au sortir de mes mains trop amies. Là où les lumières et la force me manqueraient, un autre saura les employer pour votre bonheur; et je jouirai de ce qu'il aura pu faire, sans lui reprocher ce que je n'aurais pas su faire moi-même. Cet homme, que vous apprendrez à vénérer, c'est un de mes amis ; il habite Genève, ma patrie, et il vous recevra dans sa maison. Vous y trouverez l'exemple de bien des choses bonnes et vertueuses que vous ne trouveriez pas ici, où la vie plus simple et plus passive des champs peut laisser inactives les plus nobles qualités de l'âme. Ce n'est pas sans un grand effort, mon bon ami, que je me sépare de vous; mais, ainsi que je vous l'ai dit, mon chagrin sera moins grand, si vous reconnaissez, comme moi, la nécessité de cette séparation. Ne vous abusez pas vous-même ; voyez au delà de vos désirs, de vos penchans ; et n'oubliez jamais que nous aurons un jour à répondre de ce que nous n'aurons pas fait, selon notre place et nos moyens, pour notre perfectionnement et pour le bien de nos semblables.»

Pendant que M. Prévère parlait, le regret, l'espoir déçu, avaient serré mon cœur, jusqu'à ce que la modestie de ses expressions et la noblesse de ses dernières paroles, vinssent l'attendrir ; mais j'étais incapable de lui rien dire, et je comprimais en silence les larmes qui se pressaient à mes yeux, fixés sur la terre. Il vit mon trouble, et continua :

....C'est d'ailleurs quelques années seulement, Charles, après lesquelles vous choisirez vous-même votre carrière. Libre à vous alors, après que vous aurez essayé vos forces, de voir si vous préférez aux situations plus brillantes que peut vous offrir la ville, une vie simple et obscure, comme celle où vous me voyez. Je l'espère, la Providence nous rapprochera plus tard l'un de l'autre, et si jamais elle inclinait votre cœur vers la même carrière où je suis engagé, ce petit troupeau, où vous êtes aimé, pourrait passer un jour de mes mains dans les vôtres. »

Ces derniers mots firent briller dans mon cœur un vif éclair de joie. Je crus entrevoir mon vœu le plus cher, caché sous les paroles de M. Prévère; et, aussitôt, à mon abattement, succédèrent les transports d'un énergique courage. Une ambition nouvelle m'enflammait ; l'absence, l'étude, les privations, me paraissaient légères, désirables, si c'était pour me rendre digne de Louise, revenir auprès d'elle, et lui consacrer ma vie.

— M. Prévère, lui dis-je alors, enhardi par cette idée, si je vous ai bien compris, vos paroles vont au-devant de mes plus chers désirs ; mais pensez-vous bien que je puisse faire ces choses avec l'espérance que Louise partage un jour mon sort, et que nous vivions auprès de vous ? Oh ! Monsieur Prévère, si je savais que ce dut être là le terme de mes efforts, que me coûteraient quelques années pour y arriver, et qu'appellerais-je sacrifice, ce qui serait, dès aujourd'hui, une espérance pleine de charme et de bonheur !....

Pendant que j'achevais ces mots, je vis un nuage de tristesse se répandre sur le front de M. Prévère, et qu'une pénible réponse avait peine à sortir de ses lèvres. Après un moment d'hésitation :—Non, me dit-il, avec un regard de compatissante douleur, non, Charles, je ne dois pas vous abuser..... Il faut chasser ces pensées..... Prenez courage, mon enfant..... Louise aussi vous le dirait avec moi. Voudriez-vous qu'elle eût à choisir entre vous et l'obéissance qu'elle doit à son père ?....

— Son père !.... et aussitôt, une affreuse lueur vint m'éclairer. Je m'expliquai tout à la fois, et la tristesse de M. Prévère, et l'air du chantre, et la lettre tout entière, et comment cet homme soupçonneux m'avait ravi jusqu'aux consolations que sa fille me préparait à l'avance. Son père ! repris-je avec amertume, ah ! cet homme m'a toujours haï !

—Charles, interrompit M. Prévère, respectons sa volonté ; ses droits sont sacrés. Surtout, gardons-nous, mon bon ami, d'être injustes par passion, en lui prêtant des sentimens qui sont loin de son cœur. Ne sondons point ses motifs ; ils peuvent être mal fondés, sans cesser d'être légitimes.

A ce trait de lumière :—Je les sais ! m'écriai-je,
je les sais !.... Ah ! M. Prévère ; ah ! mon bien-
faiteur, mon père, mon seul ami sur la terre !....
Je suis un enfant trouvé ! Et, tombant à genoux,
je cachais dans ses deux mains mes sanglots et
mon désordre. Je sentis bientôt ses larmes se confondre avec les miennes, et quelque douceur se
mêler à mon désespoir.

Nous demeurâmes longtemps en silence. A mon
agitation avait succédé une tristesse plus calme,
et la vue de M. Prévère achevait de détourner mes
pensées de dessus moi.

Une émotion profonde était empreinte sur sa
belle figure, et l'on y lisait une peine assez vio-
lente pour dominer cette âme, pourtant si forte
sur elle-même, malgré son angélique douceur.
Il semblait que mes paroles lui eussent enlevé
le fruit de ses constans efforts à écarter de mes
jeunes ans jusqu'à l'ombre de l'humiliation, et
que, atterré sous cette révélation soudaine, il dé-
plorât avec une poignante amertume le sort d'un
jeune homme auquel son humanité, et cette tendresse qui naît de la pratique des vertus difficiles,

l'avaient affectionné dès longtemps. Je me souvins que, tout à l'heure encore, il avait voulu, au prix même de la franchise qu'il chérissait, éluder ce danger, en composant ses discours; j'y vis là cause de son embarras, et, reconnaissant que, moi-même, j'avais provoqué, par mes impétueuses paroles, la douleur sous laquelle je le voyais brisé, je fus ému d'une pitié profonde :—Monsieur Prévère, lui dis-je alors dans toute la chaleur de mon mouvement, monsieur Prévère, pardonnez-moi! Dans l'unique occasion où je pouvais vous montrer mon dévouement, j'ai failli. Pardonnez-moi! Je vous prouverai mon repentir par ma conduite. Je m'efforcerai de profiter des avantages que vous mettez à ma portée... J'aimerai votre ami, monsieur Prévère... Tous les jours je bénirai Dieu de m'avoir mis sous votre garde.... de m'avoir fait le plus heureux des enfans... Je tâcherai d'oublier Louise....... d'aimer son père....... Je veux partir ce soir! »

Pendant que je parlais ainsi, mon protecteur passait par degrés à une douleur moins amère, et un faible rayon de joie brillait parmi les larmes de sa paupière. Sur ses joues pâles, la rougeur d'une humble modestie accueillait mes accens de reconnaissance, et, quand l'émotion m'eut coupé la voix, il prit ma main et la serra avec une étreinte de sensibilité où perçait l'estime et quelque contentement. Puis, nous nous levâmes en silence, et nous reprîmes tristement le chemin de la cure.

———

J'aurais voulu rencontrer Louise; nous ne la vîmes point. Le chantre ne se montra pas, la cour était solitaire. Je compris que, seul, j'avais ignoré ce qui m'attendait, et je montai dans ma chambre pour faire un paquet de quelques hardes; le reste devait me parvenir ensuite.

J'ôtai de la muraille, où je l'avais suspendu, un petit dessin de Louise, qu'elle m'avait laissé prendre quelques jours auparavant. Il représentait la mare et ses alentours, avec le saule et le fantôme. Je le ployai soigneusement en deux, pour qu'il pût entrer dans la Bible que M. Prévère m'avait donnée lors de ma première communion. Ces deux objets me rappelleraient tout ce que j'aimais sur la terre.

M. Prévère entra. Nous étions si émus l'un et l'autre, que nous retardions, comme d'un commun accord, le moment de nous dire adieu, prolongeant le temps en discours indifférens. A la fin, il me remit quelque chose de ployé dans du papier: c'étaient deux louis d'or, et quelque monnaie. Alors, il ouvrit ses bras, et, confondant nos larmes, nous restâmes unis dans un long embrassement.

Il était environ sept heures, lorsque je quittai la cure par une soirée dont l'éclat radieux ajoutait à ma tristesse. En passant près de la mare, j'y jetai les yeux, elle me sembla aride et morte; seulement, je regardai avec quelque envie les trois canards qui se récréaient au soleil du soir, sur cette glèbe où ils étaient sûrs de demeurer heureux et paisibles; et, songeant aux heures si douces que j'avais passées dans leur société, je m'éloignai d'eux avec un vif regret. Bientôt après, je rejoignis la route.

C'est seulement alors que je me sentis hors de la cure, et seul au monde. Un passif abattement ne tarda pas à succéder aux émotions bien moins amères du regret et de la douleur. Dépouillé de mes souvenirs, de mes espérances, de tous les objets auxquels jusqu'alors s'était liée ma vie, je m'acheminais vers un monde nouveau, vers une ville populeuse; et, tel était l'état de mon cœur, que j'eusse préféré mille fois m'avancer vers les plus arides solitudes. Nulle vie ne s'y faisait plus sentir. Tout lui était fermé en arrière ; en avant, tout lui était odieux. Autour de moi, les objets inanimés eux-mêmes, les haies, les prés, les clôtures que je dépassais, avaient changé d'apparence, et loin d'en regretter la vue, je hâtais mes pas, dans l'espérance d'éprouver moins de malaise quand le pays me serait moins familier. Il me fallait traverser le hameau, mais, à la vue de quelques paysans qui goûtaient la fraîcheur du soir devant leurs maisons, je pris un sentier qui rejoignait la route au delà du village, et je dépassai l'âne de la cure qui paissait dans un pré.

Néanmoins l'éclat de la soirée, les teintes animées du paysage dans cette saison de l'année, et la vue de ce vieux serviteur, qui tant de fois avait porté Louise sous ma conduite, agissant ensemble sur mon imagination, vinrent y remuer d'anciennes impressions, et combler peu à peu le vide que j'éprouvais, par des réminiscences vagues d'abord, et lointaines, ensuite plus récentes et plus vives. Bientôt j'atteignis au matin de cette journée, aux rêveries de la mare, à M. Prévère, au chantre, à cette lettre enfin, où Louise avait tracé l'aveu de son cœur. Au seul souvenir de ces lignes, je tressaillais de joie : pour quelques instans, il me semblait que je fusse encore heureux; et j'oubliais que chaque pas m'éloignait de cette jeune fille, en qui avait passé ma vie.

J'étais arrivé au sommet d'un coteau. Avant de descendre sur le revers, je jetai encore une fois les yeux sur la Cure, que j'allais perdre de vue. Le soleil, près de se coucher, dorait d'une lisière de pourpre la crête des tilleuls et le sommet des vieilles ogives du presbytère, tandis qu'une ombre bleuâtre couvrait de ses teintes tranquilles le vallon qui me séparait de ces lieux. A la fraîcheur du soir, l'herbe redressait sa tige, les insectes se taisaient, et déjà quelques oiseaux de nuit voltigeaient autour des obscurs taillis. Dans le lointain, quelques chants isolés, le mugissement d'une vache, le bruit d'un chariot, annonçant la fin des travaux du jour, semblaient préluder doucement au repos des campagnes, et préparer le majestueux silence de la nuit. Insensiblement la clarté du jour se retira de ces douces vallées, et les riantes couleurs des prairies s'éteignirent dans un pâle crépuscule. A ce spectacle, j'avais senti mon cœur s'émouvoir, et je m'étais assis au bord du chemin. Sur le point de m'éloigner, je trouvais à ces impressions je ne sais quel charme touchant, comme si chacune d'elles eût eu un langage qui me parlât du passé, et qui endormît ma peine dans le vague d'une attendrissante mélancolie.

En ce moment, l'horloge de la Cure sonna huit heures. Ce son si connu, me surprenant dans la disposition où j'étais, acheva de transporter mon imagination autour du presbytère. Je me sentis comme présent au milieu d'eux, à cette heure, où, d'ordinaire, assis sur l'antique terrasse, nous passions les belles soirées d'été, tantôt en paisibles entretiens qu'ennoblissait toujours la conversation simple et élevée de M. Prévère, tantôt recueillis en face de l'imposante profondeur des cieux. J'aimais surtout ces momens depuis qu'un nouveau sentiment avait donné du sérieux à ma pensée, et que souvent s'y rencontraient, par des sentiers mystérieux, l'image d'un Dieu plein de bonté, et celle d'une jeune fille d'une pureté céleste. A cette heure aussi, l'obscurité voilant l'expression des visages, notre mutuelle timidité se changeait en des manières plus aisées, et si le moment où l'on allait s'asseoir sur le banc nous trouvait à côté l'un de l'autre, la nuit ne trahissait ni notre honte ni notre plaisir. Alors je sentais contre ma main les plis de sa robe, quelquefois le souffle de ses lèvres arrivait jusqu'à mes joues, et je n'imaginais pas qu'il pût y avoir une plus grande félicité sur la terre.

Un chariot, que j'entendais monter sur le revers du coteau, vint me distraire de ma rêverie; et, songeant aussitôt à l'heure avancée, je me levai pour reprendre ma route. A peine avais-je perdu de vue la cure depuis quelques instants, que mon cœur commença à se gonfler de tristesse. Je dépassai le chariot; mais lorsque, m'étant retourné, je le vis qui allait aussi disparaître derrière le coteau, et me laisser seul, mes larmes coulèrent. J'entrai dans un pré, et, m'étant jeté sur l'herbe, mes regrets éclatèrent en bouillans sanglots. A l'image de Louise, qui m'était ôtée pour toujours, je poussais des accens confus de douleur : « Ah! Louise, murmurais-je avec désespoir, Louise... vous qui m'aimiez... Louise!... pourquoi vous ai-je connue!...... Et vous, monsieur Prévère!... » Puis, restant quelque temps dans le silence, des projets extravagans se présentaient à mon esprit, qui suspendaient mes pleurs, jusqu'à ce qu'ils vinssent échouer contre l'insurmontable obstacle de mon respect pour ceux mêmes qui en étaient l'objet.

Quand je me relevai, la nuit couvrait depuis longtemps la campagne, et l'on n'entendait plus que le bruit lointain de la rivière. Deux lieues me restaient à faire avant d'arriver au village où M. Prévère m'avait adressé, pour y coucher ce soir-là, chez un de ses amis. Je ne trouverais personne debout, il faudrait faire lever les gens, et l'idée de voir du monde m'était insupportable. Je commençai à entrevoir que je pouvais passer la nuit dans l'endroit où j'étais. Le lendemain, qui était un dimanche, je partirais avant le jour, et j'arriverais le soir à la ville sans avoir eu à converser avec personne qu'avec moi-même. Ce projet, qui séduisait ma tristesse, fut bientôt arrêté, et je marchai vers la haie pour m'y choisir un abri.

Mais pendant que je cherchais ainsi mon gîte, la pensée de me rapprocher de la Cure se présenta à mon esprit. L'idée qu'en agissant ainsi je tromperais M. Prévère, m'y fit d'abord renoncer. Néanmoins je revins machinalement sur le chemin, où je rebroussai lentement jusqu'au sommet du coteau. Là, je commençai à composer avec moi-même, tout en avançant toujours; et bien que le remords et la crainte me pressassent à chaque instant de m'arrêter, j'ajoutais sans cesse un pas au pas précédent. Je me retrouvai enfin près de la mare.

Que tout était changé! Loin de retrouver dans ces lieux les illusions que j'y cherchais pour quelques instans encore, je n'éprouvais que l'amère impression de m'y sentir désormais étranger. Tout était froid, désenchanté, et les objets qui autrefois me causaient le plus de plaisir à voir, étaient justement ceux qui, dans ce moment, blessaient le plus mes regards. Je me décidai de nouveau à m'éloigner, ne sachant plus que faire de moi-même.

———

J'avais déjà rebroussé de quelques pas, lorsque je vis une pâle lueur qui éclairait le feuillage des tilleuls. Je m'approchai tout doucement, et je reconnus que la lumière partait de la chambre de Louise. Je restai immobile, les yeux fixés sur la modeste boiserie où se projetait son ombre, tandis qu'au sentiment de sa présence tout reprenait vie autour et au-dedans de moi.

Louise était assise devant la petite table qui se trouvait auprès de la fenêtre. Je jugeai qu'en ce moment elle était occupée à écrire, et l'espoir que ces lignes m'étaient destinées vint sourire à ma tristesse. Mais pendant que je regardais avec une avide curiosité les moindres mouvemens de son ombre, elle-même, s'étant levée, parut à ma vue. Alors, comme si pour la première fois la beauté touchante de cette jeune personne eût frappé mes regards, les élans de la plus vive tendresse firent battre mon cœur, s'y confondant avec les douces émotions que la lettre y avait laissées. Quelques instans s'écoulèrent, pendant lesquels je pus reconnaître, à la tristesse de son visage, qu'une peine commune nous unissait encore; puis, s'étant tournée vers la glace qui était au-dessus de la table, elle ôta son peigne, et ses beaux cheveux tombèrent flottans sur ses épaules. Je ne l'avais jamais vue sous cet air de grâce négligée, aussi j'éprouvai un trouble secret, où le plaisir se mêlait à la honte d'avoir surpris ce mouvement, et je reculai sous le feuillage des tilleuls.

Dans ce moment, j'entendis s'ouvrir une porte dans la cour, et aussitôt après parut le chantre, une lumière à la main. Je voulus fuir; mais l'épouvante m'en ôtant la force, je ne pus que me traîner vers le petit mur qui bordait le cimetière. Après l'avoir escaladé, je me tapis derrière, incertain si j'avais été aperçu.

Le chantre s'était d'abord arrêté sous la fenêtre de Louise, comme pour s'assurer qu'elle ne reposait pas encore; puis, attiré peut-être par le bruit que j'avais fait, il se remit à marcher. Une lueur, que, de ma place, je vis passer sur le haut des ogives, m'annonça qu'il approchait. Alors je rampai sur l'herbe jusqu'à la porte de l'église, que je refermai doucement sur moi.

Là, je commençai à respirer. En regardant par les fentes du vieux portail ce qui se passait à l'extérieur, j'aperçus bientôt le chantre qui, ayant éteint sa lumière, marchait doucement dans les ténèbres, regardant de tous côtés, et prêtant l'oreille aux moindres bruits. Il s'éloigna lentement, et, peu de temps après, quelque mouvement que j'entendis du côté de l'église où se trouvait son logement, me fit comprendre qu'il était rentré. Au profond silence qui s'établit ensuite, je jugeai que, seul, je veillais dans la cure, et je me crus sauvé.

Ma frayeur était trop récente pour que j'osasse sortir tout de suite, et d'ailleurs je ne savais où aller. Je me décidai donc à passer dans l'église deux ou trois heures, pour en partir avant le jour ; et j'allai m'asseoir à la place de Louise. L'horloge sonnait une heure, j'étais épuisé de fatigue ; en sorte que, après avoir lutté quelque temps, je finis par me coucher sur le banc, et le sommeil m'y surprit.

Je fus réveillé par un grand bruit. C'était la cloche du temple qui appelait les paroissiens au service divin. Je me levai en sursaut, et le bouleversement m'ôtant toute présence d'esprit, je me mis à parcourir l'église, sans savoir où me diriger. Bientôt, au bruit de la cloche, succéda un silence plus effrayant encore. Une clé cria dans la serrure, du côté de la sacristie ; je volai sur la galerie, où je me cachai derrière l'orgue.

C'était le chantre, qui venait marquer les versets et préparer la chaire. Par la porte, qu'il avait laissée ouverte, j'entendais les paroissiens qui s'assemblaient déjà sous les tilleuls. Quand il les eut rejoints, je me rappelai que l'orgue, à cause des réparations qu'on y faisait, ne serait pas joué ce dimanche ; et je vins me cacher dans une niche que formaient la saillie du clavier et les côtés de l'instrument. J'ajustai le siége, qu'on avait démonté, de manière qu'il fît face aux bancs d'où je pouvais être aperçu, et je me résignai à attendre là mon sort, regrettant mille fois de n'avoir pas écouté, le soir précédent, la voix qui me défendait de revenir sur mes pas.

Bientôt quelques personnes entrèrent, la galerie se remplit tout autour de moi, et, comme pour rendre mon angoisse plus forte, l'assemblée se trouvait plus nombreuse qu'à l'ordinaire. Toutefois je remarquais une préoccupation qui pouvait m'être favorable, et quand je me fus aperçu que j'en étais en partie l'objet, la curiosité suspendit pour quelques instans mes alarmes.

———

Autour de moi, l'on parlait de mon départ, de M. Prévère, du chantre. Personne ne blâmait celui-ci, quelques-uns plaignaient Louise, d'autres trouvaient que M. Prévère avait eu tort de m'élever chez lui. Une voix ajouta : « Voyez-vous, qui ne naît pas de bon lieu, finit toujours mal. — C'est sûr, reprit une autre voix ; c'étaient des mendians qui n'en savaient que faire, et ils l'ont posé là. M. Prévère les aurait connus s'il avait voulu ; à telles enseignes qu'on lui dit que Claude, revenant des chalets, avait vu la mère au bois d'en haut ; mais il ne voulut jamais qu'on leur courût après. Comme ça, l'enfant lui est resté.

—C'était pour bien faire, reprit un autre homme. Le bon Dieu me l'envoie, que M. Prévère se sera dit ; l'irais-je rendre à ces vauriens pour qu'ils le jettent dans un puits ? Et il l'a gardé. C'est-il mal fait ? Moi, je dis que non, pour qui a les moyens. D'accord, que ça n'a ni père ni mère, et que je ne lui donnerais pas ma fille..... Tout de même, c'est un mendiant de moins par le monde. Et puis, tenez, faut tout dire, c'était un bon garçon, M. Charles! » Et aussitôt, ces mêmes paysans, dont, pour la première fois, je voyais à nu les égoïstes préjugés, firent à l'envi mon éloge avec une bienveillance qui ne pouvait me paraître suspecte. J'en fus surpris, car j'ignorais alors que, dans la même âme, peuvent vivre ensemble les préjugés les plus durs et une bonté naturelle ; néanmoins leurs paroles me touchèrent, et versèrent quelque baume sur le déchirement de mon cœur.

Dans ce moment, Louise entra, et, peu d'instans après, M. Prévère. Aussitôt les conversations cessèrent, et un silence inaccoutumé régna dans l'église. Pendant que M. Prévère montait les degrés de la chaire, tous les regards se dirigèrent sur lui ; ils se portèrent ensuite sur le chantre, puis ils revinrent sur Louise. Cette jeune fille, en tout temps si timide, avait baissé la tête, et l'aile de son chapeau dérobait aux regards sa rougeur et son trouble.

M. Prévère lut dans la liturgie la belle prière qui ouvre, chaque dimanche, l'exercice de notre culte; après quoi, le chant des psaumes commença. Contre son habitude, il ne joignit pas sa voix à celle du troupeau ; mais, s'étant assis, il paraissait triste et abattu. Il porta plusieurs fois les yeux sur la place où il avait l'habitude de me voir, et qui était demeurée vide ; et, autant qu'il osait le faire sans distraire ses paroissiens, son visage compatissant se tournait du côté de Louise. Les chants cessèrent ; et, après la seconde prière, dont quelques expressions avaient provoqué une attention plus particulière, M. Prévère ouvrit la Bible, et y lut ces mots : *Quiconque reçoit ce petit enfant en mon nom, il me reçoit.* Puis il parla ainsi :

Mes chers paroissiens...

« Permettez que j'interrompe aujourd'hui le cours ordinaire de nos instructions. J'ai à vous faire entendre des vérités qu'il n'est plus opportun de vous taire. Puissiez-vous les écouter avec humilité ; puissent-elles sortir de mes lèvres, pures de passion et d'aigreur !

« Il y a dix-sept ans que nous fûmes attirés, vers onze heures du soir, par les cris d'un petit enfant. C'était dans la cour même de cette cure ; vous le savez, Pierre, et vous aussi, Joseph, qui vous trouvâtes là dans ce moment. La pauvre créature, enveloppée de haillons, était transie de froid. Nous la recueillîmes, nous la réchauffâmes, et nous lui cherchâmes une nourrice parmi les mères de cette paroisse....... Aucune ne refusa, aucune ne vint ; et, dès cette nuit même, notre chèvre, mes Frères.... notre chèvre lui donna son lait !

« Dieu permit dans sa bonté qu'il puisât au sein de ce pauvre animal la force et la santé. Mais il ne reçut pas les tendres soins qui appartiennent à cet âge ; mais au lieu des caresses que vous prodiguez à vos enfans, une curiosité maligne entoura son berceau, et à peine entrait-il dans la vie, que déjà tout le poids d'un préjugé barbare pesait sur son innocente tête...... Ai-je tort de dire cela ? ou bien vous souvient-il que cet enfant, qui n'avait pas de mère, eut peine à trouver, au milieu de vous, un homme qui voulût lui donner son nom, et le présenter au baptême !....

« Il grandit. Ses bonnes qualités, son caractère aimable, généreux, devait trouver grâce devant vous. Aussi vous l'aimiez, vous l'attiriez dans vos maisons, vous le traitiez avec bonté, et mon cœur reconnaissant vous en bénissait à chaque fois...... Hélas ! je m'abusais. Vous l'aimiez !

mais sans oublier jamais la tache que vous imputiez à sa naissance.... Vous l'aimiez ! mais il était toujours pour vous l'*Enfant trouvé*.....
Ainsi le dédaigniez-vous dans l'orgueil de votre cœur ; ainsi le nommiez-vous dans vos entretiens ; ainsi apprit-il ce qu'il importait tant de lui cacher ; ainsi vint l'humiliation flétrir sa jeunesse, et empoisonner ses plus beaux jours. Oui ; vous l'aimiez ! mais si la Providence, exauçant mes vœux les plus chers, eût voulu que ce jeune homme cherchât à retrouver une famille en ces lieux ; mes Frères !..... pas un de vous, peut-être, ne lui eût donné sa fille !

« C'est ce que j'ai pressenti, continua M. Prévère d'une voix altérée, et j'ai dû l'éloigner. Ajouterai-je que, déjà parvenu aux confins de la vieillesse, je reste seul, séparé de celui qui m'en rendait l'approche moins triste ?... A Dieu ne plaise ! J'ai perdu la compagne que je m'étais choisie ; j'ai vu mourir le seul enfant que Dieu m'eût donné..... je n'ai pas dû compter sur ce bien, plus que sur les autres.

« Assez sur lui ; assez sur moi, mes Frères. Mes espérances sont au ciel, les siennes s'y porteront : de là ne vient pas ma tristesse, mon effroi.....
Mais où suis-je ? Qu'ai-je fait au milieu de vous ? Où vous ai-je conduits ! Quel compte te rendrai-

je, ô mon Dieu, si, après vingt ans que j'exerce ton ministère, tel est l'état des âmes dont tu m'as confié le soin, qu'un barbare orgueil y étouffe jusqu'aux faciles devoirs, jusqu'aux plaisirs de la compassion la plus naturelle! O Jésus! comment regarderions-nous à toi! que te pourrions-nous dire! Où est cette charité, à laquelle tu promis tout, sans laquelle on ne te connaît point? Tu avais commis à cette paroisse le soin d'un de ces petits que ta bonté signale à la protection de ceux qui t'aiment; et il n'a pu y trouver une mère, un ami, une famille! et il faut qu'il aille, déjà flétri, découragé, chercher auprès d'hommes inconnus, ce qui lui fut ici refusé! L'y trouvera-t-il du moins? Hélas! vous qui n'êtes que de pauvres gens des campagnes; vous qui aviez vu son enfance; vous qui connaissiez, qui aimiez cet infortuné......vous l'avez rejeté..... Jugez donc vous-mêmes de ce qui peut l'attendre au sein des villes, au milieu des distinctions sociales, auprès d'étrangers qui, ne connaissant pas comme vous ses vertus, sauront trop tôt quelle fut sa naissance? A toi, mon Dieu! à toi seul, à le prendre sous ta garde. Pour nous, nous le pouvions; mais nous ne l'avons pas fait.....

« Charité, humilité! vertus si belles! Êtes-vous donc trop pures pour cette terre! Êtes-vous remontées avec mon Sauveur au céleste séjour! Autrefois, j'ai vu, parmi la foule des cités, quelques hommes vous vouer un culte sublime..... Néanmoins, à de si rares exemples, mes yeux attristés se portaient avec espoir vers les campagnes, et je croyais que ces paisibles champs dussent être votre asile..... Amers mécomptes! Là aussi, vous êtes méconnues, oubliées; là aussi, le paysan, le laboureur, le journalier, si près qu'ils soient de la poudre d'où ils furent tirés, mettent à haut prix leur naissance, et méprisent l'enfant pour le crime de ses pères!...

« Qu'il aille donc dans une autre paroisse, l'enfant trouvé! qu'il se présente à d'autres portes! Ici, l'heureux, repousse le malheureux; le pauvre, rejette le pauvre; la famille bénie, rebute l'infortuné sans famille...... Ah! mes Frères, mes chers Frères! Quoi! si peu de temps sur la terre, et en méconnaître ainsi l'emploi! Si peu d'occasions de pratiquer des vertus, et laisser infructueuses les plus douces, les plus belles! Le sublime exemple d'un maître divin, qui relève avec bonté une femme adultère; et, chez d'obscurs mortels, tant d'orgueil, tant de dureté à rabaisser un jeune homme pur et honnête!

. . . .

Je vous ai parlé durement, mes chers paroissiens, et je ne suis qu'un pécheur comme vous. Pardonnez-moi. Après tant d'années que j'ai dû vous taire ces paroles, elles s'échappent de mes lèvres avec trop peu de mesure, et vous pleurez... Ah! laissez couler vos larmes; elles ne vous seront pas stériles, et, pour moi, elles me sont douces. En coulant sur mon cœur, elles y lavent l'amertume qu'y avaient mise de longs froissemens, soufferts dans le silence ; elles y laissent l'espoir que, désormais, vous saurez voir dans le pauvre, dans le misérable, dans l'enfant trouvé, l'ami de Jésus, l'hôte qu'il vous envoie, l'enfant qu'il recommande à votre amour.

. . . .

« Que si tel devait être le fruit de mes paroles, j'en regretterais peu la rudesse, et bien plutôt je bénirais Dieu de leur avoir prêté cette salutaire efficace. Alors, comptant que les promesses faites à la charité vous sont assurées, je verrais s'approcher avec moins d'anxiété le terme de ma carrière... O mes bien-aimés paroissiens! entrons sans délai dans les voies du salut ; mettons à profit le reste de nos jours ; avançons vers la tombe en nous chargeant d'œuvres ; et, quand elle aura englouti ces corps périssables, puissions-nous être agréés du souverain Juge : vous, pour avoir réformé vos cœurs; moi, pour lui avoir ramené ce troupeau, l'objet de toutes mes affections sur la terre ! »

Quand je relevai la tête, je ne vis plus Louise. Le chantre, courbé sous le poids d'une douloureuse angoisse, pleurait la tête baissée ; et, au travers des larmes qui inondaient ma paupière, M. Prévère m'apparaissait comme un être céleste, dont j'eusse baisé les pieds avec adoration. J'avais compris la piété, la vertu, la beauté du sacrifice ; et, avant que l'espérance vînt amollir mon cœur, je me hâtai de quitter ces lieux, dès que je pus le faire sans être aperçu.

Trois jours après, je reçus cette lettre du père de Louise :

CHARLES,

Hier, au prêche, M. Prévère parla de vous, et il dit des choses qui me firent peine, venant d'un si respectable pasteur. Alors, après le prêche, l'ayant trouvé seul aux Acacias, je lui pris la main, ayant peine à parler, du cœur gros que j'avais.... — Parlez, mon vieux ami, me dit-il ;

vous ai-je paru trop sévère?...—Ce n'est pas ça, lui ai-je fait; mais, depuis ce matin, je me repens; déjà depuis hier au soir, M. Prévère. C'est dimanche fête, je ne veux pas communier qu'il ne soit revenu. Donnez-lui Louise.

Alors nous nous sommes embrassés, et j'ai senti que j'avais bien fait, dont je remercie Dieu de m'avoir éclairé à temps. M. Prévère m'a causé ensuite. C'était pour dire que, tout de même, vous devez rester là-bas, pour y apprendre un état. Il vous écrira, et Louise aussi, après qu'elle aura reçu de vos nouvelles.

En foi de quoi, Charles, je vous envoie ma montre en présent, aussi bien comme je la tiens de mon père. Jean Renaud l'a nettoyée, et recommande que, la nuit, vous ne la teniez pas de plat, mais au clou, par rapport au mouvement.

Adieu, Charles. Faites-vous sage et appliqué.

REYBAZ.

SECOND LIVRE.

SECOND LIVRE.

Après le sermon de M. Prévère, j'avais quitté la cure presque sans effort. Les paroles d'estime et d'affection dont cet homme vénérable avait honoré publiquement ma jeunesse ; cette compassion charitable, dont, seulement alors, j'avais compris toute l'élévation et l'étendue ; enfin le spectacle d'un auditoire entier attendri sur mon sort, en remuant profondément mon cœur, y avaient ramené le courage et la vie. Et quand je venais à songer que Louise avait été le témoin de ces choses ; que, devant elle, la voix de M. Prévère avait pris ma défense et prononcé mon éloge ;

que, ne pouvant maîtriser son émotion, elle était sortie pour cacher son trouble et ses pleurs,.... alors la joie, le triomphe m'enivraient, et, l'âme remplie de si doux sentimens, je m'éloignais de la Cure aussi heureux que si je n'eusse eu aucun vœu à former.

Quand je fus entré dans la ville, la vue des passans et la nouveauté des objets vinrent m'attrister, en me détournant de mes chères pensées. Je me rendis chez l'ami de M. Prévère. Il se nommait Dervey. C'était un homme âgé d'une cinquantaine d'années, dont la physionomie ouverte et les manières affectueuses, dissipèrent un peu l'embarras que j'éprouvais. Il m'installa dans la petite chambre qui devait être désormais ma demeure, et, après m'avoir questionné sur quelques points, donné de sages avis sur d'autres, il me mit au fait des habitudes de sa maison, et de la manière dont mon temps serait employé. Je devais faire sous sa direction certains travaux, et, pour d'autres, suivre les cours publics de la ville. Quand il m'eut quitté, je m'occupai d'arranger mes effets; et, dès le lendemain, je commençai mon nouveau genre de vie. Mais, à mesure que les heures s'écoulaient, moins soutenu par l'impression récente de la scène du dimanche, la tristesse s'emparait de moi, et j'étais ramené par degrés au découragement dont j'avais été retiré par une joie passagère.

Le troisième jour, j'étais à rêver tristement, lorsque j'entendis quelqu'un monter l'escalier. A l'idée de M. Dervey, qui allait me surprendre avant que j'eusse encore commencé seulement mon travail de ce jour, je pris ma plume précipitamment, et, ouvrant mes livres au hasard, j'attendais de l'air le plus studieux qu'il me fût possible, lorsque, au lieu d'entrer directement, la personne se mit à flairer le plancher, et à gratter la porte. Je courus ouvrir.... Aussitôt chaises, tables, dictionnaires, roulèrent épars sur le plancher de ma petite chambre: c'était Dourak, incapable de modérer à ma vue les éclats de sa joie, et sautant, gambadant, aboyant, comme en plein champ. De son œil noir, jaillissait le plaisir; et sa queue touffue balayait à l'entour meubles, livres et parois. Honteux du dégât qu'il faisait, je relevais les objets à mesure, jusqu'à ce que, partageant ses transports, je finis par me livrer à tout le charme de l'entrevue.

Bientôt entra le berger de la Cure.—Antoine ! m'écriai-je, en lui sautant au cou.— Ça me fait bien plaisir de vous revoir, M. Charles; car, ma foi! par là-bas, vous nous manquez bien. — Et M. Prévère? et Louise? — Oh! je vous apporte des nouvelles. Voici une boîte, et la lettre avec. — Va t'en, Antoine, et reviens plus tard.

A l'adresse de la lettre j'avais reconnu l'écriture du chantre; aussi la surprise et la crainte, autant que la curiosité, m'agitaient, lorsque, dès les premiers mots de cette lettre naïve, assailli tout à coup par les plus vifs sentimens qui pussent inonder mon cœur, je fondis en larmes, et je demeurai plongé dans un vague attendrissement, dont chacun des trois personnages auxquels je devais tant de biens, était tour à tour l'objet. Momens de ravissante joie! momens si rares dans la vie, où la riante annonce d'un bonheur ardemment désiré s'embellit du charme de la reconnaissance; où tout ce que le cœur a d'aimant et de sensible, trouve pâture pour jouir et pour aimer!

Le dirai-je? Dans ces premiers instants, le mien

fut tout au chantre. Le sacrifice que faisait en ma faveur cet homme fier et opiniâtre, la force du sentiment religieux dans cette âme rude, cette mâle vigueur d'une piété simple et vraie, m'inspiraient une admiration que ma gratitude augmentait sans mesure. Et quand je voyais ensuite le même homme se dessaisir de la montre de son vieux père, comme pour sceller d'une manière touchante le don qu'il me faisait de sa fille, j'oubliais, dans mes transports, jusqu'à M. Prévère, l'âme de toutes ces choses, jusqu'à Louise, l'objet constant de mes plus chères pensées.

Durant cette scène, j'avais entièrement oublié la présence de Dourak, qui s'était tranquillement accroupi auprès de moi, en suivant de l'œil tous mes mouvemens.

Le bonheur rend expansif, la joie est folle, dit-on. Dans le calme délicieux qui suivit ces premiers instans, mes yeux mouillés de larmes vinrent à rencontrer le regard aimant de ce bon animal, dont la queue n'avait cessé de frapper le plancher, avec plus ou moins de vitesse, selon qu'il croyait lire sur mon visage plus ou moins de plaisir. A ce regard, je me ressouvins de lui, de nos jeux passés, de nos dangers, de nos expéditions ; j'admirai que ce compagnon si fidèle se trouvât être comme le messager de ma félicité nouvelle ; et, dans le besoin que j'éprouvais de répandre au dehors la joie et la reconnaissance qui débordaient de mon cœur, j'oubliai qu'il était chien, et ne me souvins que de notre amitié. Pendant que la joie lui arrachait des cris, et faisait palpiter tous ses membres, je lui prodiguais les plus tendres caresses. — Et toi aussi? mon pauvre Dourak, tu m'apportes cette chère nouvelle... Et toi aussi?... mon bon, mon vieil ami !.... Et me livrant à lui, comme dans les temps où nous vivions aux champs, je m'abandonnais à toute la vivacité de ses transports, lorsque...., lorsque M. Dervey entra.

A la nouveauté du spectacle, M. Dervey ne savait trop que dire, et moi encore moins. Je retins Dourak qui allait s'élancer sur lui, et je cherchai à réparer le désordre que le chien, difficile à calmer, reproduisait presque aussitôt. — Qu'est-ce donc? dit enfin M. Dervey. Cette encre, ces livres, cette table renversée?....

—Oh la belle affaire! Et puis du bon ouvrage! dit Antoine qui survint, et il se mit à rire bruyamment. — Qui êtes-vous? lui dit M. Dervey. — Je suis Antoine, le berger, mon bon Monsieur. — Que faites-vous ici, avec ce chien? — J'attends la réponse, mon bon Monsieur, et le chien aussi. — La réponse? Qu'est-ce que tout cela signifie?....

—Monsieur, répondis-je timidement, c'est une lettre que m'a apportée le berger de la Cure. Le chien l'a précédé, et je n'ai pu empêcher les sauts de joie qu'il a faits en me voyant; mais je réparerai tout, M. Dervey...—Pas plus que çà, en vérité, mon bon Monsieur; ajouta Antoine, qui me voyait encore tout tremblant.

— A la bonne heure!.. Je comprends qu'un chien de cette taille... mais une autre fois... — Soyez tranquille, dit Antoine, une autre fois on ne l'amènera pas, mon bon Monsieur... — Je ne dis pas cela... Amenez-le...., mais en prenant vos précautions, pour éviter ce désordre... En ce moment, M. Dervey se gagnait mon cœur et celui du berger, qui, pour mieux montrer sa bonne intention, allongeait un coup de pied au pauvre Dourak.

Ici s'ouvre dans ma vie un intervalle d'heureux jours, vers lesquels m'attire sans cesse cet attrait qu'ont les temps de l'adolescence, pour ceux qui ont déjà franchi le milieu de la vie. Temps trop tôt écoulés, où les sentimens, dans toute leur fraîcheur native, s'embellissent du charme des plus aimables illusions ; où tout est avenir, espérance ; où rien n'est encore flétri par l'expérience, ni déçu par le temps et la réalité!

Dix-sept années se sont écoulées dès lors, non sans apporter avec elles l'ordinaire tribut de peines, de déceptions et de maux, qui sont l'inévitable partage des hommes; mais elles n'ont point effacé la trace brillante de ces jours de bonheur, et quand, sur cette route que je parcours, je retourne la tête, je la vois luire encore sur le riant sommet des collines lointaines que ne fouleront plus mes pas.

Quelquefois, à de longs intervalles, et surtout quand l'orage s'apprête au dehors, et que la pluie tombe sur les campagnes désertes, je ne sais quelle poésie douce et triste à la fois, semble planer à l'entour de moi, et m'invite à rêver. Mon logis me devient cher, je m'assieds auprès de ma fenêtre, je désire que l'orage dure, qu'il prolonge ces loisirs, qu'aucun importun n'en vienne troubler le calme fragile. Alors, tandis que mes yeux se promènent incertains sur l'humide réseau qui voile les campagnes; ou que mon oreille, vaguement attentive, suit le bruit cadencé d'une goutte qui tombe; mon cœur remonte les années, il revole vers les jours passés, il fait halte aux temps heureux, et, mollement bercé sur l'aile des souvenirs et des regrets, il se repaît avec délices des tristes douceurs de la mélancolie... C'est dans ces momens que j'ouvre certain tiroir, et que, fouillant parmi les lettres qu'il recèle, j'y retrouve la trace encore vivante des temps dont je parle. Mais ici, les souvenirs prennent une réalité trop vive, les regrets deviennent amers, mon cœur se gonfle.... bientôt je referme le tiroir, et ma journée s'achève dans une tristesse sombre et décourageante.

A chaque fois, j'ai voulu le refermer pour toujours. A quoi bon, pensais-je, provoquer la douleur et l'amertume par l'image d'un bonheur qui n'est plus? Pourquoi sacrifier aux illusions d'un instant, un calme déjà si peu riant, si chèrement acheté? Que retiré-je à ce commerce trompeur?... Mais le cœur, ingénieux à se leurrer lui-même, retourne invinciblement aux objets qui l'ont ému: je n'ouvrais plus le tiroir, mais je retraçais, dans le *Presbytère* [1], les souvenirs de ma première adolescence, goûtant à ce travail un plaisir qui me fait désirer de le prolonger encore. Je veux poursuivre. Mes lèvres n'ont qu'effleuré les bords de la coupe : je veux la boire tout entière ; mais avant que j'atteigne à la lie amère, que du moins je savoure quelques traits encore des flots plus doux qu'elle recèle!

C'est ce qui me porte à publier ces lettres. Elles lieront le récit qui précède, au récit qui doit suivre. Ce n'est point ici un roman, et quiconque y chercherait ce conflit de grandes passions, d'où naissent les émotions puissantes ; cette rapide succession d'aventures, où tour à tour s'aiguise et se repaît la curiosité, serait frustré dans son attente. Pour moi, c'est cette coupe dont j'ai parlé, ce breuvage des jours passés, dont la lie elle-même n'est pas sans parfums ; pour d'autres, c'est un tableau où se reconnaîtront peut-être quelques-uns des traits qui caractérisent ma patrie, petite et bien-aimée : ses campagnes, ses mœurs, sa foi, et aussi cette poésie du cœur et des passions, qui y vit sous ces dehors de froideur puritaine, et qui y vivra tant qu'elle gardera ses mœurs.

---

[1] Le premier livre a paru séparément, il y a peu d'années, sous le titre de *Presbytère*.

Au reste, je ferai un choix parmi ces lettres. Bien que l'amour en fût l'occasion, et en fît pour nous le charme, le nôtre était trop timide pour s'épandre beaucoup, et trop profond pour être verbeux. Aussi, le plus souvent, satisfaits de causer ensemble, jaloux de voir s'établir entre nos cœurs cette sympathie de pensées qui est l'une des plus douces jouissances de deux amans, nos lettres se remplissaient de causeries sur ces mille sujets auxquels s'applique la curiosité du jeune âge, et qui provoquent les premiers essais de la réflexion. De là bien des pages qui peignent encore mieux les impressions du jeune homme qui les a écrites, que les objets qui en sont l'occasion.

En effet, transplanté tout à coup, des champs, au sein d'une cité populeuse, j'étais vivement frappé des idées et des objets nouveaux que chaque jour présentait à ma pensée. L'étude dans les livres était ma tâche; mais, mon plaisir, c'était de promener mes regards autour de moi, d'observer, de juger, et, depuis que le calme avait été rendu à mon esprit, je me livrais tout entier à cet exercice attrayant. D'ailleurs, un intérêt puissant m'y conviait. Louise, retenue aux champs, curieuse aussi, et d'un esprit bien plus développé que le mien, prenait plaisir aux remarques que je faisais; ses lettres contenaient parfois des questions auxquelles c'était mon bonheur que d'avoir à répondre. Cette douce obligation, en donnant à mes loisirs un charmant emploi, peu à peu m'enseignait à écrire avec moins de gaucherie. Du reste, sans expérience, sans moyens de comparaison, pressé de dire, bien souvent plus curieux de plaire à Louise que d'approfondir mes propres opinions, je faisais mille erreurs d'observation, mille écarts de jugement que je laisse subsister; bien convaincu que si ces lettres peuvent offrir quelque intérêt, il se trouve justement dans les défauts mêmes qui révèlent la jeunesse, la situation ou la naïve inexpérience de leurs auteurs.

LETTRE PREMIÈRE.

CHARLES A LOUISE.

Genève, Juillet... ¹

Mademoiselle,

Antoine m'a remis, de la part de votre père, une lettre qui m'a jeté dans un bonheur impossible à dire. Cette lettre parle de choses que je

¹ Ce second livre embrasse un espace de temps d'environ dix-huit mois. Les lettres s'y suivent sans interruption, à partir du mois de juillet, jusqu'à la fin du mois de mai de l'année suivante, époque où la correspondance est suspendue pendant le séjour de Charles à la cure. En octobre, Charles revient à la ville, et la correspondance est reprise et continuée jusqu'à la fin de l'année.

n'osais pas même désirer, comme étant trop au-dessus de ce que je suis, et de ce que je mérite, et dont j'aurais encore moins osé parler. Jusqu'à ce que vous les ayez confirmées, je crains de m'y trop attacher, et il me semble indiscret de vous écrire tout mon bonheur comme si j'en étais certain.

Ce que je puis vous dire, Louise, c'est que j'étais bien à plaindre quand cette lettre est venue; et qu'aujourd'hui j'ai plus de joie que je n'en puis goûter à la fois. Je ne sais plus trop ce que je fais, ni ce que j'écris. Il y a des momens où la chose me semble impossible, car elle est trop fortunée; dans d'autres momens, où je m'imagine que vous l'avez permise, je pleure de joie, ou bien je parle tout seul, et il m'arrive de faire des sauts dans ma chambre comme un insensé.

Je sens que je vais être bien inquiet jusqu'à votre lettre. Si vous la faites attendre beaucoup, je m'imaginerai que c'est fini; mais je ne devrai pas me plaindre, et je vous aimerai toute ma vie.

Je suis, Mademoiselle Louise, votre obéissant et affectionné,

CHARLES.

PS. Ayez la bonté de remettre la lettre incluse à votre père.

LETTRE II.
(Incluse dans la précédente.)

CHARLES AU CHANTRE.

De Genève.

Monsieur Reybaz,

En vous écrivant, je pleure de reconnaissance, et je ne sais pas comment vous exprimer mes sentimens. C'est que jamais je n'ai éprouvé ce que j'éprouve aujourd'hui, en sorte que les phrases me manquent; et cependant, c'est le seul moyen que j'aie aujourd'hui de vous témoigner ce dont je me sens redevable envers vous. Mais faites-moi le bien de croire que j'y emploierai ma vie entière..... Monsieur Reybaz! Vous voulez donc bien être mon père! vous, que j'ai si souvent offensé ! Je comprends que c'est par religion et par pitié de moi que vous me pardonnez ; je ne serai heureux que quand ce sera aussi par amitié, et parce que je le mérite.

Je vais travailler avec un bien grand courage, car plus que jamais il me faut un état. J'ai déjà commencé ; je n'attends que les avis de M. Prévère pour savoir de quel côté je dois me tourner.

La montre ne me quittera jamais ;.... jamais ! monsieur Reybaz..... Remerciez Jean Renaud, je vous prie, et dites-lui qu'elle chemine à merveille.

Votre bien respectueux et affectionné,

CHARLES.

LETTRE III.

MONSIEUR PRÉVÈRE A CHARLES.

De la Cure.

Louise vint hier dans ma chambre, et, sans rien dire, elle me montra votre lettre. Voyant que le trouble et la modestie l'empêchaient de se confier librement à moi, je pris quelques momens pour la rassurer; je lui parlai ensuite de ce qui s'est passé, d'elle, de vous; je m'assurai que ses sentimens à votre égard sont en accord avec les intentions que son père vous a manifestées; enfin, je lui fis part d'une circonstance que son père a cru devoir lui cacher, et que vous ignorez vous-même : c'est la démarche de M. Ernest de la Cour, qui, le soir même de votre départ, a demandé à M. Reybaz la main de Louise. M. Reybaz, par des motifs qui lui sont personnels, et avant d'avoir pris aucune décision à votre sujet, a refusé cette demande, et jugé à propos de n'en parler pas à sa fille; mais je n'ai pu prendre sur moi de laisser Louise contracter des engagemens envers vous, sans qu'elle eût eu préalablement connaissance du refus que l'on a fait en son nom, et bien considéré si, en y acquiesçant pleinement, elle renonce d'entrée, et sans regret, au sort brillant dont la demande de M. Ernest de la Cour lui offrait la perspective. Sur ce point, elle s'est prononcée avec une décision absolue et réfléchie, en sorte qu'il n'y a pas à y revenir. En nous séparant, Louise me demanda si je voudrais bien répondre à sa place à votre lettre, ce que je ne crus point devoir lui refuser, comprenant l'embarras qu'une jeune fille aussi modeste éprouvait à le faire. Vous pouvez donc vous regarder, dès ce jour, comme certain de l'attachement de Louise, et de son assentiment aux choses que vous a dites son père.

Mon bon ami, ceci est un de mes vœux les plus chers que je vois s'accomplir; j'en remercie

Dieu de toute mon âme, et je suis sûr que votre cœur n'a pas attendu jusqu'ici pour lui témoigner sa gratitude profonde. J'espère du secours de sa bonté, et de la droiture de votre sens, que maintenant vous allez comprendre quelle tâche nouvelle vous est imposée, quels devoirs sacrés naissent pour vous dès cet instant même, les uns à remplir dès aujourd'hui, les autres auxquels vous devez vous préparer à l'avance. Un père qu'un préjugé, cruel sans doute, mais enraciné, et universellement excusé, portait à vous repousser sans qu'il eût à encourir le moindre blâme ; un homme que vous avez souvent offensé ; un vieillard enfin, légitimement avide, sur ses vieux jours, d'étayer le bonheur de son unique enfant sur l'entourage et l'appui d'une famille, sur une fortune acquise, sur un gendre de son choix, sacrifie ses préjugés, oublie ses rancunes, se démet de ses prétentions justes et fondées, et vous confie le sort de sa fille chérie.... Charles ! est-il besoin que je vous en dise davantage? Non ; je sais que votre cœur comprend ce qui est beau ; je suis certain que tant de bonté, tant d'abnégation de soi, tant de grandeur véritable dans un homme simple et obscur, vous auront profondément touché ; que sa conduite, en cette occasion solennelle, restera gravée dans votre âme comme un exemple à imiter toujours, comme un engagement mille fois plus sacré pour vous que pour tout autre, de vous dévouer au bonheur de celui qui s'est ainsi fait votre père.

Vous parlerai-je de Louise? cette âme douce et pure, cette jeune fille modeste et compatissante, qu'attire à vous, justement le préjugé qui en détourne les autres? Douce et sensible enfant! ses jours s'écoulaient tranquilles et sereins; abritée sous ces ombrages, elle vivait heureuse et paisible; par une route sûre, elle marchait doucement au bonheur : aucun trouble, aucun danger, aucun orage ne menaçaient son innocente vie. C'est cette vie dont le dépôt vous est remis, qui désormais est unie à la vôtre, dont vous êtes dès à présent responsable devant elle, devant son père, devant moi, mais surtout devant Dieu, qui vous comble aujourd'hui de ses plus douces faveurs, par le don inestimable d'une épouse vertueuse et tout aimable. Je le sais, Charles, ces réflexions vous semblent superflues ; votre cœur tout rempli de joie, de reconnaissance, d'affections vives et tendres, l'est en même temps du courage, de la force, des vertueux transports que provoquent ces bienfaisans sentimens ; tout vous paraît possible, aisé, doux, plein de charme. Mais hélas! ceci est l'illusion du bonheur et de l'âge; aucune vie, mon bon ami, ne s'achève sans mauvais jours, sans obstacles, sans sacrifices, sans peines; nul cœur n'est à l'abri des séductions, des combats, de la langueur; nulle situation n'est constamment heureuse ou facile.

Modérez donc ces transports, méfiez-vous de ce trop grand courage, comptez avec la réalité et non avec des illusions d'un jour, et que, dès cet instant, le sentiment du devoir, mais d'un devoir impérieux, irrésistible, sacré comme la volonté de Dieu même, établisse dans votre cœur son puissant empire; qu'il y domine en maître, qu'il le défende à toujours contre ces nombreux écueils où viennent échouer ceux qui, sans mesurer leurs forces, se sont abandonnés à la légère aux illusions qui vous charment maintenant. Alors, alors seulement, s'accompliront mes derniers vœux; alors je bénirai, comme je l'ai fait tant de fois, le jour qui vous mit entre mes mains; alors j'aurai sécurité pour Louise, et mes jours s'embelliront de tout le bonheur qui luira sur les vôtres.

Voilà, mon cher ami, ce que j'avais à vous dire. Du reste, à Dieu ne plaise que je veuille ternir votre joie; goûtez-la tout entière, partagez-la avec moi, car, votre bonheur, c'est le mien; vous le savez, je n'en ai guère d'autre. Puisse-t-il être durable!... Puissiez-vous, cher enfant, ne jamais connaître les blessures qui déchirent mon cœur!.... Puissiez-vous ignorer toujours les cuisans regrets, les gémissemens amers, qui suivent la perte d'une compagne adorée! Mais puissiez-vous aussi, quoi qu'il advienne, compter toujours sur la bonté de Dieu, et attendre tout de sa justice! Je vous embrasse.

LETTRE IV.

CHARLES A LOUISE.

De Genève.

Mademoiselle,

J'ai reçu une lettre de M. Prévère, que je vous adresse dans celle-ci. D'après les choses qu'elle contient, j'ai pensé que je ne commettrais pas d'indiscrétion envers M. Prévère, si je vous la faisais passer. Pour moi, après l'avoir lue, je me suis trouvé hors d'état de vous écrire, tant elle m'a pénétré de sentimens si forts, et si mêlés de lui, de vous, et de votre père, que je ne savais auquel aller, et que, quoi que je voulusse dire, je le trouvais déjà dit, et de la seule manière de le dire.

Laissez-moi donc, Louise, vous répondre cette fois, en me servant, comme vous avez fait, de M. Prévère pour vous exprimer, mieux que je ne pourrais moi-même, ce qui sera éternellement gravé au fond de mon cœur.

Modérer mes transports? Je le veux, puisque c'est M. Prévère qui le dit; je crois que c'est sage, mais le puis-je? J'ai beau y faire tous mes efforts : cela même en provoque de plus vifs, en me faisant songer à vous, Louise. En lisant ce qu'il dit de vous, j'étais hors de moi. Oh qu'il sait tout sentir, tout comprendre! Je ne devine qu'à mesure ses vues bienfaisantes ; à chaque jour, je crois l'aimer et l'estimer de toute ma force, mais je découvre bientôt que mon amitié et mon estime sont encore bien en arrière. Aussi je ne lui écris point ces jours-ci : comment lui exprimerais-je ce que je ressens pour lui?

Une chose pourtant, dans sa lettre, m'a inspiré de la crainte. Ce sont ces lignes sur ce tranquille bonheur, vers lequel vous marchiez par une voie sûre. C'est si vrai! et, d'après ce qu'il dit plus bas, le bonheur est si fragile! Habitué que j'étais à attendre de vous toute ma félicité, je n'avais jamais songé que je pusse ajouter à la vôtre; mais l'idée qu'il se pourrait faire que j'y ôtasse, m'a fait frémir : les paroles de M. Prévère ont une solennité qui me trouble. Oh! c'est vrai, Louise, j'ai besoin de courage, d'un courage qui me vienne de vous. Que vos paroles me dirigent et m'éclairent; que j'y puise, non pas de la force dont j'ai de reste pour agir, travailler, mais de quoi me rassurer contre la crainte où je suis de compromettre votre destinée!

Nous avons quelquefois causé des chagrins de M. Prévère, mais légèrement, comme des enfans, moi du moins, et je me le reproche. La fin de sa lettre m'a attendri, en me révélant des peines journalières dont je n'avais pas l'idée qu'il fût atteint; car il n'en parle jamais, et ne semble préoccupé que de celles des autres. Oh que c'est une singulière chose, que l'état où je me trouve! A peine déplacé d'auprès de vous depuis quinze jours, tout a changé, je vous vois tout autres; mille choses, au milieu desquelles je vivais depuis si longtemps sans les apercevoir, m'apparaissent maintenant, et il n'en est pas une, non, pas une seule, qui n'ajoute une valeur infinie aux êtres que je chéris. Leur supériorité ne m'humilie pas, puisqu'ils sont mes amis et mes guides, mais elle m'attriste; car je suis si loin d'eux, si peu digne des biens dont ils me comblent, si peu sûr de le devenir jamais. Ah! Louise, j'y songe avec reconnaissance, mais non pas sans amertume, mon seul titre auprès de vos âmes compatissantes, c'est sans doute le malheur de ma naissance, c'est l'isolement et l'abandon qui m'attendent; vous vous approchez de celui que les autres rejetteraient, vous ne voulez pas que je reste seul au monde, et mon infortune me vaut tous ces biens que je voudrais devoir à des affections que j'eusse méritées. Ainsi, au milieu du bonheur, j'éprouve du chagrin, et votre silence achève de m'attrister. Je vous en supplie, parlez-moi.

  Votre obéissant et affectionné,

CHARLES.

LETTRE V.

LOUISE A CHARLES.

De la Cure.

Monsieur Charles,

Vos lettres pénètrent mon cœur, mais elles me jettent dans un trouble extrême. Il peut m'arriver, comme ces jours-ci, de trop tarder à vous écrire ; je vous prie de m'excuser, et de croire que cela ne saurait provenir d'indifférence. M. Prévère et mon père me chargent de vous faire leurs amitiés, veuillez y joindre les miennes.

Louise.

P. S. Je vous renvoie la lettre de M. Prévère ;

j'en ai lu quelques lignes, mais j'ai mieux aimé ne pas poursuivre. Faites-moi le plaisir de n'en pas être fâché contre moi.

LETTRE VI.

LE CHANTRE A CHARLES.

De la Cure.

J'ai causé de vous avec Monsieur Prévère en ce qui concerne l'état que vous prendrez. Lui dit qu'il faut que vous soyez libre; moi, je dis tout de même, moyennant que vous choisissiez bientôt, en quoi M. Prévère est d'accord aussi. Car les années vont leur train, et le temps n'attend personne : vous voilà tout à l'heure grand garçon, c'est la saison de s'activer.

C'était hier soir que nous en causions sur le banc, après souper. Louise était là, qui s'en alla quand elle vit de quoi il retournait, car, ces jours-ci, elle est craintive, et d'un rien elle tremble, sauf qu'elle est bien d'ailleurs. Quand ce fut dix heures, on se sépara; mais en retournant par-dessous les tilleuls, nous vîmes de la lumière à sa chambre, quand, pour bien dire, je la croyais couchée. J'y montai, laissant M. Prévère rentrer chez lui. Elle tenait vos lettres qui l'ont ainsi remuée.—Bonnes nouvelles, que je lui fis, mon enfant? — Oh oui, mon père, qu'elle me dit, mais qui me troublent : ce langage est si nouveau pour moi!.., et elle pleurait, en me tendant votre lettre. Je ne voulus pas. — Ceci entre vous, mon enfant, je n'ai rien à y voir. Mais, sais-tu bien, ajoutai-je, que nous venons de lui chercher un état?... Pour lors je vis qu'elle y avait aussi pensé, car elle me prit la main, comme ayant quelque chose à dire, seulement les paroles avaient peine à venir. — Je voudrais, me dit-elle à la fin, lui écrire là-dessus, mais je n'ai pas encore pu le prendre sur moi... Sur quoi la pauvre petite fondant en larmes m'a sauté au cou, en me disant : Mon père! jamais je ne vous quitterai....

Après un bon moment, on s'est remis; elle était tranquille, et pour n'y rien gâter, je lui ai parlé d'autre chose, comme vous savez qu'on va avoir un baptême chez les Legrand : c'est leur cinquième. Mais en délibérant avec moi-même, je me suis dit que je veux vous en écrire.

Je sais bien sa pensée, c'est que vous soyez ministre, afin de pouvoir pratiquer votre état par ici, ou tout au moins sans qu'il la sépare de moi. Sur ce point, c'est à vous de voir, sans que rien je demande. J'ai fait mon temps; ce n'est pas aux vieux de gêner les jeunes. Ainsi, vous choisirez comme ça vous semblera profitable pour vous, pour elle, mais sans vous faire souci de moi. Si vous penchez au négoce, comme quoi il faut vaquer à ses affaires, et voyager à l'étranger, que je ne vous retienne : je me veux assez suffire ; que si vous penchez vers autre chose, tout de même, moyennant que ce soit un état sûr, et qui rapporte.

C'est donc cela que je voulais vous dire avant que Louise vous en écrive, et sans la contredire au moment, car je lui aurais fait peine. Pendant que j'y suis, j'ai autre chose encore, sur quoi elle n'a jamais voulu m'écouter ; c'est à savoir le bien qui lui revient du fait de sa mère, et dont je vous devrai compté, et comme quoi je l'ai bonifié d'un tiers, et dégrévé de toute hypothèque ; car, à sa mort, on devait six cents florins sur la pièce, dont j'ai l'acquittement en bonne forme.

C'est la pièce d'en bas, au-dessous de la mare,

mêmement qu'elle a toujours de l'eau, si sec qu'il fasse, comme il y a cinq ans, qu'on rentra six chars quand tout était brûlé alentour, foins et regains. M. Prévère a acheté à côté. Le tout fait le plus beau pré de la commune, témoin Louis Redard qui disait qu'il donnerait tout son bien contre, et sa vache avec. M'est avis que cette pièce ne doit jamais se vendre, ni s'entamer en empruntant dessus; après tout, c'est du pain, quand on aurait perdu le reste; en s'aidant de travail, un ménage y peut vivre, comme disait ma pauvre femme. Ceci, Charles, je vous le répète, pour que vous en ayez compte, si c'est vrai que vous me vouliez contenter. Comme ça, je serai tranquille tant de mon vivant que par après.

Le reste, c'est en linge et en mobilier, notamment deux couverts d'argent à sa marque, six petites cuillers, et la chaîne d'or avec médaillon que je lui ai donnée à sa noce. Sur les intérêts de la pièce, j'ai remplacé le linge à mesure, et rempaillé toutes les chaises, voici deux ans bientôt, à la Saint-Martin. S'il plaît à Dieu, quand viendra le moment, vous ne me trouverez pas en faute à l'égard du bien de ma fille, et des intentions de ma chère et honorée femme, comme elle me les a dites avant que Dieu la retirât, et comme je désire, en respect d'elle et pour l'amour de moi, que vous les suiviez.

Pour ce qui peut vous revenir de moi, c'est peu de chose: vivant de ma place, et ayant élevé un enfant. Le surplus, vous l'aurez un jour, et ce sera temps alors de voir ce qu'il en est, mettant tous les ans de côté quelques épargnes. Ainsi vous voyez qu'il se faut activer, et vous attendre à vous plus qu'au reste. Faites-vous donc sage, laborieux; garez-vous de devenir trop monsieur: ces gens-là dépensent beaucoup, sans qu'il y profite; le premier gagné, c'est ce qu'on ne dépense pas. Je voudrais que vous demeurassiez content comme vous étiez ici, sans plus, ni moins : on s'élargit toujours assez tôt quand l'argent est venu. Auparavant il se faut tenir coi, et fermer sa bourse tant et tant qu'elle enfle. Soit dit sans reproche au psaume que vous m'avez envoyé ; quand bien même les clous d'argent étaient de trop. Un présent n'est pas ce qui ruine : dépensez un écu, mais ménagez vos sous.

On dansera chez les Legrand. Je prête ma grange; M. Prévère sera présent à la fête. Les Legrand disent que ça ne peut pas aller sans vous; à quoi je leur réponds que ça veut aller tout de même, et qu'il faut vous laisser à vos affaires.

Reybaz.

LETTRE VII.

MONSIEUR DERVEY A MONSIEUR PRÉVÈRE.

De Genève.

Mon cher Monsieur,

Voici votre protégé installé, et en train de travailler. C'est un aimable jeune homme, qui me semble avoir pris bien du bon auprès de vous. J'ai eu avec lui l'entretien que vous désiriez. Le résultat en est qu'il désire embrasser la même carrière que vous. Il ne voit rien de si beau, de si digne d'envie, que de vous imiter de près ou de loin, et, je vous l'avoue, mon cher confrère, c'est ce qui m'a donné la meilleure idée de son cœur et de son jugement.

J'ai cru entrevoir aussi d'autres motifs à sa détermination, bien qu'il m'assure qu'elle ne soit pas nouvelle, et qu'un entretien qu'il eut il y a quelque temps avec vous dans une promenade, l'y ait confirmé. C'est que toute autre carrière lui offre moins de chances de vivre auprès de vous, et auprès du père de mademoiselle Louise, dont il est probable que celle-ci ne s'éloignerait qu'avec bien de la répugnance. Tout cela me paraît sage et bien pensé, et je suis heureux de voir qu'une si grave entreprise, formée dans un âge d'inexpérience, a pour elle l'appui des circonstances et celui de la situation particulière de ces deux aimables jeunes gens. Du reste, nous causerons de tout ceci, j'espère, avant peu de jours.

PS. Il va sans dire que je tiendrai secret, même auprès des miens, ce que vous m'avez confié, et que j'entre dans tous vos motifs sur la convenance de n'ébruiter pas l'engagement qui lie dès aujourd'hui Charles à mademoiselle Louise.

LETTRE VIII.

CHARLES A LOUISE.

De Genève.

Je vous prie de me pardonner, Mademoiselle Louise, l'indiscrétion que j'ai commise, et que votre billet me fait sentir vivement; je tâcherai à l'avenir de mettre plus de convenance dans ma conduite, mais je me trouvais dans une situation si nouvelle qu'elle peut faire excuser ma faute, et aussi vous porter à être indulgente pour ces lettres peu mesurées. N'ayant jamais correspondu avec personne, et commençant au milieu de sentimens si vifs, j'ignore ce qu'on peut dire et ce qu'on doit taire, et j'ai pu m'oublier bien aisément.

J'ai à vous parler d'une détermination que j'ai prise, sauf votre assentiment. L'autre jour, M. Dervey m'appela auprès de lui, et m'engagea avec tant de confiance à lui parler de mes idées au sujet d'une carrière, que je lui manifestai mon désir, déjà ancien, d'embrasser la même que M. Prévère. Il m'y encouragea, et j'en fus bien aise; car outre l'inclination qui m'y porte, j'avais d'autres raisons dont je ne pus lui faire part.

Vous souvient-il, Louise, de ce jour où nous allâmes ensemble aux chalets? Vous devez vous le rappeler; car dès lors nous n'avons plus été les mêmes. Arrivés sur les collines de Chevron, d'où l'on voit la Cure, nous nous assîmes. —Charles, me dites-vous, car alors nous parlions sans contrainte, Charles, que ce pays est doux et tranquille! ne voudriez-vous pas y passer votre vie? — Oui, vous répondis-je, si vous y passez la vôtre. — Jamais je ne quitterai mon père, ni M. Prévère!..

Ces paroles, Louise, je ne les ai point oubliées. Je me les suis rappelées aussitôt que j'ai entrevu le bonheur d'associer ma vie à la vôtre; elles étaient présentes à mon cœur pendant que M. Dervey me parlait : il me semble que ce soit un songe que de les voir prendre cette réalité qui m'enchante. Je rêve sans cesse ces jours fortunés, dans ce pays *doux et tranquille*, comme vous disiez vous-même de votre voix aimable; je rêve mille plaisirs goûtés ensemble, mille soins donnés ensemble à votre père, à M. Prévère; je rêve une personne qui embellit tout de sa présence,.... mais voilà que je vais m'oublier. Oh! que de fois je rêve que je sais vous dire tout ce que je sens, et que vous m'écoutez aussi longtemps que je veux! Mais c'est un rêve.

M. Dervey m'a bien dit que l'avenir ne dépend pas de nous, que l'on n'est pas placé toujours dans la cure que l'on désire; mais il a ajouté qu'il y a des moyens de s'arranger : que je pourrai toujours soulager M. Prévère; que d'ailleurs sa cure étant la plus retirée et la plus pauvre du Canton, elle est peu recherchée; que M. Prévère lui-même ne s'en chargea qu'à défaut d'autres personnes qui se présentassent. J'écoutais ces choses de toutes mes oreilles, car ce qui m'effraierait le plus, ce serait d'avoir à lutter contre des rivaux. J'ai rencontré, chez M. Dervey, de ces jeunes ministres qui attendent d'être placés. Ce sont de beaux messieurs, habillés à la mode; ils sont aussi à l'aise dans un salon, que je le serais dans un pré; ils causent de tout avec facilité, ils disent aux dames toutes sortes de choses qui les amusent. C'est sûr que si un de ceux-là demandait la cure, je ne l'aurais pas. Mais qu'iraient-ils faire dans ce hameau ? Ils n'en voudront pas, et moi, le paysan, la cure me reste !

Mes études m'intéresseraient assez, si elles ne me distrayaient pas de penser à vous. M. Dervey n'a pas été trop mécontent du peu que j'ai acquis à la Cure, mais je vois qu'ici on apprend d'une autre façon que là-bas : c'est pour faire des examens, pour passer en philosophie, en droit; ce n'est pas pour goûter ce qu'on apprend. Tant de chapitres bien sus, tant de livres bien étudiés, tant de problèmes bien démontrés, et vous montez d'un échelon : voilà comme on compte. C'est une manière moins amusante, mais je m'y ferai; je crois bien aussi que c'est nécessaire qu'il en soit ainsi, sans quoi il y a des choses qu'on n'apprendrait pas, car elles n'amusent guère ni d'une façon, ni de l'autre : des problèmes d'algèbre, par exemple, où l'on sait le résultat à l'avance; ou bien, des pages de grec, qui sont aussi des problèmes à résoudre, souvent plus difficiles et plus ennuyeux que les premiers.

Que j'ai de plaisir à causer avec vous, à rapporter tout à vous! Mais si je vous ennuie, que vais-je devenir? A chaque chose que je vois, je me demande : que dirait Louise? comment en jugerions-nous ensemble? Je ne me plais à aucune pensée, à aucun spectacle, si vous n'y êtes en part, si je n'y assiste en regard de vous, si je ne me dis : nous en causerons, ou, à défaut, je lui écrirai.... Et puis je vous parle d'algèbre! C'est cela qui est s'oublier!

Encore un moment, je vous en supplie. Que j'aimerais savoir ce que vous faites pendant que je vous écris ! Je vous suis toute la journée; mais je suis sûr que je me trompe souvent, que je vais à gauche quand vous êtes à droite, aux Acacias lorsque vous êtes dans votre chambre ; quand j'y songe, ces bévues me désolent, et je m'arrête tout court, pour recommencer sans être sûr de faire mieux. Ecoutez plutôt.

Hier, dans l'après-midi, il faisait de l'orage. Les nuages couraient rapidement, les hirondelles rasaient la terre : vint ce gros coup de tonnerre, et puis la pluie. Dès le commencement, je m'étais mis à ma fenêtre, et, à mesure que l'orage grossissait, tout ce qui devait se passer à la Cure me fut présent avec une vivacité admirable. Je voyais Antoine, au chemin des Bois, ayant quitté la prairie, et laissant fuir devant lui les vaches effrayées; Dourak aboyant aux nuages; les tilleuls agités jusqu'à leur cime, et les villageois en attente sous la saillie de leurs toits. Je voyais M. Prévère à sa croisée, pensif et regardant au loin les campagnes, et votre père rentrant les chaises et fermant les volets de la Cure.

Pendant que je voyais toutes ces choses, il en était une autre que j'avais tenue en réserve, attendant que tout ce bruit fût passé, pour m'en occuper sans distraction. Quand les volets furent fermés, votre père assis sous le porche, et tout bien tranquille alentour, aussitôt mon imagination prit son vol par la campagne, et elle y rencontra bientôt cet objet mis en réserve. De crainte que vous ne deviniez pas, il faut bien que j'en dise davantage.

C'était une jeune fille que l'orage avait surprise sur le banc des noyers. Dans cet instant, elle passait le long de la mare, où son image se répétait sur l'onde vacillante. Quelques gouttes de pluie lui faisaient hâter le pas jusque sous l'abri des tilleuls, où elle s'arrêtait pour retenir ses cheveux dénoués par le vent. Je la voyais ensuite, chassée de là par la pluie, se retirer dans sa chambre, et, accoudée sur sa fenêtre, regarder comme moi les nuages, se recueillir au bruit uniforme de la pluie, et songer,... songer à quoi?... C'est ici que le désir et l'incertitude me faisaient battre le cœur.

J'essayai toutes sortes de façons d'attirer ses songes de mon côté; mais c'était plus naturel de la supposer attentive aux choses qui se passaient sous ses yeux : à quelque oiseau abrité sous les feuilles, aux vaches qui rentraient, à un passant qui descend la grande route..... Je me fis ce passant : c'était déjà prendre pour moi son regard. Mais je n'y goûtais qu'un charme incomplet, car je n'étais pas reconnu, et, d'ailleurs, arrivant bientôt au contour du chemin, la jeune fille me perdait de vue. A la fin, leurré par le désir, je pris place dans sa pensée même, je pris pour moi sa rêverie, je m'attribuai les douceurs de son regard et celles de son sourire, et j'en étais à traduire les secrets mouvemens de son cœur en un langage qui me ravissait d'aise, lorsque Antoine entra... Eh bien, vous n'êtes pas à la Cure? — Je suis venu pour acheter des graines. — Et Dourak? — Je l'ai enfermé à l'écurie, crainte de tapage. — Et... Louise? — Ils sont tous à Allemogne depuis ce matin.

Antoine s'en est allé. J'ai fermé ma fenêtre, et je me suis mis à faire de l'algèbre. Que pouvais-je faire de mieux?

LETTRE IX.

LOUISE A CHARLES.

De la Cure.

Monsieur Charles,

J'ai été bien sensible à la détermination que vous avez prise. Quoique je redoute les choses trop tendres que vous me dites, et que je ne sache pas y répondre, je vous assure que je sens avec une douceur bien grande l'accord de vos projets avec mes vœux, et que je ne l'attribue qu'à des sentimens qui me touchent infiniment. Mais j'aime les reconnaître, les deviner, bien plus qu'en écouter l'expression trop vive. Ainsi, ils me pénètrent, tandis qu'autrement, ils me troublent.

Ne croyez point vous oublier en me parlant de vos études, ni d'aucun objet qui vous intéresse ou vous frappe. Je puis souvent ne pas vous comprendre bien, parce que ces matières ne sont pas à ma portée, mais elles ne m'en captivent pas moins, tant parce que je suis curieuse, que parce que c'est vous qui m'en parlez. Autrefois nous causions de toutes choses au hasard, et ce babil m'était cher; j'aimerais que nous n'en perdissions pas la douce habitude. D'ailleurs, c'est de quoi remplir vos lettres de tous les jours, c'est aussi me laisser quelque chose à répondre, ou quelque chose à vous demander.

Vous avouerai-je, Charles, une faiblesse que je me reproche, et qui est cause de ces caprices que vous devez trouver bien étranges? Je ne sais pas être heureuse.... Entourée d'êtres qui me sont chers, sans vœu à former, sans chagrin à cacher, j'éprouve néanmoins des momens de tristesse et de vide, dont je ne saurais dire le motif. Il me semble comme si je regrettais la paix de nos premières années, lorsque pourtant rien ne l'a troublée, et qu'elle devrait subsister encore. Je voudrais pouvoir retenir le présent, et le fixer pour toujours; tout ce qui rapproche l'avenir, tout ce qui présente à mes yeux des changemens, que je sais pourtant être inévitables, m'inspire de l'effroi, et fait naître en moi des regrets involontaires. Voilà pourquoi la trop vive expression de vos sentimens troublait mon cœur. Vous riez de ce que vous me parlez d'algèbre? En vérité, c'est le passage de votre lettre qui m'a mise le plus à l'aise; je vous retrouvais tel qu'autrefois, nous causions comme alors de quoi que ce fût, vous n'aviez point changé de langage, en sorte que, comme autrefois aussi, je vous écoutais satisfaite et heureuse. Continuez ainsi, je vous en prie. Parlez-moi de tout ce qui vous arrive, des choses que vous voyez, des gens que vous êtes à portée de connaître : j'y trouve à la fois du plaisir, du calme, et je ne sais quel reflet d'autrefois qui me rassure et me plaît. Ce n'est pas d'aujourd'hui que l'extrême bonté de tous ceux qui m'entourent, m'a rendue exigeante et fantasque.

Je n'oserais deviner qui peut être cette jeune personne dont vous me parlez. Il n'y a ici que des villageoises, à qui ne conviennent point les grâces délicates que vous lui prêtez, et dont les rêveries à la fenêtre sont trop humbles et sans valeur, pour ravir d'aise qui que ce soit. Plutôt les vôtres seraient flatteuses pour celle qui s'en pourrait croire l'objet.

Au reste, vous n'étiez pas seul à jouir du beau

spectacle de cet orage. Avant-hier matin, nous partîmes pour Allemogne. Notre projet était de dîner auprès des Sources; mais, trouvant la place occupée par quelques personnes, nous cherchâmes plus haut dans la montagne une autre salle à manger. Après avoir monté assez longtemps sans nous décider, cherchant toujours de plus beaux ombrages, nous atteignîmes aux derniers châtaigniers, où l'on posa le panier aux vivres, sous une épaisse voûte de verdure. «Oh le bel endroit! dit M. Prévère. Ici il ne nous manquera rien..... que Charles,» ajouta-t-il, pour entrer dans la pensée de tous.

Nous fîmes là notre petit repas. Nous étions quatre, car un jeune chevreau, dont la mère broutait à quelque distance, nous tint compagnie, et mangea avec nous, nous divertissant par sa gaîté capricieuse, et par la grâce légère de ses mouvemens. Avez-vous remarqué avec quelle bonté M. Prévère accueille les animaux, comme il aime à s'en laisser approcher, et met du prix à leur confiance? La naïve sécurité de celui-ci lui causait un plaisir visible, et c'était charmant à voir que cet homme grave qui se gênait un peu, pour ne pas effaroucher son confiant convive. Après dîner, je lui fis quelque lecture, pendant que mon père reposait auprès de nous. C'est durant ce temps que les nuages couvrirent le ciel, et qu'une lumière pâle, remplaçant peu à peu l'éclat du soleil, fit disparaître l'obscurité des ombrages. Nous demeurions à considérer la tempête qui semblait ne pas devoir nous atteindre, lorsqu'à ce violent coup de tonnerre, le troupeau de chèvres se mit à descendre en bondissant, mon père se réveilla en sursaut, et, la pluie arrivant avec violence, nous cherchâmes en hâte un abri sous les hautes roches auxquelles sont adossés les derniers châtaigniers.

Quelle jouissance ce fut alors! Nous étions sous la saillie des rochers, dans une espèce d'antre, pittoresquement tapissé de plantes sauvages, et, avec nous, le petit chevreau qui, ne retrouvant plus sa mère, nous avait suivis en bêlant. Mais autour de ce tranquille asile, tout était bruyant, agité; les arbres semblaient rompre sous l'effort du vent; au bas de la montagne, des tourbillons de poussière faisaient distinguer les routes qui mènent aux hameaux, et, plus loin, dans la plaine, jusqu'aux montagnes de l'horizon, des teintes grisâtres et lugubres semblaient avoir transformé ces campagnes si belles, en solitudes désolées. En quelques endroits seulement, le soleil, perçant les nuages, dorait du plus vif éclat des plages riantes, qui formaient comme des îles enchantées au milieu d'un triste océan.

Nous ne disions rien. M. Prévère contemplait cette scène avec recueillement ; ses yeux, animés par une émotion intérieure, brillaient d'un doux éclat. Pour moi, j'éprouvais une joie confuse, un trouble délicieux, mêlé d'une attente solennelle. Vous souvient-il, qu'autrefois, nous nous faisions, à l'approche de l'orage, des abris où nous aimions à écouter ensemble le tonnerre, qui pourtant nous faisait trembler? C'était ce sentiment là, mais plus grand, plus vif, et auquel se mêlait une agitation du cœur que j'ignorais alors. Mille souvenirs s'y pressaient en foule, mille pensées y brillaient comme par éclairs, et tous ces sentimens s'embellissaient de je ne sais quel charme touchant et religieux à la fois. Dirai-je que je ne songeasse point à vous? Non, Charles ; votre pensée qui ne m'abandonne guère, m'était alors présente, plus vive encore, et je la retrouvais sans cesse au milieu de ce conflit d'émotions vagues et confuses.

Insensiblement le vent balaya les nuages, et le soleil couchant vint inonder d'une clarté pure les campagnes rafraîchies. Tout semblait renaître alors, et s'embellir de jeunesse et de vie. Aux émotions que je venais d'éprouver, succédait comme un tranquille et confiant espoir. Je regardais au loin la Cure avec des yeux attendris : ce tranquille séjour me paraissait alors plus tranquille ; il semblait m'ouvrir les bras pour y cacher ma vie ; je m'y réfugiais, et vous m'y suiviez.....

Vous m'avez dit votre rêverie, Charles, je vous ai conté les miennes, assez longuement, je vois. M. Prévère se leva en disant : « Nous avons bien fait d'avoir choisi cette journée ! » et nous reprîmes paisiblement le chemin de la Cure, où j'ai trouvé votre lettre en arrivant.

LETTRE X.

CHARLES A LOUISE.

De Genève.

Que je ne vous dise pas, Louise, que votre lettre me transporte, que je la relis sans cesse, que je ne puis songer à autre chose? c'est impossible. Sûrement vous n'exigez pas qu'on lise des choses semblables, et puis qu'on les renferme en soi, bien posément! Pour moi, je me croirais indigne de les avoir lues, si j'avais la force de m'en taire.

Mais c'est vous qui me dites des choses tendres! si tendres que je n'ose pas y croire. Car plus je relis, plus il me semble que c'est comme si vous me disiez, en tout autant de mots : « Charles, vous m'êtes cher, je pensais à vous, j'aime que vous me causiez..... » Et que pourriez-vous me dire, qui me comblât d'un plus grand bonheur!

Vous voulez donc que je vous parle des choses qui m'arrivent, que je vois, qui me frappent? Je veux bien, mais voilà que, depuis que vous m'en avez fait la demande, il ne m'arrive rien, je ne vois rien, plus rien ne me frappe; et ce n'est pas l'envie qui me manque de voir ou d'être frappé. Et puis, que voulez-vous qu'il m'arrive? Sept heures, chaque jour, je suis à étudier dans des livres; le reste du temps, je pense à vous : voilà tous mes événemens quotidiens. Point de courses à Allemogne, point de dîner sous les châtaigniers, point de joli chevreau, et surtout, point de ce doux et pénétrant langage que vous savez employer au gré de votre pensée, dont il est la si charmante image !

Ce n'est pas cependant que, pour moi, habitué au séjour tranquille et retiré de la Cure, le spectacle de cette ville ne soit intéressant et curieux par sa nouveauté ; mais mon esprit en est comme étourdi, je ne sais comment juger la plupart des choses que je vois, je passe de l'une à l'autre sans embrasser aucun ensemble, sans entrevoir aucun lien. Toutefois, au milieu de cette confusion, je me sens changer presque à mon insu. Certaines choses attirent mon intérêt, d'autres mon dégoût; les gens que j'entends parler me plaisent ou me déplaisent ; et ainsi des sentimens de prévention ou de bienveillance me pénètrent insensiblement, sans que je puisse souvent me dire la cause de ces impressions, si ce n'est peut-être que je songe aux jugemens que nous porterions ensemble. Ce trouble confus d'idées est encore augmenté ou entretenu par la honte que j'éprouve de mon ignorance, et par la timidité qui en est la suite. Je n'ose questionner, de crainte de paraître trop novice ; quand on parle devant moi de sujets qui m'intéressent, j'ose à peine écouter attentivement, crainte qu'on ne me prenne à partie, et qu'on n'aille me traiter en monsieur, auquel cas je crois bien que je défaillerais. Je pense que ceci tient au séjour de la campagne, qui rend les garçons sauvages et maladroits ; car je vois ici des jeunes gens, bien moins âgés que moi, qui comprennent tout ce qui se dit, qui questionnent et répondent avec une assurance que j'admire : même l'on m'en a montré qui écrivent dans un journal. A vrai dire, je crois bien que s'il s'agissait de monter au plus haut d'un cerisier, ou de vous aller cueillir une fleur au-dessus de l'escarpement d'un roc, j'aurais sur eux l'avantage ; mais, ici, qui est-ce qui fait cas de cela ?

J'ai pourtant fait une connaissance, et d'une manière plaisante. Précisément au-dessous de ma fenêtre, est celle du portier de la maison. L'autre jour, j'arrosais mon jardin (c'est une bouture de votre rosier, que je me suis fait apporter par Antoine). L'eau, filtrant au travers de la terre, vint à dégoutter, toute vaseuse et salie, sur le bonnet blanc du portier, qui, à son ordinaire, était à regarder les passans. Il se mit aussitôt dans une grande colère, et m'apostropha sans me voir; car, dès les premiers instans qui suivirent le crime, j'avais fait retraite jusqu'au fond de ma chambre.

Au grand bruit que faisait ce portier, M. Dervey s'était mis aussi à sa fenêtre, pour juger par ses yeux de l'étendue du mal; et voici ce que j'entendis du fond de ma retraite. — Allons! M. Champin, c'est un petit malheur. — Faites excuse, M. le Pasteur, mêmement que mon bonnet en est tout trempé. — Fort bien, mais ce n'est pas irréparable. — Faites excuse, M. le Pasteur, on se passerait de l'agrément. — Sans doute, mais c'est pur accident. — Faites excuse, M. le Pasteur, mêmement qu'il s'est caché. — Ah! vous nous rompez la tête! et M. Dervey referma brusquement sa fenêtre, tandis que le pauvre portier continuait à demi-voix:

« Que si, à M. le Pasteur, on lui trempait ainsi sa perruque, et seulement à l'eau propre, il en dirait bien d'autres ! Si on a une langue, c'est pour se plaindre. Quand il prêche, personne ne l'inquiète, si fort qu'il parle ; et d'ailleurs, de blancs, il ne m'en reste plus. » Puis élevant la voix : « On connaît l'Auditeur, allez ! et on pourrait bien porter plainte ; vaurien d'étudiant !... brimborion de jeunesse, allez ! De mon temps, les jeunes gens étaient respectueux, tranquilles, surtout avec les vieux.... et puis j'aurais aimé voir qu'ils touchassent à mon bonnet ! »

J'avais dès le premier moment éprouvé des remords, non pas d'avoir sali le bonnet, mais de m'être caché, et je voulais m'en délivrer au plus tôt. Toutefois, la crainte d'attirer de nouveau l'attention de M. Dervey, si, en me montrant dans ce moment, je provoquais une explication bruyante, me porta à employer des moyens qui me fissent rentrer en grâce sans bruit ni éclat. Sachant donc que M. Champin est le rhabilleur des montres de la maison, le fournisseur de verres et de clés de tous les locataires, je ployai ma montre dans un papier qui contenait mes excuses, conçues à peu près dans ces termes :

« Je vous prie, Monsieur Champin, de m'excuser et de croire que, quoique j'aie eu le tort de me cacher, c'est à mon insu que j'ai mouillé votre bonnet. Par la même occasion, je vous prie de vouloir bien fournir ma montre, ci-incluse, d'un verre et d'une clé. »

Après quoi, je suspendis le petit paquet à une ficelle, que je laissai couler doucement le long de la muraille; et tout allait à merveille, lorsque l'indigne paquet alla s'engager dans les barreaux de la cage où M. Champin loge ses serins bien-aimés. Je mesurai d'un coup d'œil toute l'horreur de ma situation, et l'impossibilité de conjurer un affreux éclat, si j'étais aperçu. Avec une patience et des précautions infinies, je secouais doucement la ficelle, afin de la dégager; mais, après mille efforts, je ne parvins qu'à faire bouger la cage.... Tout à coup, une main arrache le paquet, et l'orage éclate! Heureusement M. Dervey venait de sortir de sa chambre.

Je dus laisser passer les premières violences de la tempête. Seulement, dans les rares intervalles d'un monologue à mon adresse, je disais : « Ouvrez! ouvrez! M. Champin; » et comme ses gestes me faisaient trembler : « Prenez garde! ajoutais-je, c'est une montre. » Ces mots firent effet, et, au calme qui se rétablit, quelques passans déjà attroupés dans la rue, se dispersèrent à mon grand contentement.

J'attendis un bon moment. En m'avançant en dehors de la fenêtre, autant que je pouvais le faire, j'apercevais le billet déposé sur la tablette, et, au-dessous des besicles du portier, ses mains qui maniaient la montre.... — Je connais cette pièce? dit-il enfin. — Possible, lui répondis-je. — Elle a appartenu à l'un de mes amis. — Elle m'est donnée par l'un des miens. — Connaissez-vous Reybaz, le chantre?—Si je le connais! j'ai grandi dans sa maison... Dès ce moment, nous voilà liés d'affection, et, pendant une heure, nous avons jasé ensemble. A la fin, on est venu l'appeler. — Je vous mettrai là un beau verre, m'a-t-il dit en se retirant. Vous concevez qu'à votre âge, et lisant dans les livres, je vous prenais pour un étudiant. Avec çà que vous vous êtes caché, et que je ne suis pas devin. Du reste, n'en parlons plus. Au revoir.

Voilà comment j'ai fait un ami, et un ami qui connaît votre père. Pour moi, c'est certes bien un événement. Je n'ai qu'à mettre le nez à ma fenêtre, je le trouve à la sienne, et nos paroles s'échangent, à la face du ciel et des rues. C'est un homme très-drôle. Il parle toujours du temps passé ; et, de sa loge, il juge et désapprouve tout ce qui s'en est changé ou altéré dans les personnes, les choses ou les bâtimens, depuis une certaine époque. Il appelle votre père un *ancien,* cela veut dire un du bon temps ; il dit que sa montre en est aussi, et il cherche à me prévenir contre les montres plates de l'horlogerie moderne. J'ai gagné son estime en lui disant que je n'en aurais jamais d'autre que celle que je tiens de votre père, car il juge que c'est chez moi amour des roues de rencontre, et haine des échappemens horizontaux. Ce sont des termes techniques que j'ai retenus, comme personnifiant à ses yeux l'ancienne et la moderne horlogerie.

Du reste, savez-vous ce qu'il m'a dit? « Je l'ai connue qu'elle était toute petite, il y a bien de ça, sept ans, ma foi ! Elle était douce comme un agneau, avec ça qu'elle promettait de tout point. L'âge venu, elle aura dû gagner; et puis, son père est un ancien ! Faites-lui mes amitiés : il se veut assez souvenir de Champin. Champin, Jean-Marc. Champin de la rue Jean-Jaques. Champin le rhabilleur. Champin l'ami de noce, le cavalier des dames, dans le temps. Encore mieux : Champin tout court; il ne se veut pas méprendre, allez ! c'est un ancien. »

En vous adressant le compliment, je vous charge aussi de la commission, et de mes amitiés pour tous.

Votre affectionné,
CHARLES.

LETTRE XI.

LE CHANTRE A CHARLES.

De la Cure.

Depuis que Roset a défunté, la commune est sans taupier, par suite de quoi les taupes multiplient à l'aise, et les prés font mal à voir, étant tout de creux et de mottes. Foron a essayé de la partie, mais, pour les taupes, il faut de l'instinct: témoin que j'en guette une depuis huit jours, et sans y rien avancer. C'est un grand mal que Roset soit mort, et sans laisser d'élève.

Il faut que vous alliez à Mollesulaz. Ils en ont un là qu'on dit rusé comme un renard; vous lui direz qu'il vienne pour un mois: la commune lui payera ses journées, et, en sus, deux sous par taupe. C'est un sou de plus qu'on ne donnait à Roset, avec ça qu'il y en a six fois plus que de son temps.

On craint que l'année ne soit mauvaise, par rapport aux vignes. Cet orage de l'autre jour a haché les grains, du côté de Chevron, dont bien me prend d'en avoir fini avec mes provins. Avec la vigne on n'a pas de repos. Nous sommes trop près des montagnes : si ce n'est la grêle, c'est la bise. Pour une comète, on a cent froidures.

Le pauvre Brachoz va bien mal : vous savez l'histoire. Vendredi dernier, ayant fait pache pour sa génisse, il revint tard du marché, portant une pioche neuve. Le lendemain, on l'a trouvé en bas de la moraine des Bois, aussi roide qu'un mort. Là, ils l'ont fait boire, et, petit à petit, l'ont ravivé, à tant qu'il a ouvert les yeux, et demandé sa pioche. Alors ils l'ont ramené à sa maison sur des branchages. La pioche y était déjà, trouvée sur le chemin par l'orpheline de Louise. Les uns disent qu'il avait bu un coup de trop, les autres que c'était nuit noire. Le vétérinaire l'a vu, et juge que c'est mauvais, à raison du coffre qui a souffert. Par le village, ils disent qu'il s'est croisé une côte, de façon que celle d'en dessous lui ravage l'intérieur. Pour bien dire, on n'en saura rien avant ce soir, que M. Prévère a fait chercher un médecin de la ville. En attendant, on lui fait ses semailles, et les Legrand ont renvoyé la danse, étant ses cousins, remués de germains. La petite se tient vers la femme, qui se désole voyant déjà son homme mort.

Par cette grêle de mercredi, nous étions à Allemogne, pour y dîner. C'était jouer de malheur : on n'eut que le temps de s'abriter sous des rocs, de façon qu'on s'est ennuyés, et, au retour, la boue. Le vent avait été si fort qu'il a brisé deux portillons à l'écurie, et couché bas deux noyers. C'est des jeunes. Ils disent que ce gros coup de tonnerre est tombé de l'autre côté du Rhône, sur le clocher de Bernex, et qu'il a tué le sonneur qui sonnait vêpres. Informez-vous voir. Ça ne m'étonnerait pas, avec ces carillons éternels qu'ils ont dans leur religion. A Allemogne, ils sonnaient tout de même. L'almanach dit que ça attire la foudre. Mais ils ne savent pas lire, faute de Lancasters, par rapport aux curés qui n'en veulent pas.

Pour en revenir à l'affaire, tâchez d'y aller demain. Ça vous fera une promenade. Il est en deçà du pont, avec une taupe en écriteau, et des vitres de papier à sa fenêtre. Son nom, je ne le sais pas, mais vous voulez assez trouver. Nos amitiés.

REYBAZ.

PS. Est-il vrai que la Russie bouge, et qu'on a des nouvelles? Une guerre à présent ferait bien du tort.

LETTRE XII.

CHARLES A LOUISE.

De Genève.

Il faut que j'essaie, Louise, d'un nouveau messager. Je place cette lettre sous le collier de Dourak : à lui de vous faire comprendre sa mission. Cependant, comme il pourrait aller l'offrir à d'autres, il faut que je n'y écrive point de secrets.

Dourak était ici au jour, car dès que la maison a été ouverte il y a pénétré, et j'ai été réveillé par le bruit de sa patte qui grattait à ma porte. Ce qu'il y a de drôle, c'est que le portier, armé d'un long balai, l'avait suivi pour le chasser de là; mais à peine levait-il son balai, que l'ami Dourak, avec un grognement ferme et nourri, a fait briller deux canines très-remarquables.... Alors le belliqueux portier a fait, à reculons, une honorable retraite, et j'ai ouvert.

Je m'attendais à voir bientôt suivre Antoine. Comme il n'est pas arrivé, j'ai dû conclure que c'était une visite que me faisait spontanément mon ami. Je lui devais donc d'autant plus de reconnaissance et d'égards; en sorte que, fermant mes cahiers d'étude, je suis sorti avec lui pour lui faire voir la ville.

Mais dans toute la ville, Dourak n'a guère regardé que moi. Il gambadait, il bondissait; je pouvais difficilement contenir sa joie dans des limites convenables. A la fin nous avons rencontré un petit roquet mignon, rasé, peigné, coiffé, conduit en laisse par une vieille dame. A la vue de cet objet, Dourak est devenu sérieux : il hésitait à y reconnaître son prochain, et il allait sauter sur l'insecte, lorsque la dame, voyant déjà son roquet croqué, s'est recommandée à moi. J'ai joué là un très-beau rôle.

Plus loin, j'en ai joué un moins beau. Tout en cheminant avec mon ami, je remarquais avec quelque inquiétude que la finesse de son odorat découvrait dans l'atmosphère certains filons riches en convoitises..... Un de ces filons, dont il était tout préoccupé depuis un moment, l'a conduit par malheur vers l'étalage d'un marchand, où, s'étant dressé sur ses pieds, il s'est emparé sans façon d'une galantine truffée.... Voilà toute la boutique, toute la rue, en grand émoi ; l'un une aune, l'autre un bâton : à qui est ce chien?... C'était le moment de me déclarer, de n'avoir point honte de mon ami, et de payer son repas. Je n'osai.... ou plutôt, je ne voulus pas : les bâtons étaient levés encore, et le souvenir de circonstances analogues, où sa discrétion m'avait été singulièrement utile, retint ma langue. Je suis donc revenu plus tard pour payer la galantine. C'est fort cher. Dourak seul sait si c'est bon. Il m'attendait plus loin, de l'air du monde le plus content de soi.

Nous sommes rentrés, et c'est pendant qu'il fait sa sieste, que je trace ces lignes, qui ne compteront pas pour une lettre, si vous me le permettez. Puisque je ne puis vous y causer librement d'autres objets, que je vous dise quelques mots de ce qui m'arrive.

Il y a ici des méthodistes, que l'on appelle aussi mômiers. Quelques-uns d'entre eux paraissent me rechercher, et c'est ce qui me place dans une situation assez embarrassante. En effet, M. Dervey

prend le plus grand soin de me prémunir contre
eux : je crois même qu'il se donne pour cela plus
de peine que le danger n'en réclame. D'autre part,
ces méthodistes, qui me paraissent d'ailleurs de
bonnes gens, cherchent à me mettre en garde
contre M. Dervey. M. Dervey me dit qu'ils sont
exclusifs, intolérans; eux me disent que M. Dervey appartient à une Église anti-chrétienne, de
façon que, moi, je ne dis rien, et que je ne sais
trop que faire.

Ce qui m'étonne, c'est que des gens, qui sont
les uns et les autres honnêtes et religieux, qui
les uns et les autres sont attachés à l'Évangile, se
trouvent être ainsi plus méfians entre eux, qu'ils
n'ont l'air de l'être à l'égard des autres hommes.
Je vois bien que M. Dervey craint beaucoup que
je ne devienne l'ami de quelques méthodistes;
et ceux-ci, de leur côté, voudraient me détacher
de M. Dervey, tandis que ni M. Dervey, ni eux,
ne m'ont encore prémuni contre des liaisons bien
autrement dangereuses, que chaque jour je
pourrais former parmi les jeunes gens que je
rencontre. C'est là une chose bizarre; et tout
ce que j'ai pu comprendre des causes de cette
méfiance, c'est qu'ils diffèrent d'opinion entre
eux relativement à des dogmes dont jusqu'ici
j'avais à peine ouï parler, mais qu'on apprend,
je suppose, en Théologie.

En particulier, ils s'occupent beaucoup de la Trinité; il paraît que c'est un point principal, et auquel ils se reconnaissent pour frères ou pour ennemis, selon qu'ils envisagent cette Trinité d'une certaine façon ou de l'autre. Je suis trop jeune encore pour avoir mon avis là-dessus, mais il me semble que, si on parvenait à les accorder sur ce point, ils vivraient unis; ce qui serait bien désirable, puisqu'on pourrait aimer les uns, sans se brouiller avec les autres.

J'ai voulu lire sur ce dogme quelques livres qu'ils m'ont donnés : la matière est difficile et peu attrayante. Mais surtout, ayant cru comprendre, et ayant voulu discuter sur ces sortes de doctrines, j'ai senti avec chagrin s'affaiblir et se dissiper dans ces choses arides, ce charme qu'avait pour moi la religion, telle que M. Prévère me l'a enseignée : c'est comme si elle passait de mon cœur dans ma tête, et qu'au lieu de sentir, je ne susse plus que raisonner. M. Dervey m'a prédit lui-même que c'était le danger de ces sortes de disputes, en sorte que j'ai résolu d'y renoncer tout à fait; mais je n'en suis pas moins embarrassé de savoir comment me conduire avec des gens que je respecte tous, et que je voudrais aimer en liberté. Combien il est heureux que ces dissentimens n'existent pas à la Cure!

Dourak fait mine de vouloir repartir. Je fais donc trêve à ce babil, pour profiter d'une intention que je ne saurais trop comment lui suggérer s'il ne l'avait pas. Je tremble, car s'il lui arrivait de se faire arrêter au sujet de quelque galantine, combien ce papier pourrait le compromettre!

LETTRE XIII.

LOUISE A CHARLES.

De la Cure.

J'ai fait, Charles, votre commission à mon père. Effectivement, Champin, tout court, a suffi ; et le souvenir de cet ancien ami l'a d'abord tout réjoui. Il m'a dit dans les mêmes termes : « C'est un ancien ! Champin, Jean-Marc ; Champin le rhabilleur, le cavalier des dames, du temps qu'on était jeune. » Et puis j'ai bien vu qu'à ces souvenirs venait se mêler celui de ma mère. J'ai voulu détourner cette triste pensée en parlant d'autre chose : « Chère et honorée femme ! a-t-il repris ; c'est lui qui fit la demande. » Et toute la journée il a été sérieux.

Heureusement, vers le soir, votre taupier arriva, et fit diversion. Mon père l'a aussitôt conduit dans la campagne, où ils ont préparé leur plan d'opérations. Mais quel drôle d'homme vous nous avez envoyé! Avec ses cheveux roux, ses cils blonds, et son œil fauve, il a l'air d'un sorcier; et, à le rencontrer seule dans la campagne, j'en aurais peur. Le bruit se répand au hameau qu'il lève les sorts; en sorte qu'il aura de l'ouvrage, à l'insu de M. Prévère, dont ils se cachent soigneusement pour ces superstitions. Je sais ces secrets par mon père, dont ils se cachent moins, bien qu'il n'y croie plus.

Il m'a pourtant dit : « Sais-tu, Louise, que ce taupier est un habile ? Au travers de terre, il les sent marcher; et, rien qu'à voir où l'herbe penche, il vous dit l'endroit où la taupe creuse. Le drôle donne bien à entendre que c'est par sortilége; je dis, moi, que c'est d'instinct. Il faut de l'instinct pour les taupes; sans cela, le plus fin y est pris. Vous creusez de ci, la taupe est de là. Mais c'est un habile. Ils voulaient le consulter pour Brachoz; je le leur ai déconseillé. » Pauvre père! je m'en veux d'avoir l'air de sourire de ce langage. Mais c'est qu'il le peint si bien, que j'aime à le répéter.

Je ne m'étonne pas que le séjour de la ville

vous jette dans cette espèce de trouble dont vous parlez. Tant d'objets nouveaux! une vie si différente! Pour moi, quand je lis l'effet que ce spectacle produit sur vous, je me trouble à votre exemple; et, comme si ce bruit et ce mouvement devaient m'atteindre, je m'attache avec plus de force à mon obscure et silencieuse retraite, je me promets bien de n'en jamais sortir. Mais j'en écoute avec plus de plaisir encore vos récits : c'est comme l'écho d'un bruit lointain, que les vents apportent vers le rivage tranquille où je suis assise.

N'allez pas vous laisser trop changer, à votre insu. Mon père craint que vous ne deveniez trop *monsieur*, et moi aussi. Il me semble que c'est où tendent vos études, votre genre de vie, les gens avec qui vous vivez, les relations que vous formerez. A propos, vous ne m'avez encore rien dit de la famille de M. Dervey, rien des personnes que vous avez pu rencontrer, rien de ces salons où vous écoutez parler, rien enfin de cette ville qui se trouve être ma patrie, sans que je la connaisse encore. Voyez, que de choses! Moi, je vous parle des taupes : c'est notre grand événement d'ici, et pour longtemps; vous, rien de la capitale, où il doit se passer au moins un événement par jour.

Louise.

PS. En ce moment Marthe me remet votre lettre, c'est à elle que votre messager s'est adressé. Le papier ayant bougé en route dépassait le collier ; sans quoi, il eût pu y rester, et tomber plus tard en d'autres mains. Tout en vous remerciant, que je vous dise pourtant que j'en eusse ressenti quelque embarras.

LETTRE XIV.

CHARLES A LOUISE.

De Genève.

Il est sûr que je change, Louise, et beaucoup, ne fût-ce qu'en vous aimant chaque jour davantage. Et puis, si je ne changeais pas, comment deviendrais-je jamais digne de vous? Il y a des momens où je voudrais être le premier de la terre, pour mettre à vos pieds toute ma gloire et ma puissance! C'est par ce point-là que l'ambition m'assiége, et que j'envie les distinctions, non pas pour en jouir, mais pour vous en faire le sacrifice. Lorsque je rencontre ici un de ces hommes que le respect entoure, que l'on vous montre comme distingués, comme supérieurs aux autres, comme faisant l'honneur de la ville, je soupire après leurs avantages, comme après un présent du ciel, dont j'irais vous offrir tout l'hommage. Au lieu de cela, que suis-je? Et par quel bonheur se fait-il, qu'étant si peu, vous soyez pourtant mon amie?

Quant à devenir *monsieur*, dites à votre père qu'il ne craigne rien de ce côté-là. Beaucoup de mes camarades le sont, plusieurs ne sont que cela : je ne vois rien là qui m'attire. Oh! non. Mais si je pouvais, en me distinguant, honorer cet habit campagnard que je porte encore! si je pouvais atteindre, par le savoir et le caractère, à ces hauteurs que j'entrevois, et dont quelques hommes ici occupent les sommités! si, après les y avoir atteints, j'allais à mon tour faire honneur à M. Prévère, mon premier, mon unique maître! Ah Louise! c'est cela qui me fait battre le cœur. Mais d'être monsieur? Non. Aussi bien ma naissance ne m'y invite pas. Ils m'appellent le campagnard; ils m'appelleraient, je pense, l'enfant trouvé.

Je voudrais vous cacher ce qui a réveillé en moi ces désirs si peu modestes, mais je ne puis; et d'ailleurs, quand vous connaîtrez tout, ils vous paraîtront moins ridicules. Louise, ceci va ressembler à une grosse louange que je fais de moi-même ; je ne vous le donne pas pour autre chose, mais pardonnez-moi en faveur de ma sincérité.

Il y a ici un de ces hommes dont notre patrie tire gloire, qui se distingue dans le Conseil par ses lumières et son éloquence, qui est célèbre dans les pays étrangers par des ouvrages sur les lois et sur les assemblées politiques, et qui, à raison de ces talens supérieurs, a été en relation avec la plupart des hommes distingués de notre âge. Dès les premiers jours que je passai ici, on me le montra ; je l'ai revu plusieurs fois depuis, et j'en ai beaucoup entendu parler. C'est un très-gros homme, avec une tête large, plutôt laide, mais grave, et ennoblie par d'épais sourcils, qui voilent à moitié un regard à la fois sérieux et bienveillant. Du reste, des habits taillés largement, une grosse canne, et, sur sa tête, un chapeau souvent froissé, sans que seulement il s'en aperçoive ; à vrai dire, guère plus monsieur, dans sa mise, que nos anciens du hameau. Il se nomme Étienne Dumont.

Cet homme, parvenu si haut, sort d'une condition obscure ; ses premières années se passèrent dans la gêne, et il a tout dû à son mérite. Que si je vous disais, Louise, que c'est là l'exemple qui m'enflamme, qui réveille en moi cette ambition dont je parle, avec raison vous ririez ; mais c'est autre chose. Cet homme, le même, il m'a parlé, accueilli, encouragé!

C'est il y a huit jours. Il y avait une soirée chez M. Dervey; M. Dumont y vint : ils sont anciens camarades de collége. Je ne le quittais pas des yeux. Il parlait avec l'un, avec l'autre, car chacun cherchait à s'appocher de lui ; et moi, je tâchais, à distance, d'attrapper quelques paroles de ce qui se disait. Comme il a la vue basse, tout en parlant il regardait curieusement autour de la salle, comme pour reconnaître qui s'y trouvait, et toutes les fois que son regard se dirigeait de mon côté, je tremblais de tous mes membres. A la fin, s'adressant à M. Dervey : « M. Dervey, lui dit-il, vous ne m'avez point fait connaître votre jeune campagnard. Est-il ici? » M. Dervey est aussitôt venu me prendre par la main, en sorte qu'au moment où, couvert de confusion, je cherchais à m'effacer, j'entendis ces terribles paroles: «Venez, Charles, » et comme on nous avait ouvert un passage : « Le voici, » dit-il à M. Dumont. Me voyez-vous, Louise, rouge jusqu'au blanc des yeux, interdit, et n'osant porter mes regards, ni à droite, ni à gauche? Du reste, voici ce qui s'est dit alors ; malgré l'émotion je n'en ai rien oublié. Pour ces choses, la mémoire est merveilleusement complaisante et facile.

10

« On m'a parlé de vous, mon cher ami ; et en termes qui me font désirer de vous connaître. Voilà pourquoi mon ami Dervey vous joue le mauvais tour de vous mettre là en spectacle. » Je souris avec les assistans, et la moitié au moins de mes terreurs s'envolèrent. — On me dit que vous aimez l'instruction... c'est bien : il faut s'y mettre à votre âge, si l'on veut être quelque chose par la suite. Où avez-vous commencé vos études ? — Ici, Monsieur. — Mais auparavant? — J'ai vécu dans un village, élevé par M. le pasteur Prévère. — M. Prévère ! vous sortez là d'une belle et noble école. Où sont vos parens? — Je n'en ai point. — Et M. Prévère ? — C'est lui qui m'a recueilli.... » Pendant ces mots tous s'étaient tus, et me considéraient avec intérêt :— Honorable ! reprit M. Dumont, d'une voix grave et un peu émue ; honorable pour l'un et pour l'autre. Mon ami, vous réussirez. Sûrement vous réussirez. La détresse et l'abandon sont de grands mobiles. Tout à se faire soi-même, c'est un puissant stimulant ; courage, courage ! Parti de fort bas, vous voilà déjà bien plus haut ; j'en augure favorablement pour vous, et si vous poursuivez, de grandes jouissances vous attendent. Mais travaillez, n'imitez pas notre jeunesse paresseuse et futile ; semez avec peine, et vous recueillerez avec usure. Du reste, venez me voir de temps en temps, et faites-moi le plaisir de me compter au nombre de vos amis. » Comme il tenait ma main, j'ai serré la sienne sans rien répondre, car j'avais peur de pleurer au premier mot que je voudrais dire, tant j'étais transporté de plaisir et de reconnaissance.

Voilà tout, Louise. Que penserez-vous de tout ceci? Cette fois, j'attends une lettre, bien sûr.

LETTRE XV.

LOUISE A CHARLES.

De la Cure.

Monsieur Charles.

Votre récit m'a vivement touchée. J'étais avec vous, je rougissais avec vous, avec vous je savourais ces paroles si douces et si flatteuses dans la bouche d'un tel homme. J'en suis fière autant que vous pouvez l'être ; ainsi, Charles, si nous manquons de modestie, c'est ensemble, et je n'ai rien à vous pardonner.

Oh ! oui; belle carrière, et digne d'envie. Sans doute peu de jeunes gens peuvent y aspirer, mais tous devraient attacher leurs regards sur ces brillans modèles. Ah! si j'étais homme, ce ne serait pas tant d'atteindre à la même hauteur qui serait mon envie : c'est trop rare, trop difficile, trop sujet au découragement; mais ce serait d'entrer au moins dans la même voie, dans celle du savoir, du caractère honorable, de l'intelligence sérieuse et distinguée; et n'est-ce pas là que conduisent toujours en quelque degré une jeunesse bien employée, et quelque enthousiasme pour les hommes supérieurs? Sans cela, Charles, à quoi servent la richesse, la naissance, les talens mêmes?.. Voyez monsieur Ernest : il a tout cela, et une facilité que l'on admirait; mais il s'est trouvé apparemment de cette jeunesse paresseuse et futile, dont parle M. Dumont. Aussi qu'est-il? Riche, c'est vrai; il a une belle maison, de beaux chevaux; mais, même à la Cure, sur ce modeste théâtre, qu'est-il en face de M. Prévère? que serait-il en face de votre monsieur, et en quelle chose publique ou particulière joue-t-il un rôle utile ou flatteur? Et si vous voulez que je vous dise un secret, c'est que rien n'attire mieux sur un jeune homme l'attention d'une jeune personne, que ce relief dont il jouit parmi les hommes.

« Belle et noble école, vous disait-il, que celle de M. Prévère!» Ces mots se sont gravés dans mon cœur. Ce sont eux qui, pour moi, donnent autorité au reste de ce qu'il vous a dit. Oui, noble et belle école, inestimable avantage que d'avoir passé son enfance sous l'ombrage d'une vertu si vraie; que d'avoir connu ce beau modèle, de bonté, de patience, d'humanité généreuse; que d'avoir reçu les aimables leçons d'un homme si distingué en lumières et en instruction! Oh! je le dis dans l'effusion de mon cœur : s'il est une carrière plus belle encore que celle dont vous m'avez retracé l'histoire, c'est celle de l'homme supérieur vouant sa vie à l'obscure pratique des plus humbles vertus, sans autre mobile qu'une âme généreuse, sans autre but que d'avoir aidé ses semblables, sans autre récompense que d'avoir marché sur les traces d'un divin Maître, sans autre espoir que celui d'obtenir, avec ceux qu'il a rendus meilleurs, une place dans les immortelles demeures!

Charles, nous avons été favorisés du ciel. Puissent les bienfaits de notre enfance se répandre sur tout le reste de notre vie!

LETTRE XVI.

CHAMPIN A REYBAZ.

De Genève.

Reybaz, te souviens-tu de Champin? Voici tantôt six ans qu'on ne s'est vus. Nous devenons vieux, mon pauvre ami; tout à l'heure nous ne nous retrouverons plus que dans l'autre monde. Eh, dis donc? Autrefois, comme ça semblait loin tout ça! Nous y voilà pourtant.

Ces jours-ci, je t'aurais été voir, n'étaient mes jambes qui refusent le service. La gauche est enflée, et l'autre n'est pas forte, par rapport au rhumatisme qui me l'a ruinée. Dis, Reybaz, où l'on descend! Une jambure comme celle-là, qui faisait envie aux plus fameux! Reste toujours qu'elle a eu son beau temps. Te souviens-tu, au baptême de ma Catherine? Hem, de quelle vigueur ça dansait encore! On avait pourtant ses quarante bien comptés.

Je disais donc que je t'aurais été voir, non pas pour toi, vu que j'ai de tes nouvelles, mais par rapport à un jeune garçon qui est ici, à qui tu as donné ta montre. Entre nous, tu as eu tort; de ces pièces-là, il ne s'en refait plus. Avec les maîtrises, l'horlogerie est tombée. A présent, en fait qui veut, et au goût de chacun. C'est du plat, c'est du clinquant, de la frime pure, des patraques endimanchées. Pour du solide et du soigné? adieu, je t'ai vu! A-propos, quelqu'un a tenu la tienne depuis moi, car on a changé les huiles; dis-moi qui c'est. Il me semble que ça me revenait de droit.

Je disais donc que ce garçon, c'est un bon jeune homme, je ne dis pas ; mais quoique ça, on en cause par le quartier, et pas des mieux. Moi, ne sachant rien, je ne leur peux répondre. « Ce n'est pas vrai, que je leur dis ; Reybaz n'a pas fait ça, ou bien j'en saurais deux mots. » Mais eux vont leur train, comme tu sais qu'une fois que les langues sont en branle, n'y a pas de raison.

Ils disent que c'est l'enfant d'une faute de jeunesse, d'un qu'on ne nomme pas. La Jaquemay croit que c'est d'une personne de marque, où son frère servait en nonante-huit, mêmement qu'elle lui en veut écrire, pour savoir le nom. De plus, que M. le Pasteur Prévère reçut une rente secrète, en viager, pour l'élever, ni vu ni connu, à sa cure. Que là, il s'est pris d'amourette pour la tienne, par suite de quoi, n'en voulant rien, tu l'as fait placer ici. D'autres avancent qu'ils sont promis, à quoi je leur réponds qu'ils ne te connaissent pas; que tu la donnerais plutôt à un bovéron, ayant père et mère, qu'à un reluqué ne sachant d'où il sort, ou bien que je ne m'appelle pas Champin, Jean-Marc !

C'est à toi, Reybaz, de m'en écrire par le menu, de façon que je leur rabatte leur caquet en connaissance de cause. A moins que tu ne viennes, ce qui serait encore bien mieux. Vois : c'est le temps des ferras, et j'ai encore trois bouteilles de Crépi de la comète. Allons, mon vieux ! décide-toi. Viens par les chars, un jour de marché, et tu descends droit chez moi, où j'ai un lit qui t'attend.

Adieu l'ancien.

LETTRE XVII.

LE CHANTRE A CHAMPIN.

De la Cure.

J'ai reçu la tienne du 8 courant, laquelle contient du vrai et du faux, comme tu vas voir. A commencer par la montre, n'ayant point de garçon, je m'étais dit en dedans qu'elle irait à mon gendre, la tenant moi-même de mon père. Que si Jean Renaud l'a repassée, et non pas toi, c'est que je n'avais que douze heures devant moi, tant pour la faire nettoyer, que pour l'envoyer au jeune homme. Il y a des présens que si on ne les fait pas à temps, autant rien.

Par où tu vois, Champin, que c'est bien vrai que je lui ai promis Louise. Dis à cette Jaquemay qu'elle s'épargne d'écrire, que c'est encore moins qu'elle ne croit. Son père et sa mère, c'étaient des mendians. Elle accoucha dans le bois, où ils restèrent quatre jours, et, le quatrième, disparurent, ayant posé l'enfant devant la porte de la Cure. On le sut à temps pour les rattraper, de quoi j'étais d'avis, et de le leur faire reprendre; mais M. Prévère ne voulut pas, disant qu'ils le détruiraient. Il l'a donc élevé, d'où je lui en ai voulu longtemps, et au jeune homme aussi, tant par rapport à ce que Louise s'y affectionnait, qu'à cause qu'il était rétif, et ne m'allait pas.

Le voyant grandir, et qu'ils s'inclinaient l'un pour l'autre, j'ai pris mes mesures, disant net à M. Prévère que s'il ne l'éloignait, je m'en allais. D'où j'ai vu que lui n'était pas tant contre ce mariage, mêmement qu'il me faisait entendre que, quant au bien, le jeune homme n'en manquerait pas, tant que lui-même en aurait à partager, ou à laisser après lui. J'ai tenu bon, comme tu dis bien vrai, que je l'aurais bien plutôt donnée à un bovéron ayant père et mère, qu'à un reluqué né dans un bois, d'on ne sait qui. Quand on a une famille sans tare, on n'est pas pressé d'y en mettre une; avec ça que tous ceux du hameau étaient de mon bord, et n'en eussent voulu ni peu ni prou, pour leurs filles ni leurs sœurs. Sur quoi M. Prévère l'a fait partir, disant que c'était dur, mais juste, et dans mon droit. C'était un samedi.

Ceci fait, le même jour j'en ai causé à Louise, laquelle, du premier mot, a fondu en larmes, tout en m'assurant qu'elle m'était soumise pour m'obéir et me complaire, non pour me blâmer et trouver à redire. La pauvre petite en redoublait d'amitiés, se contraignant pour ne rien laisser voir, et me maintenir la paix, d'où j'ai eu le cœur remué envers elle. M'attendant à avoir fâché M. Prévère, j'ai tombé des nues en le voyant un moment après aussi affable que devant, et sans trace de rancune. Seulement, à le sentir seul, et privé de cet enfant qu'il avait élevé pour lui, et que j'étais la cause de tout, et aussi que ma femme, si elle avait vécu, aurait peut-être incliné autrement que moi, j'en ai conçu du regret, en telle façon que, des trois, j'avais l'air le moins tranquille. Je me tenais donc par le hameau, où ils me fortifiaient par leurs propos, m'approuvant tous, mêmement que je bus un coup assez gaiement chez Legrand, le frère.

C'est pour que tu saches, Champin, comment j'y suis venu, et que ce n'est pas de mon choix. Je m'étais donc confirmé dans mon faire, lorsque, au dimanche du lendemain, qui était huit jours avant la communion, M. Prévère met dans sa prière deux mots pour ce garçon. Voilà que tous me regardent, sauf la petite qui baissait la tête; dont j'eus si honte, qu'au psaume, je perds la note, et chante de travers; encore qu'il n'y avait pas d'orgues pour me tenir lieu. Vient le texte; c'étaient les propres paroles de notre Seigneur et Sauveur Jésus-Christ : « *Quiconque reçoit ce petit enfant, en mon nom, il me reçoit.* » Je me sentis pris, et ne voulus plus reculer, me semblant qu'à le faire, c'était renier mon Sauveur qui me parlait par la bouche de son ministre, et encore à temps pour que je me repentisse. Ainsi je me repentis, et, à ce moment-là, je fus décidé. Et j'eus bien lieu de m'en louer après que j'eus entendu le prêche de M. Prévère, si fort, Champin, si véritable, que toute la paroisse qui était là en pleurait; et qu'à défaut de la mienne, il eût eu la fille du quel que ce soit, et des Redard aussi, tout moyennés qu'ils sont, tant d'acquis que de patrimoine. Pour Louise, dès le commencement elle était sortie.

Voilà, Champin, en toute vérité, l'histoire, et comment j'ai été amené. C'est entre Dieu et moi. Je n'en tire ni regret, ni gloire; seulement j'ai du repos, me sentant vieillir, et sachant que, par delà le cimetière, mes œuvres seules me veulent suivre. En outre, que si je dois, avec la grâce de Dieu, rejoindre Thérèse, ma chère et honorée femme, j'ai plus de sûreté d'avoir agi selon qu'elle aurait fait, étant meilleure que moi, et plus charitable.

Maintenant te voilà au fait, tout comme j'y suis. Mais aie soin de nouer ta langue, ne soufflant mot à quiconque de cette promesse faite à un enfant qui doit grandir encore, et avoir acquis sa profession, avant que cette promesse s'accomplisse. La chose une fois sue, ce deviendrait nécessité que de devancer les temps, au détriment de ce qui est sage. Ainsi, tiens-toi secret, et laisse causer le quartier. Je m'en soucie peu, ou pour bien dire, pas du tout. Seulement, à l'occasion, donne un conseil au jeune homme, et garantis-le. Je n'irai pas ces jours te voir, mais à la première fois que je descendrai à la ville, je n'y manquerai pas.

Ton affectionné,

Reybaz.

LETTRE XVIII.

MONSIEUR PRÉVÈRE A CHARLES.

De la Cure.

Charles, il faut suspendre vos lettres pendant quelques jours. Les émotions que Louise a dû ressentir ces derniers temps ont altéré sa santé, et, bien que le mal n'offre pas une grande gravité, il lui faut du repos; qu'ainsi rien de votre part ne provoque en elle aucun trouble, aucune émotion. Attendez à votre place que de meilleurs jours soient revenus. La moindre imprudence pourrait compromettre votre bonheur, car son père est déjà vivement agité en la voyant dans cet état, et j'ai de la peine à le maintenir dans ses résolutions.

Du reste, mon cher enfant, ne vous méprenez point sur le genre des émotions qui ont compromis la santé de votre amie. Louise vous aime, elle n'aime que vous, et, j'en suis certain, sa vie est désormais unie à la vôtre. Mais comment, du calme où s'écoulaient ses jours, eût-elle passé sans secousse à une situation si nouvelle et si brusquement changée? Comment mille nouveaux sentimens eussent-ils pu assaillir ce cœur si sensible, sans y porter quelque trouble? Comment enfin, celle qui est l'innocence et la pureté mêmes, en face d'engagemens sacrés, qui donnent un droit lointain sur sa personne, s'avancerait-elle sans combats et sans alarmes vers un mystérieux avenir?

Ces causes réunies suffisent à vous expliquer l'indisposition de Louise. Depuis quelques jours elle paraissait souffrante; hier, elle ne sortit pas de toute la journée; aujourd'hui, elle ne s'est pas levée. Si la fièvre augmente, j'appellerai un médecin, malgré ses scrupules. Mais il est à croire que le calme et le repos suffiront à la rétablir, et c'est pourquoi j'insiste encore pour que vous restiez à l'écart.

LETTRE XIX.

LE CHANTRE A CHARLES.

De la Cure.

C'est sûr... je la veux perdre, si le bon Dieu n'a pitié! Tout comme sa mère, la fièvre la brûle et la fait délirer.... C'est de crainte et de bouleversement, depuis que je vous l'ai promise. Jamais elle ne se mariera, et, se mariât-elle, elle y serait malheureuse!...

Je vous le dis, le trouble la veut consumer.... Elle était heureuse,....elle ne le sera plus..... Si ce n'est cette fois, plus tard je la perdrai!......

Ne lui écrivez pas, c'est ce que je voulais vous dire.

LETTRE XX.

CHARLES A MARTHE.

De Genève.

Impossible, bonne Marthe, que je reste ici, malgré ce qu'ils disent. Je veux être sur les lieux. Dis à ta sœur que, ce soir, j'irai me cacher chez elle, où tu viendras toi-même me dire ce qu'il en est de ma bien-aimée.... Marthe! Marthe!... est-il vrai? Son père m'écrit un billet qui m'épouvante,..... je n'ose questionner;... à ce soir... Il faut que je me cache ici, là-bas; mais en repartant au jour, je serai ici à dix heures....

Adieu, bonne Marthe, je souffre mille tourmens. Tâche d'y être vers minuit.

LETTRE XXI.

LE CHANTRE A CHARLES.

De la Cure.

Le médecin, qui sort de sa chambre, l'a trouvée mieux. Dieu veuille! Pendant qu'elle me tenait la main par affection, sans faire semblant j'ai senti son pouls sous mon doigt du milieu; d'où j'ai jugé que la fièvre a descendu, notamment que, la lune changeant ce soir, je m'y attendais. Elle a demandé si vous saviez quelque chose, de sorte qu'on lui a dit que non, pour complaire à son idée; cela lui a ôté la moitié de son mal.... Quand je vous dis que tout trouble lui vient de vous!

La cour ne désemplit pas. Ils veulent avoir de ses nouvelles de tout le hameau, et jusque par delà, car les Servin ont envoyé. En la quittant : « Point de lettres ? » qu'elle m'a fait. Allez-donc votre train, puisqu'elle se mine ainsi qu'ainsi.

REYBAZ.

LETTRE XXII.

LOUISE A CHARLES.

De la Cure.

Charles,

J'avais voulu que l'on vous cachât la cause de mon silence pendant ces derniers jours. Mais Marthe m'a tout dit. En d'autres temps, je vous aurais blâmé; mais aujourd'hui, je ne m'en sens pas la force. Que je suis donc changée! Ce qui m'eût effrayée, me touche; ce que j'eusse voulu de toute ma force empêcher, je le vois sans honte s'accomplir; et quand je renais à la vie, je me trouve sans défense contre ces sentimens dont les trop vives atteintes m'ont réduite à l'état où je suis.

Charles ! Suis-je bien moi ? ou les transports de la fièvre troublent-ils encore ma raison ? Dois-je me livrer à ce calme tendre et consolant qui, dans cet instant, charme et amollit mon cœur ? Hier, dans le délire, je demandais la mort, je la voyais comme une délivrance à des combats, comme un terme à une vie désormais troublée ; aujourd'hui la vie me sourit, une douce émotion me pénètre, et, mollement attendrie, je ne sais que retourner à vous... votre attachement est ma consolation, mon abri, mon refuge, et bien que je me trouble à y songer, je sens trop que je ne saurais plus vivre s'il m'était ôté.

Que de contradictions ! Quels aveux j'ose vous faire !... Mais aussi, j'étais si malheureuse ! Et à qui porter l'aveu de ma peine ? D'autres, en ces momens d'angoisse, ont une mère qui les devine ou les écoute..... Autrefois, avant que je connusse ce tumulte du cœur, la solitude, la campagne, les bois, suffisaient à calmer de légers déplaisirs ; aujourd'hui je n'y trouve qu'un effroi qui m'en éloigne...... Je n'ose plus rester avec moi-même, et je ne sais auprès de qui épancher mon cœur. Ainsi, repoussée de toutes parts, faible et confuse, je dis ce qu'il fallait taire, et je vous livre le secret d'une tristesse qui va vous affliger, si elle ne vous offense.

Oh! sans doute, ce passé qui s'efface comme un songe lointain, cette douce enfance dont le calme s'est perdu, cet avenir si obscur, si incertain, tant de changemens subits dans les idées, quand la situation semble rester la même; ce sont là les premières causes de cette lutte à laquelle j'ai succombé. Je croyais possible de continuer cette douce vie, je voulais croire que rien n'y fût changé, je défendais mon cœur contre l'entrée d'affections nouvelles.... Mais, plus je résistais, plus je me sentais entraîner. Plus je voulais écarter cet avenir, plus je l'approchais de moi. Charles! Je vous voyais avec effroi le seul appui de ma destinée, et, en même temps, cette idée faisait ma douceur et mon seul espoir; je repoussais vos tendres paroles, et j'en éprouvais le pressant besoin; je regrettais la vie d'autrefois, et pourtant, si vous n'aviez été pour moi que comme autrefois, je ne l'eusse plus regrettée. Dans ce combat impossible, je consumais mes forces, et je succombais sous le poids d'un fardeau que je portais seule....

Pardonnez, Charles, ces tristes aveux... Serai-je plus forte, plus raisonnable?.. je n'ose y compter... Mais que je goûte au moins ces momens d'un consolant espoir!... que je savoure les illusions où se berce ma tristesse... que j'en-

trevoie ce beau ciel que voilaient les nuages!..
Jours sereins! vous retrouverai-je? Campagnes riantes et paisibles, vous foulerai-je encore, libre et heureuse! Etres si chers, qui remplissez mon cœur, saurai-je ne pas contrister le vôtre!.........

Il est minuit; Marthe m'empêche de poursuivre. Adieu, Charles. Je ne sais ce que je vous écris. Peut-être, si je relisais ces lignes ne vous les enverrais-je pas...

votre Louise.

LETTRE XXIII.

CHARLES A LOUISE.

De Genève.

Il serait donc vrai! Louise, votre cœur a cherché le mien?... dans vos alarmes, vous vous réfugiez vers moi?... Ai-je bien lu?... Je rougis devant vous d'oser croire à ces lignes, que pourtant j'ai sous les yeux.

C'est en moi qu'a passé votre trouble. Quoi! depuis quatre jours vous souffriez, votre vie peut-être était en danger, je ne pouvais ni vous voir, ni vous écrire, et tout à coup cette lettre chérie me surprend au milieu d'affreuses angoisses........ Mon cœur est inondé de plaisir, l'ivresse des plus doux sentimens y répand une folle joie.... Adieu réserve, modestie, crainte de déplaire! je ne sais plus maîtriser mes transports, ni mesurer mes paroles...

Je devrais déplorer des maux dont je suis la cause. Mais comment? s'ils vous amènent à moi, si, passés désormais, ils ne laissent dans mon cœur qu'une trace effacée par les étreintes du plus pur bonheur..... s'ils sont le terme de vos combats, si l'espoir renaît dans votre âme, si vous confiez à ma garde le soin de cet avenir!

L'avenir? Louise. Ah! s'il était vrai que vous daignassiez chercher un appui dans l'attachement de celui qui vous parle à cette heure; l'avenir! il ne vous effraierait plus. Non! j'en crois ce courage qui me possède, cette force que je puise à la moindre de vos paroles. J'en crois la joie que j'aurais à vous consacrer mes efforts, mes travaux, ma vie; j'en crois ces transports qui semblent m'élever au-dessus de moi-même, pour me porter jusqu'à vous. Oui, Louise, si vous m'aimez, dès aujourd'hui le bonheur est à nos côtés; confiance, amour, espoir, versent sur notre vie leurs plus doux bienfaits, et chaque jour nous conduit par de fortunés sentiers vers un avenir de félicité!

Tristes aveux! dites-vous. Ah! plutôt, aveux aimables, touchans! langage d'une mélancolie qui me charme, d'une confiance qui me transporte! J'ignorais encore ce qu'il y a de plus doux au monde : c'est d'abriter la tristesse d'un être bien-aimé, c'est d'être le refuge de ses douleurs....

Je m'oublie, Mademoiselle Louise, mais je crains bien plus encore de m'abuser, de me méprendre. Pardonnez tout au sentiment qui me trouble. J'apprendrai à me vaincre. J'apprendrai à tenir le langage qui vous plaît; je ne serai, je ne veux être que ce que vous voulez que je sois; mais excusez, pour cette fois, des transports dont je ne sais pas être maître.

LETTRE XXIV.

CHAMPIN A REYBAZ.

De Genève.

Ce qui est fait, est fait. Si c'était ton idée, tu as bien fait de la suivre. Quoique ça, quand ce serait à faire, je te discuterais la chose à nouveau. Après tout, on est maître de sa fille, et parce que M. Prévère aura fait ce qui lui paraît bon, faudra-t-il que moi, Jean-Marc, j'en sois victimé? Encore passe, s'il leur donne du comptant, assez de quoi. L'argent blanchit tout.

Mais voici bien une autre affaire! Ton jeune homme se dérange, si encore il n'était pas déjà gâté, comme je le crois, moi ; puisque enfin on y va par degrés, tandis que lui commence par la fin.

Et note bien que je ne te dis pas, *on m'a dit*, mais, *j'ai vu !* Au surplus, je ne m'en étonne pas. Sans parler qu'il est né de misérables, il fréquente les étudians. Vous autres de village, vous ne connaissez pas cette engeance-là. Vois-tu, Reybaz, tout ce qu'il y a de plus rien ; des garnemens qui font plus de mal en un jour, que vingt scélérats en un an. Témoin, quand je demeurais près Saint-Pierre, qu'ils m'ont brisé mes vitres, décroché ma sonnette, jeté bas deux pendules, paumé de neige, ri au nez de ma femme, fait tomber la seille de ma servante, caché mes volets, sali mon écriteau, et presque incendié avec toute ma famille, ayant ôté les tuyaux de mon poêle; heureusement que je m'en aperçus en mettant le bois. Eh bien, il les fréquente ! notamment deux qui me doivent encore pour plus de cinq florins de vitres.

Ceci n'est rien encore, sauf qu'il m'a jeté de l'eau sale sur mon bonnet, et inquiété mes canaris. Mais il y a quatre jours que, le voyant sortir tard, je l'attendais pour fermer en bas. Dix heures, onze heures sonnent, mon drôle ne revient pas. Bon, que je me dis, je t'apprendrai à courir le soir comme un dérangé ; je vas fermer, il y sera pris. Pas du tout. Monsieur ne paraît plus que le lendemain à dix heures. Bon, que je me dis, sans rien dire, je te vas guetter de près, sacripan d'étudiant! Vient le soir. Il sort de même ; je lui ferme dessus. Rien jusqu'au lendemain à dix heures. Je fais causer la servante des Dervey : je vois qu'ils ne se doutent de rien. Alors j'aposte la Jaquemay, pour savoir un peu. Elle en apprend de vertes. Une fréquentation, des tabagies, des affaires de mœurs. Dans l'intervalle, je reçois ta lettre. Bon que je me dis ; tu m'es confié, je te vas mener dru. Je connais ça, moi! on a été jeune.

Et vois mon plan, Reybaz. J'attends le soir. J'avais jalonné tous les Jaquemay par la rue ; ils étaient là, ni vu ni connu, pour leurs affaires. C'est bon, passez votre chemin. Mon galant sort ; je descends après lui, et je fais signe à mon monde : on le suit tous. Il prend une allée de traverse : pour n'avoir pas l'air, j'envoie la Jaquemay par une autre, afin de l'atteindre au débouché. Mais voilà-t-il pas que son grand benêt de fils, qui ne lui quitte pas le cotillon, se va pocher l'œil contre un bras de pompe, et puis se met à brailler comme dix! Tous les autres d'y courir, et de crier à qui mieux mieux. Ils lui lavent l'œil, l'autre s'échappe, et mon plan rate.

C'est bon, que je me dis. A moi l'affaire, je

l'attends au retour. Effectivement, hier matin, dix heures venaient de sonner; moi, sur ma porte, je l'entends qui monte.—On a un petit mot à vous dire, que je lui fais. — Quoi? Qu'est-ce? Savez-vous quelque chose? — Un peu, que je lui retorque, en fermant ma porte.—Dites vite... —Un moment, . . . un moment.

On a été jeune. Je vis du coup, à son air effaré, qu'il y avait anguille sous roche. Et puis, m'asseyant:—Croyez-vous, Monsieur l'étudiant, qu'on est portier sans découvrir que voici trois nuits que vous découchez? Le voilà qui se trouble : — M. Champin, silence là-dessus, je vous en prie! — Savez-vous, jeunesse, que l'on est chargé de vous observer? — Observez-moi, M. Champin, mais, je vous en conjure, entier secret là-dessus.—Alors, que je lui fais en me levant, qu'on dise la vérité, rien que la vérité, toute la vérité! Et le voyant qui se combine : La vérité! que je lui surajoute vivement. — La vérité? c'est qu'il y a une personne malade à la Cure, et que j'y ai passé toutes ces nuits, pour avoir de ses nouvelles. — Vous me prenez, lui dis-je, pour un fameux bonhomme! — C'est, je vous assure, la vérité. — Pour un fameux bonhomme, encore, avec! C'est votre dernier mot? — Oui. — Suffit. Reybaz en sera instruit.

Alors, voilà mon drôle qui se dévoile, tant j'avais bien mis le doigt dessus. — M. Reybaz! s'écrie-t-il, lui, moins que tout autre! Dites-le à toute la terre, mais pas à lui.... Mon bon Monsieur Champin... Mon cher Monsieur Champin.... Mon très-cher Monsieur Champin.... — Tra lra lra lra, que je lui fais. Fadaises! Reybaz en sera instruit. On sait vos tabagies, vos fréquentations. Vous êtes un dérangé! — Là-dessus il m'insolente, je lui montre la porte, et puis bon soir.

Voilà à qui tu as donné ta fille. Je te l'écris tout chaud. A toi le reste. M'ayant insulté, tu comprends que je ne m'en mêle plus, si ce n'est de loin. Ah! pauvre Reybaz, tu en as fait là d'une fameuse. Soit; ce qui est fait, est fait.

Adieu l'ancien.

LETTRE XXV.

MONSIEUR PRÉVÈRE A CHARLES.

De la Cure.

J'ai à vous blâmer, Charles, non pas d'être venu à la Cure, mais d'y être venu secrètement. La pauvre Marthe a voulu me cacher votre visite, en sorte qu'elle a menti pour ne pas vous trahir ; un ami de M. Reybaz, qui a remarqué vos absences, lui a écrit à ce sujet, en interprétant comme coupable votre conduite imprudente : c'est ainsi que, par irréflexion, l'on peut compromettre ou affliger ses amis. Mais surtout, vous avez oublié que vos démarches ne vous appartiennent plus en propre, et que tout ce qui vous atteint, peut atteindre Louise. En cachant un seul instant votre conduite, vous risquez de faire planer le mystère sur la sienne, et d'attirer sur elle le souffle impur de la médisance. Je suis certain, mon bon ami, que cette seule idée vous garantira à l'avenir de tout écart semblable, et c'est pourquoi, bien qu'il m'en coûte de vous faire des remontrances, je n'ai pas voulu laisser passer cette occasion de vous signaler ce danger. Du reste, Louise ignore, et doit ignorer tous ces incidens.

Cette chère enfant va beaucoup mieux. Dans peu de jours elle pourra sortir, et le grand air achèvera, j'espère, de la rétablir. Le mal a été de courte durée, mais violent; il en restera longtemps des traces, j'en juge à sa faiblesse et à l'extrême pâleur de son visage. Je n'ai donc pas besoin de vous répéter qu'en ce qui dépend de vous, vous devez ménager une sensibilité aussi vive, sur laquelle toutes vos expressions, tous vos sentimens et vos démarches ont une action puissante. Hier, Louise fut moins bien. Je sus qu'une lettre de vous l'avait beaucoup touchée, et, bien que son cœur parût content, l'on voyait qu'une émotion trop forte avait agité son corps faible encore. Je ne vous fais point ici de reproche, mais je donne un avis à votre prudence et à votre tendresse.

Je désire que vous puissiez venir nous voir

jeudi. N'en parlez point à Louise. Si, ce jour-là, elle est assez bien, nous verrons à lui donner le plaisir de votre visite. Dans tous les cas, il est nécessaire qu'ayant quitté la Cure d'une façon un peu brusque, vous y reparaissiez au milieu de ces bonnes gens, et qu'ils ne s'imaginent pas que rien soit changé dans vos rapports avec eux, comme dans vos relations avec nous. Ainsi, partez de bonne heure, afin d'être ici vers neuf, ou dix heures. Je tâcherai d'aller à votre rencontre jusqu'à la fontaine, si je puis. Je vous embrasse de cœur.

Prévère.

PS. La pauvre Marthe est inconsolable de m'avoir menti; c'est je crois la première fois que cela arrive à cette honnête femme. Ayez soin de la rassurer, en lui parlant selon votre cœur, et qu'elle sache bien que je ne l'aime et ne l'estime pas moins qu'auparavant.

LETTRE XXVI.

CHARLES A MARTHE.

De Genève.

Marthe, ma bonne Marthe, je viens te demander pardon. J'ai fait la faute, et tu en as le repentir. Je ne l'aurais jamais faite, je te le jure, si j'eusse pu croire que tu m'aimerais assez pour manquer à la vérité, une fois que M. Prévère t'interrogeait. Ma bonne Marthe, pardonne-moi : j'ai tous les torts, et toi, seulement celui de m'être trop attachée. Va, je te le rends bien. Et puis, qu'il soit bien entendu pour une autre fois, que, quelque sottise que je puisse faire, j'entends en pâtir seul, et que nul ne se croie tenu de mentir pour la cacher.

Allons, ma bonne Marthe ; c'est tout fini. Je ne t'en aime que mieux, et M. Prévère ne s'en souvient déjà plus. « Dites bien à ma bonne Marthe (c'est ce qu'il m'écrit aujourd'hui), que *je ne l'aime et ne l'estime* pas d'un grain moins qu'auparavant, car ce n'est pas elle qui a tort, en aucune façon. Lui ferait-on un reproche d'aimer trop son Charles! Eh bien oui! son Charles qu'elle a élevé comme une mère! » C'est-il clair cela, dis, bonne Marthe? Allons, ne pleure plus. Sais-tu donc bien que je vais vous voir jeudi, et librement, et en plein jour! Ah! soigne Louise plus que jamais; qu'elle soit assez bien pour que je puisse la voir, et surtout, chut! sur cette visite, tout grand chut!

Je suis fou de joie. Je cabriole tout seul. Ce n'est pas tant à cause de jeudi, qui me fait peur, qu'à cause d'une lettre que m'a écrite Louise, et que tu l'as empêchée de finir, mauvaise que tu es. Ceci, je ne te le pardonne pas. Non, c'est fini, je t'en veux. Si tu étais là, je t'embrasserais; oui, ma vieille Marthon, et sur les deux joues, et un rigodon, et mille folies. Je te dis que je suis fou.

M. Prévère dit qu'elle est si pâle. Oh! qu'elle doit être belle, et plus touchante encore! La pâleur va mieux à ce visage, si rempli de tendresse et de grâce; n'est-ce pas, Marthon?... Elle va mieux avec la douceur de son regard, de sa voix, de ses manières. Oh ! si tu savais combien je l'aime, ma pauvre Marthon, tu m'excuserais de t'avoir mise en faute. Il y a des momens où ce sentiment m'ôte toute raison.

Or, voici l'hiver. Le cotillon de laine ci-joint, pour toi; le bonnet, pour Antoine. Ce sont les premières bribes que je paie de mon argent, car tu ne sais pas! Marthe, j'ai un écolier, moi qui suis à l'école. Adieu.

Ton affectionné,

Charles.

LETTRE XXVII.

CHARLES A MONSIEUR PRÉVÈRE.

De Genève.

Monsieur Prévère,

Hier, je comptais vous voir avant de quitter la Cure. Aussi, lorsque j'eus pris congé de Louise, je vous cherchai. L'on m'apprit alors votre départ subit pour Choully, et que je ne devais pas vous attendre. Je me suis donc acheminé vers la ville, où je suis arrivé si tard que j'ai trouvé les portes fermées. J'étais si heureux et si préoccupé, que ce contre-temps ne m'a pas paru bien désagréable, en sorte qu'ayant trouvé un abri, j'ai patiemment attendu le jour.

J'ai donc revu Louise! Monsieur Prévère; je l'ai revue, non plus compagne seulement de mon enfance, mais compagne pour la vie! Je l'ai revue mon amie, et, si j'osais le croire! heureuse et tranquille. Comment vous raconterai-je cette entrevue.! Presque rien ne s'est dit entre nous, et pour ce qui se passait dans nos cœurs, où prendre des termes qui le puissent exprimer?

C'est en revenant de chez les Legrand, que, tournant vers la terrasse, j'ai trouvé Louise assise avec Marthe sous les Acacias. Troublé à sa vue, je m'arrêtai, ne sachant plus de quel air l'aborder, bien que depuis votre lettre j'aie passé tout mon temps à me préparer à ce moment. Mais Marthe me vit, et s'écria : « Voici M. Charles! » Aussitôt Louise se leva, et avant qu'elle eût eu le temps de parler, je tenais sa main que je n'osais presser de mes lèvres. « Je ne voulais pas, lui dis-je, vous voir sans votre permission? ».....je n'ai pu poursuivre. Pour elle, une vive rougeur avait remplacé la pâleur de ses joues, et, trop faible encore pour surmonter son émotion, elle ne disait rien, mais elle m'accueillait de son regard baigné de larmes. Quand ensuite j'ai voulu quitter sa main, elle a retenu la mienne, en la serrant; et à ce moment, il m'a semblé, au milieu du trouble délicieux où j'étais plongé, comme si nos cœurs s'unissaient pour la première fois et pour toujours.

Louise s'est assise, et nous sommes restés longtemps dans ce même lieu. Les mêmes tendresses qui s'écrivent aisément, ne peuvent se dire : nous étions contraints ; mais insensiblement le plaisir tempérait cette honte, la confiance calmait ce trouble, et déjà, même sans parler, notre émotion avait un langage aussi doux que celui que la voix peut faire entendre.

Je vous dis tout, Monsieur Prévère. Eh ! comment vous cacherais-je quelque chose ? Mais je ne sais pourquoi j'éprouve quelque embarras à donner essor, devant vous, à des sentimens si vifs, si nouveaux !

Nous nous sommes levés ensuite, à la vue de M. Reybaz qui venait à nous. Il fallait que Louise lui parût heureuse, car lui-même, après m'avoir entretenu le matin de pensées sombres, s'égayait à la vue de sa fille, et me témoignait plus d'amitié que de coutume. Sa présence nous a enhardis à causer, en sorte que la promenade s'est prolongée en paisibles entretiens, où Louise, ayant recouvré du calme, mettait la grâce et le charme qui lui sont naturels. Dès le commencement, elle s'appuyait sur le bras de son père, lorsque celui-ci s'est pris à dire : « A vous, Charles ;

c'est à présent votre place...» J'ai reçu le bras de Louise, et aussitôt une contrainte mutuelle gênant l'abandon de nos discours, l'entretien était tombé lorsque nous avons été de retour à la Cure. Là, j'ai exprimé à Louise quelque crainte de l'avoir fatiguée : « Non, m'a-t-elle répondu, je suis heureuse, et je vous en remercie». C'est alors que, dans mon transport, j'ai saisi sa main, et qu'après l'avoir baisée, je me suis retiré.

Voilà, Monsieur Prévère, autant que je sais le faire, le récit de cette entrevue, qui est le moment de ma vie où j'ai ressenti le plus de vives émotions. Il me semble que je suis un autre homme, et que ce bonheur déjà si grand dont je jouissais, se soit augmenté outre mesure. Ah! M. Prévère, quand je songe que c'est là votre ouvrage, que dès longtemps votre sollicitude me préparait cette félicité,..... je ne sais que pleurer de reconnaissance, en bénissant vos bienfaits, et en adorant votre bonté.

Je sens que ces temps ont été perdus pour l'étude, et cependant le moment approche, où il faudra rendre compte. Je vais m'y remettre avec un nouveau courage. J'ai oublié de vous dire que je donne une leçon à un jeune enfant. Je voulais refuser, sachant trop combien je suis encore incapable de rien enseigner, mais les obligeantes sollicitations de M. Dervey, qui pense que j'y trouverai un profit d'instruction pour moi-même, m'ont décidé à faire cet essai auquel je commence à prendre de l'intérêt.

Votre respectueux et affectionné,

Charles.

LETTRE XXVIII.

CHARLES A LOUISE.

De Genève.

Il faut, Louise, que dès aujourd'hui j'apprenne à me vaincre. Car que vous dirais-je, si je me laissais emporter au gré de mes transports! Aussi bien ne saurais-je pas vous dépeindre l'état de mon cœur. Trop de sentimens y bouillonnent à la fois, trop de souvenirs s'y pressent, trop de bonheur l'inonde à cette heure. A votre seule image, un trouble inconnu me saisit; il faut que je l'écarte de mes yeux, avant que je puisse vous écrire avec quelque calme.

Me voici de retour dans ma cellule. Que de vide j'y éprouve! que j'ai de peine à y rester! que tout est froid, triste, hors des lieux où vous êtes! Je prends en haine ces livres, ces parois, ces maisons qui masquent les campagnes; il me semble comme si, de retour d'un séjour enchanté, que je regrette avec larmes, je venais végéter sur une terre ingrate et morne.

Qu'ils ont été courts ces instans!... et je n'osais parler! Comment ne suis-je pas tombé à vos pieds, comment n'ai-je rien su vous dire? Comment mon cœur, pénétré d'amour et de bonheur, est-il resté muet, et sans langage?... Oh! sans doute, il est des sentimens trop vifs pour qu'ils se laissent exprimer par la parole. Autrefois je savais tout vous dire, aujourd'hui je ne puis plus.

Après vous avoir quittée, je m'éloignai, emportant le dépôt chéri de ces souvenirs. Je voyais encore votre visage, je sentais votre regard, votre main touchait la mienne, votre présence se prolongeait pour m'enivrer de son charme. J'ai pris par les prés, pour ne rencontrer personne. Le soleil se couchait quand je suis arrivé à la place où, naguère, renvoyé de la Cure, je donnai cours à mes sanglots.... Bonheur inespéré! je la foule, cette même place, oppressé de joie, attendri par le plaisir....

Arrivé à la ville, j'ai trouvé les portes fermées. J'en ai été presque content. Il me semblait rèster plus longtemps avec vous. Comme la soirée était belle, j'ai continué d'errer dans les chemins voisins; et, lorsque la lune s'est couchée, me trouvant près du lac, j'ai cherché un abri dans un bateau attaché à la rive. C'est là que m'a surpris le jour, et j'ai repris à regret le chemin de ma demeure.

LETTRE XXIX.

LE CHANTRE A CHARLES.

De la Cure.

Tout à l'heure, je quitte la petite, qui commence à se refaire de cette dernière. Ne voulant point de remèdes, on l'a mise au lait. C'est celui de notre chèvre, issue de celle qui vous a nourri : bête saine, et forte laitière. Ça la reconforte petit à petit ; les couleurs reviennent, la force avec, et puis le babil, qui est meilleur. Quelque chose qui m'a fait plaisir : avant-hier elle s'est remise à filer ; il y avait longtemps. Toutefois, ce n'est encore assez pour qu'elle recommence avec vous ces écritures sans fin, auxquelles elle se consume, durant que vous-même vous y perdez votre temps. C'est pour lui en épargner la fatigue, que je vous écris aujourd'hui ces nouvelles, vous tenant quitte de la réponse.

M'est avis qu'au lieu de tant écrire, vous feriez mieux de vous mettre en peine seulement d'apprendre votre métier, où, tant pour l'acquis, que pour le caractère, il vous reste à travailler de quoi remplir vos journées de l'aube au soir. Ici, où vous avez grandi de taille, vous vous êtes attardé de connaissances : c'est une raison de presser le pas vers le but, sans batifoler sur la route. Pour le grec, comme pour le latin, M. Prévère dit que vous n'êtes pas des premiers, quand, d'ailleurs, sur les géométries, les physiques, les mécaniques, passé les quatre règles, vous n'êtes pas fort. Et, toutefois, ce ne sont là que les premières barrières à franchir, avant que d'apprendre l'hébreu des prophètes, où ils lisent à rebours ; la théologie, où la science se fouille à la sueur du front, bien plus qu'on ne l'y ramasse en se baissant ; et enfin la façon de s'y prendre pour faire un prêche qui vaille. Si donc, vous vous dépensez en écritures quotidiennes, qui vous tiennent l'esprit ailleurs qu'à votre affaire, comment arriverez-vous à temps? Louise vous est engagée? mais encore faut-il, pour que l'engagement tienne, que vous ayez un état.

Marchez-y donc, non comme ces oisifs qui promènent, mais comme un homme qui, voulant arriver au logis avant le soir, presse le pas, et, en peu de temps, met arrière soi beaucoup de route.

Ceci est pour l'acquis; mais ainsi que je disais tout à l'heure, le dedans du cœur, l'habitude de l'âme et le caractère, réclament aussi leur travail, surtout pour vous, raboteux encore, et jusqu'ici mal appris à dompter les violences du sang, l'intempérance du vouloir, la hardiesse d'agir, et qui avez fait douter, en plus d'une rencontre, si vous tourneriez à ce qui est honnête et mesuré, ou à ce qui est fougueux et hors de règle. Si c'est en corrigeant ces vices de votre nature que vous vous rendrez digne que Louise vous ait pour époux, c'est pareillement en les arrachant de votre cœur, comme on fait d'un champ les ronces et les herbes mauvaises, que vous pourrez devenir un ministre du Seigneur, et en remontrer aux autres. Vous avez donc à y porter la serpe pour émonder tantôt, tantôt trancher dans le vif, ou, de la pointe, fouiller jusque sous la racine, et d'autant plus profond, que ne sachant de quelle souche vous êtes sorti (quand, d'autre part, il est certain que ceux qui vous ont abandonné, ont été, en cela, de grands pécheurs), vous devez plus qu'un autre vous défier des germes moins bons que vous trouvez en vous, et qui peuvent y être, non pas semence apportée par le vent, pour être par le vent emportée, mais semence native, tenace à croître et à s'étendre.

Faites-vous donc fort et volontaire dans le gouvernement de votre nature, sévère à vos penchans, méfiant du seul patrimoine que vos père et mère vous aient transmis, à savoir un sang rebelle et une judiciaire qui manque de poids et de mesure, mais qui est à temps pour les prendre. Transformez-vous premièrement en jeune homme posé et désireux de règle, pour vous transformer ensuite en serviteur de Jésus-Christ, et en pasteur des âmes; songeant bien que si vous n'êtes pas capable de faire le premier de ces deux pas, encore moins tenteriez-vous cette seconde et plus forte enjambée. Ayez pour modèle M. Prévère qui vous a élevé; apercevez-vous par quoi vous n'êtes pas sur sa trace, et qu'ainsi j'aie sécurité pour ma fille. La veille du dimanche où je vous l'ai promise, je n'étais pas emprunté de savoir à qui la donner, et, si je mettais la richesse avant une vie honorable, je saurais où faire ici près un heureux du ciel. N'est-il pas vrai que cette conduite et ce bon renom auxquels je sacrifie l'opulence et le rang, vous me les devez, ainsi qu'à Louise? Tâchez donc à les acquérir, et quand vous les aurez, je vous tiens quitte, et m'éloigne content.

Pour commencer, soyez plus avare de lettres. A chaque jour la messagère en apporte, qui, après avoir employé là-bas votre temps, prennent ici celui de Louise, et la font tantôt troublée, tantôt pensive : ce sont elles qui l'ont jetée dans cette fièvre d'où elle sort à peine. Votre mariage ne peut qu'être éloigné; espacez donc vos témoignages, et faites vie qui dure : de ce train, vous auriez au bout de l'an fini votre papier et le sac de vos babils. Du temps que j'étais le promis de Thérèse, qui était du hameau de Dardagny, bien que vivant distans l'un de l'autre, le penser mutuel nous suffisait, et, occupés chacun, elle de labeurs domestiques, moi de travaux d'homme, rarement se voyait-on l'hiver, et l'été guère davantage. Une fois le mois, elle venait ici écouter notre prêche, et sans une seule écriture, ni tant de paroles, d'un signe on s'en disait assez au moment du revoir, pour que la langue n'eût rien à ajouter. Le mois d'après, c'était à moi d'aller à leur église, et le reste du jour, promenant par la prairie, où assis sous quelque noyer, on coulait les heures à se sentir ensemble, bien plus qu'à échanger des discours, jusqu'au soir où, en compagnie de sa mère, elle me reconduisait à quelque distance. C'est sans plus de bruit et sans rien prendre sur le travail, que nous avons passé ces mêmes temps, durant lesquels vous écrivez des volumes au détriment de vos études; et pourtant l'union croissait entre nous, comme un arbre boit mieux sa sève, et jette mieux son feuillage en tout sens dans un champ tranquille, que dans un terrain constamment remué.

En outre, la petite, c'est sa mère, trait pour trait, sauf qu'ayant étudié dans les livres, elle a plus d'acquis. Mais que l'écorce soit autre, c'est bien même bois, et seulement trop, car ainsi que Thérèse, elle se fait souci de tout et de quelque chose encore, voyant à s'attrister où les autres ne verraient qu'à se réjouir, et, par ainsi faire, se consumant avant le temps. C'est donc à vous de ne pas la secouer journalièrement par des propos dont l'attente la trouble, et dont le souvenir la remue. Une lettre au bout de la huitaine me semble déjà plus que la raisonnable mesure, et plutôt que de l'enflammé, mettez-y du sage et du récréatif; des choses du temps passé, encore plus que des choses de l'an qui court, ou de l'an qui vient et des autres.

Encore un mot sur un article tout voisin de l'autre, et en tant que vous seriez dans le cas de lui envoyer des lectures. L'autre jour, je vis qu'un livre qu'elle avait entre les mains lui faisait du mal à vue d'œil, si bien qu'elle vint tard à souper, et, après trois bouchées, se retira. J'ai dit à Marthe de me faire tenir le livre, car je voulais voir.

Le connaissez-vous point? C'est deux enfans qu'on élève ensemble, et puis ça finit mal. La fille, qu'ils appellent Virginie, se noie, faute de vouloir se laisser sauver d'un vaisseau par un homme nu. L'autre, le garçon, qu'ils appellent Paul, ainsi délaissé par la mort de la sienne, s'en va baissant de chagrin et finalement meurt, et puis les deux mères, et puis la servante, et puis le domestique qui est nègre : bref, il n'en reste plus. Voilà-t-il pas une plaisante histoire? Bête! que je me suis dit (car tous ces enterremens, ça commençait à me remuer), vas-tu pas te prendre à ces mensonges! En attendant, les jeunes filles s'y prennent, et vont se fesant du mal pour des fantômes. Si donc il faut que Louise lise, tâchez à lui trouver du plus gai et qui finisse mieux.

Marthe, à propos de son cotillon, me dit que vous avez déjà du travail qui rapporte. C'est-il vrai? Ça me serait de bon augure, outre l'à-propos; car, à la ville, la vie est chère.

On a commencé à teiller le soir; hier chez les Legrand, ce soir chez nous. On lira l'almanach de l'an prochain, qui vient d'être imprimé. Il promet de l'humide. Je m'en accommoderais pour mes foins; mais pour mon restant de vignoble, gare!

M. Prévère et la petite vous adressent leurs amitiés, joignez-y les miennes.

REYBAZ.

LETTRE XXX.

CHARLES A LOUISE.

De Genève.

Votre père, Louise, est bien terrible dans ses façons de voir, et j'attends, pour répondre à sa lettre, que mon déplaisir soit moins vif. Il trouve que je vous écris trop, que mes lettres vous font du mal à vous, tandis qu'à moi elles me font perdre mon temps; il veut me mettre à la ration d'une, d'une seule, par huitaine de jours! Mais je vais être très-malheureux. Assurez-moi du moins que, si je lui désobéis de temps en temps, vous ne m'en voudrez pas trop.

Vous écrire moins? Quelle étrange et déplaisante idée! Vous écrire moins? Mais qu'y gagnerai-je, sinon de rêver encore plus souvent à vous, lorsque déjà je ne fais guère que cela. Ce n'est que quand une lettre est partie, que, ayant tout dit, et signé, et plié, et expédié, il y a là un moment de relâche dont je profite pour avancer mon travail. Ce moment va m'être enlevé, et je ne sais plus quand, ni comment j'étudierai.

Entend-il au moins que vous, vous m'écrirez d'autant plus fréquemment? Il ne s'explique pas sur ce point. Mon Dieu! que vais-je devenir alors, pendant mes sept jours de silence et de ténèbres. Ayez pitié! Louise. Expliquez-lui les choses, et donnez-moi des conseils qui m'aident à me tirer de cette triste situation.

Il me dit aussi de vous écrire du sage et du récréatif. Du sage? Que croit-il donc que je vous écrive? ou bien, entend-il que j'aie de la sagesse, de quoi en revendre? le reste de sa lettre ne m'autorise pas à lui prêter cette opinion flatteuse. J'essaie, toutefois; mais dès que je me représente que je veux vous écrire du sage, voici que j'éclate de rire. C'était déjà bien assez de demander du récréatif à un pauvre garçon qui vit assis entre quatre murailles, et les yeux sur un livre.

Voici, Louise, comment je me récrée à cette

heure. Je déchiffre une maudite tragédie grecque, où des gens que je ne connais pas, se disent, dans une langue que je n'entends pas, des choses qui ne me concernent nullement. C'est déjà peu récréatif. Ce qui l'est bien moins encore, c'est l'obligation où je suis d'admirer dans ces logogriphes tous les beaux endroits, au moyen d'une note latine que j'apprends par cœur, pour la répéter à qui de droit, le moment venu. Ce moment, c'est en novembre prochain. Je me hâte donc de déchiffrer, je me hâte de trouver beau, je me hâte d'en avoir fini avec tout ce tragique, qui m'assomme plus qu'il ne m'attendrit, et puis, quand j'en ai fini, c'est pour recommencer avec quelque autre grimoire tout aussi peu recommandable. C'est à cela que se passent mes journées ; et je les aimerai, et je les chérirai, et toute ma vie je me souviendrai avec délices de ces douces heures où je déchiffrais à tant d'effort ces pages écrites il y a deux mille ans, pour le désespoir des étudians à venir, si seulement je suis libre de vous écrire à volonté, si surtout pas une de vos lignes, déjà si rares d'habitude, ne doit m'être retranchée.

Tout n'est pas triste cependant, dans la lettre de votre père. A côté des sévères conseils qu'il me donne, il me parle de vous, de vos forces qui reviennent, de cette chèvre qui vous donne son lait.... Ah! Louise, oserai-je vous le dire? c'est ici une chose bien simple, bien ordinaire, mais où je goûte un charme que je ne puis exprimer; et à l'endroit où votre père fait observer que cette chèvre est le petit de celle qui m'a nourri, j'ai ressenti une attendrissante joie. Ainsi donc, vous reprenez la santé à cette même source où je puisais la vie. Ainsi donc, dès nos jeunes ans, et par tous les liens, et par les choses même qui sont de pur accident, le sort nous unit, nous rapproche, nous fait ami et amie, et presque sœur et frère. Ah! si j'étais à la Cure, combien de fois déjà j'aurais été voir, caresser, cette pauvre chèvre, et quand j'y retournerai, quels soins, quelles amitiés je lui prépare!

Mais, à ce propos, vous ne sauriez vous imaginer, Louise, combien ici me manque cette société des bêtes à laquelle j'étais accoutumé. Pas une vache, pas un mouton; à peine des chiens; mais dont aucun ne m'appartient, et qui d'ailleurs sont civilisés, dégénérés, impudens plutôt que sauvages, presque jamais dans la compagnie de l'homme, mais errans dans les rues, où ils vont cherchant et se disputant une sale nourriture. Rien de cette franche brusquerie de Dourak; rien de ce poil nettoyé, lustré par le vent des campagnes ; rien de ce hardi et généreux courage, de cette joie palpitante, de cet œil de feu, de ces bonds de gaîté. Ah ! les ennuyeux, les méprisables chiens ! sans compter un petit carlin appartenant à deux vieilles demoiselles, nos voisines d'ici dessus, animal étrange, lavé, tondu, coiffé comme un petit-maître, et le seul de l'espèce avec qui je soutienne quelques relations sans agrément. Ce petit-maître a les yeux éraillés, une ridicule expression, l'air toujours transi, et un jappement aigre, dont le timbre insolite paraîtrait à Dourak du dernier monstrueux. Tel quel, il est chéri des deux demoiselles, et détesté de tous les autres locataires. Pour moi, je n'ai à me reprocher que de l'avoir contraint parfois à se mesurer avec des matous qui le coiffaient à leur manière. C'est ce qui fait que les deux demoiselles ont l'horreur des matous, et qu'elles les calomnient constamment.

Imaginez-vous que, quelquefois, ce besoin de voir des animaux rustiques, va jusqu'à me faire quitter mon ouvrage, pour descendre dans la rue les jours de marché, et je me promène avec un grand plaisir au milieu de ces attelages de bœufs, d'ânes, de vieilles cavales, qui amènent ces jours-là le foin, le bois, ou des denrées. Il me semble alors que je suis au milieu des miens, et ces odeurs d'herbages, ou d'étable, me plaisent tout autrement que le musc et l'ambre des parfumeurs. J'ai aussi la chance d'y rencontrer quelques visages du hameau, et d'apprendre de Redard, ou de Turian, mille nouvelles qui pareillement m'intéressent plus que toutes les nouvelles de télégraphe ou de gazette. J'y causai mercredi, avec Brachoz, que j'ai trouvé bien éprouvé par son accident, et néanmoins recommençant déjà à se *rafraîchir*. Il prétend, lui, que justement ce jour où il a roulé au bas des moraines, il n'avait bu que de l'eau. Mais il faisait nuit noire, et n'étant pas tenu d'y voir clair, il n'y vit goutte : de là tout le mal. « Jugez, me disait-il, si j'aurais été boire, puisque j'emportais une pioche neuve, ayant coûté dix-huit florins, sans un sou de moins. »

Mais je vous dis toutes sortes d'ennuyeuses sottises : c'est que je ne suis plus, pour vous écrire, dans mon assiette ordinaire; les restrictions de votre père en sont la cause. J'éprouve de l'effroi en pensant que, cette lettre finie, je poserai la plume pour huit jours; et je me trouve embarrassé entre l'impatience de tout dire à la fois, et l'envie de prolonger indéfiniment ce plaisir de m'entretenir avec vous. Encore une fois, Louise, prenez pitié, et arrangez cette affaire. Bien que vous puissiez sans doute vous passer de me lire, moi, je ne saurais vivre deux jours sans vous écrire; et si votre père tient bon, ma dernière ressource sera de vous écrire tous les jours de la semaine des lettres que je vous enverrai le samedi en un seul paquet. Mais c'est bien alors que j'aurai l'air de faire des volumes! De grâce, arrangez cette affaire, et que votre prochaine lettre apporte ses franchises à votre bien impatient et affectionné,

Charles.

LETTRE XXXI.

CHARLES A LOUISE.

De Genève.

Vous souvient-il, Louise, de ce joli poëme où Gessner peint le premier navigateur, instruit par l'amour à creuser un tronc d'arbre, à hisser une voile, à voguer vers une rive fleurie, d'où il ramène celle qu'avait rêvée son cœur?... Il s'agit de quelque chose de semblable; seulement je n'ai pas trouvé sur la rive fleurie celle que d'ailleurs je n'y cherchais pas, et ma barque, au lieu de ramener au port deux amans, y est arrivée vide et submergée, pendant que le premier navigateur avait fort à faire à se tenir cramponné sur la pierre du Niton. C'est un rocher à fleur d'eau, où les antiquaires du pays reconnaissent l'antique autel du Neptune de nos rives. Sur cet autel j'ai passé une heure qui m'a paru longue; et j'estime que ce devait être pour les prêtres du temps un terrible métier, que d'y demeurer en prières par un jour de bise.

Il faut que vous sachiez, Louise, que tout le long de la rive du lac, il y a des prairies, des arbres, des golfes charmans, et, dans quelques endroits, de petites hôtelleries où l'on peut se faire servir sous la feuillée un champêtre repas. Nous avions fait le projet, un de mes camarades et moi, de nous embarquer pour aller reconnaître ces pittoresques bords, et hier était le jour fixé pour cette entreprise. Nous partîmes de grand matin, dans un petit bateau que nous manœuvrions nous-mêmes. Le ciel était radieux, le lac frais et resplendissant ; notre esquif, enveloppé dans l'ombre d'un coteau, entrait dans les golfes, doublait les promontoires, et je ne puis dire avec quel bonheur je retrouvais le grand air, l'espace et l'indépendance ; aussi mon camarade, plus habitué que moi à ces excursions, riait-il à me voir aussi animé, aussi rempli d'enchantement et d'ardeur, que s'il se fût agi de la découverte d'un nouveau monde. Après avoir dépassé dans la matinée une de ces hôtelleries, que l'on nomme Montalègre, nous y revînmes vers une heure, brûlés du soleil, harassés de fatigue, et criant soif et famine. Nos hôtes s'empressèrent de nous dresser une table sous l'ombre de deux noyers jaunis déjà, mais vastes et touffus. Ah! Louise, quelle omelette! quel vin! et quel pain! et quelle eau! Tout nous semblait ambroisie ou nectar, et les gens, des Baucis, des Philémons, des bienfaiteurs aussi généreux qu'incomparables. Le repas terminé, nous allâmes chercher un gazon retiré, où le silence, l'ombre, et le murmure d'une source, invitaient au sommeil. Nous y dormîmes deux heures.

Pendant ce temps, la bise s'était levée, et quand nous ouvrîmes les yeux, nous aperçûmes au travers du feuillage des vagues d'une jolie grosseur, sur lesquelles se balançait notre embarcation. Les gens de l'auberge nous conseillèrent de partir sans délai, parce que le vent devait, selon eux, continuer à fraîchir. Je faisais, pour ma part, peu de compte de leurs propos; mon camarade, au contraire, devenu tout à coup pusillanime, en était à me proposer de laisser là notre bateau, que nous y viendrions chercher le lendemain, et de nous en retourner par terre. Je ne voulus point entendre à cette honteuse proposition, et sautant dans le bateau, je le pressai d'y entrer. Il s'y refusa. Alors, me mettant aux rames, je fus bientôt loin du bord, où il attendit encore longtemps, croyant que je serais contraint d'y revenir. Mais sa présence même me piquait d'honneur; d'ailleurs, tout occupé que j'étais de manœuvrer mon bâtiment, je ne remarquai bientôt plus, ni ses cris, ni ses signaux.

Cependant les vagues devenaient de plus en plus fortes, et en parcourant des yeux les ondes soulevées du lac, je n'y apercevais pas un seul bateau. Ce fut alors que je commençai à croire que j'avais été peut-être imprudent, plus encore que mon ami, pusillanime; aussi je résolus de regagner bien vite le bord, dont au premier moment je m'étais rapidement éloigné. Mais la chose était devenue impossible; je pouvais bien encore maintenir mon bateau en suivant la direction du vent, mais dès que j'essayais d'en tourner la proue vers le rivage, aussitôt, pris de flanc par les vagues, il faisait mine de chavirer, et je revenais bien vite à ma première position. Pourtant je n'éprouvais pas encore de crainte; après tout, j'étais poussé contre la ville, où je ne manquerais pas d'arriver. Seulement, mon bateau basculait de l'avant à l'arrière d'une façon étrange, et les vagues y lançaient à tout moment de blanches touffes d'écume. Je voulus alors, dans la prévision de quelque bain involontaire, me dépouiller de mes habits, mais il n'était pas question d'abandonner les rames un seul instant, sans décider le naufrage; en sorte que je dus me borner à détacher de mes pieds, mes souliers que l'eau y tenait collés. C'est pendant que je faisais cette opération, que j'aperçus sur la route qui longe le lac, au bas de Cologny, des promeneurs qui s'étaient attroupés pour me considérer. La vue de ces gens, leur agitation, leurs cris, que je crus entendre, me convainquirent que j'étais en péril, et alors, rempli d'effroi, je ramai avec une vigueur nouvelle, dans l'espoir de m'approcher des pierres du Niton. Lorsque je fus arrivé à quelque distance de la seconde, dont le courant et le vent allaient m'éloigner, je pris mon parti, et, me saisissant d'une des rames, je sautai dans l'eau : .... au même instant le bateau chavira. Le reste ne fut plus rien; la peur me donnait des forces. Avant d'être sur la pierre, j'avais déjà la conviction que j'y arriverais; le tout était de n'y pas briser mes os, et c'est pour éviter ce désagrément que je présentais au granit le bout de ma rame, lorsque, soulevé mollement par une énorme vague, je me trouvai déposé sur le rocher, sans m'en être mêlé presque. Dans mon transport, je baisai ce granit, car à ce moment vous m'étiez rendue, Louise ; mon cœur débordait de reconnaissance, il s'en élevait des accens de bonheur et comme des hymnes d'actions de grâces. . . .

Cependant tout n'était pas fini. Le rivage s'était couvert de monde. Cette multitude, en voyant le bateau chavirer, sans que je reparusse autour pour m'y soutenir, ou pour me reposer sur la quille, jugea que c'était fait de moi ; mais lorsque, sorti de l'onde, je parus debout sur la pierre, ils poussèrent mille cris de joie, et je distinguais au milieu de leur tumultueuse agitation, des gestes et des signaux d'encouragement, de désir, d'espoir. Quelques-uns voulurent essayer d'arriver jusqu'à moi ; mais à peine eurent-ils mis à l'eau le seul petit bateau qui se trouvât amarré à la rive, que les vagues l'y rejetèrent avec violence, en l'y brisant. Ils s'éloignèrent alors pour chercher dans les anses voisines une embarcation plus capable de résister aux flots. Mais pendant qu'ils procédaient à cette recherche, la délivrance m'arrivait de l'autre côté du lac. Du pont d'un brigantin qui y était à l'ancre, j'avais été aperçu, et trois bateliers savoyards s'étaient embarqués dans la chaloupe pour venir à mon secours. Lorsqu'ils se furent approchés du rocher, autant que le permettait la violence des vagues, je me jetai à la nage, et un instant après je montais dans leur embarcation aux acclamations de la foule. Comme je voulais éviter d'être reconnu, je priai ces hommes de me reconduire avec eux sur leur barque, où je trouvai fort à propos du feu et un verre de vin. L'un d'eux est allé me chercher des habits chez mon camarade, qui me les a apportés lui-même, et le soir, la bise étant tombée, ils m'ont amené dans leur bateau jusqu'au Molard, d'où j'ai regagné ma chambrette sans que M. Dervey, et surtout ce portier Champin, toujours prêt à me dénoncer à votre père, se soient aperçus de rien. Il ne m'en coûtera donc, je l'espère, qu'un chapeau, un habit, une paire de souliers, et un petit rhume. En revanche, j'ai l'immense plaisir de me sentir encore au monde, sans compter l'expérience que j'ai acquise, et aussi la leçon que j'ai reçue, et dont je suis déterminé à profiter. Ainsi, Louise, de grâce, et pour cette fois seulement, ne me grondez pas.

Voilà mon histoire. Et puis, il faudrait avec cet arrangement de huitaines, que je gardasse tout cela pour moi, pendant six jours encore! Ce n'est pas possible. Ce serait absurde. Vous-même, vous seriez inquiète. Arrangez, Louise, arrangez cette affaire. Je n'ose rien dire à M. Reybaz, qui prendrait mes réclamations pour de l'indocilité ; mais vous, qu'il écoute sans défiance, vous, qu'il ménage, vous, qu'il aime tendrement, intercédez pour un pauvre exilé, naufragé, enrhumé, et avec tout cela affligé de grec à traduire, d'équations à réduire, sans habit, sans chapeau, sans autre bien ni consolation que les momens qu'il passe avec vous chaque jour.

LETTRE XXXII.

LOUISE A CHARLES.

De la Cure.

Votre récit, Charles, m'a causé autant de chagrin que d'effroi. J'y ai vu que votre témérité est toujours la même, et que la crainte d'affliger ceux qui vous chérissent, ne suffit pas à vous donner la plus ordinaire prudence. En vérité, si vous aviez couru ces mêmes dangers dans un but de dévouement, je serais la première à vous approuver, à vous exprimer ma joie ; mais vous exposer ainsi inconsidérément, sans utilité, et comme en vous jouant des promesses que vous avez faites tant de fois, c'est une disposition que je ne puis voir en vous sans tristesse. Je ne vous gronde pas, mais je vous exprime ma peine.

Je vous en conjure, Charles, corrigez-vous de cette imprudente fougue, ou bien nous avons l'un et l'autre tout à redouter, quand même, ainsi que l'autre jour, vous ne seriez pas vous-même victime de votre témérité. Ne sentez-vous pas que vous risquez de fournir un dangereux aliment aux sollicitudes de mon père, et de compromettre jusqu'aux promesses qu'il vous a faites? Charles! Est-ce à moi de vous dire ces choses, et ne les avez-vous point encore devinées? Devez-vous vous mettre dans la situation d'avoir à lui cacher ce que vous faites, et à m'en imposer le secret? Ne voudrez-vous pas faire quelque sacrifice au désir de lui plaire, de lui inspirer de la sécurité, de ne pas ranimer d'anciennes préventions dont il a dû se défaire avant de me donner à vous? Ne voudrez-vous pas que moi-même je sois paisible, au lieu de vivre inquiète et troublée? Aujourd'hui, outre que je songe que j'ai pu vous perdre, je suis tremblante, et je le serai encore bien des jours, de la crainte que mon père n'apprenne ces choses, qu'il ne les commente, qu'elles n'ébranlent cette tranquillité où je le voyais entrer, et où, vous seul, vous pouvez le maintenir, en vous abstenant de tout téméraire écart.

Je suis trop saisie, Charles, pour vous écrire longuement aujourd'hui. Il m'est impossible de détourner ma pensée de dessus ce récit. Je vais tâcher de l'oublier, et en même temps de croire que vous êtes sensible à mon chagrin. Je n'ai pu, ébranlée comme je le suis, m'occuper de cette affaire que vous me priez d'arranger, et où je me trouve intéressée autant que vous. Jusqu'à ce que j'en aie causé avec mon père, conformez-vous à sa volonté, mais sans me priver toutefois, ces jours-ci, de quelques mots de vous, dont j'éprouve le pressant désir.

Votre affectionnée,

Louise.

LETTRE XXXIII.

CHARLES A LOUISE.

De Genève.

Votre lettre, Louise, m'ouvre les yeux. J'ai mal fait, je suis coupable, je me jette à vos genoux, et mes promesses, cette fois, sont sérieuses. Quant à votre père, je n'y ai songé qu'ensuite, mais assez tôt encore pour qu'il ignore tout. Ainsi plus de tristesse, Louise; votre pardon, votre sourire, je vous en conjure! et que ce petit nuage n'ait fait que passer dans ce ciel resplendissant et serein.

J'aurais mieux fait d'écouter les conseils de mon camarade; mais c'est pourtant là tout mon tort, Louise, car le reste n'a plus dépendu de moi. Désormais, en pareille occurrence, je vous jure d'écouter tout le monde, excepté moi. D'ailleurs, pensez-vous que je désire me retrouver à pareille fête? J'ai eu une frayeur épouvantable : c'est ce qui me donnait cette vigueur surprenante. Mais c'est bien vrai que, le danger passé, et mon rocher conquis, j'ai éprouvé une de ces joies puissantes qui remplissent toute l'âme. Je l'oublierai, Louise, cette joie, pour ne songer plus qu'à votre tristesse, que je veux dissiper; plus qu'à votre paix, dont je ne veux jamais troubler le cours. Ainsi, encore une fois, plus d'alarmes; que le doux rayon d'espérance, de contentement, qui luisait naguère, reparaisse sur votre front! que, sûr d'être pardonné, et certain que vous avez confiance en mes promesses, je puisse sans contrainte donner essor devant vous à tout ce bonheur que je ressens!

Mon camarade a le mot pour ne rien dire; ainsi votre père ne saura rien, surtout si il lit le journal, qui, ce matin, rend compte de l'affaire en ces mots. Je transcris :

« Avant-hier, notre lac a failli être le théâtre d'un déplorable accident. Un jeune Anglais, n'écoutant que cette disposition excentrique qui est particulière aux fils d'Albion, a choisi, pour faire une promenade sur l'eau, le moment où la bise soufflait avec le plus de violence. Vainement des promeneurs attroupés sur le bord du lac, lui ont crié de revenir promptement au rivage, il s'est obstiné à tenir le large, jusqu'à ce qu'enfin son embarcation a chaviré. Heureusement des mariniers sont venus à son secours, et l'ont retiré de l'eau. A cette occasion, nous croyons devoir blâmer l'autorité de ce qu'elle ne fait pas défense aux bateliers riverains de louer leurs embarcations, quand le lac est orageux. Son mandat n'est-il pas de prévenir de funestes accidens, et de pourvoir à la sécurité des pères de famille? »

N'admirez-vous pas, Louise, comment, au moyen des gazettes, tout se sait, et chacun s'en va content? Cet article m'a bien amusé. Aujourd'hui, à table, il a servi d'occasion à M. Dervey de nous conter, sur l'excentricité de ces pauvres Anglais, une foule d'anecdotes plaisantes. D'autre part, le portier, s'attachant à la dernière phrase de l'article, y a trouvé le texte d'une vigoureuse tirade contre le gouvernement actuel, qu'il accuse, à propos de cet Anglais, de se moquer du peuple, et de noyer les citoyens vertueux. C'est que M. Champin est un ancien patriote de *nonante-deux*, et rien ne lui va de ce qui s'est fait depuis ce temps-là.

Mais, à propos de M. Dervey, Louise, je me reproche de ne vous avoir encore rien dit de lui, ni des siens. Je vais, pour distraire votre mécontentement, vous tracer leur portrait à tous, sans oublier M. Dervey, qui a pourtant peu de physionomie. C'est un homme un peu replet, rubicond, dont l'expression, toujours la même, est toujours bienveillante. Il passe pour un bon prédicateur, moi je l'aurais jugé plus fleuri qu'éloquent; ses sermons ressemblent à son visage. Il a un organe sonore, mais ses belles périodes n'ont rien de ce style fort, touchant, toujours animé de M. Prévère. Du reste il est la bonté même, et cette chaleur qu'il n'a pas dans ses sermons, je la retrouve dans ses manières, dans ses procédés, dans sa société domestique. Sa gaîté est pleine de paix et de bonhomie, comme serait celle d'un homme juste, qui, faisant son devoir sans trop de peine, se repose ensuite avec contentement. Il ne me gêne en quoi que ce soit, et il est toujours disposé à être content de moi, si je parais me trouver heureux chez lui. Oh! l'excellent homme, Louise!

Madame Dervey est une grosse dame, plus grave, plus sensible que son mari, mais moins bonne, ou bonne d'une autre manière. Elle me plaisante quelquefois, quelquefois elle me réprimande, deux fois elle m'a grondé, mais comme on fait pourtant à un enfant à qui l'on veut du bien. Ce qui me console, c'est qu'elle tance aussi M. Dervey, et que, au besoin, elle le gronde. C'est madame Dervey qui tient les rênes de la maison, mais de telle façon pourtant, que si elle les abandonnait, chacun irait la prier de les reprendre. Dans les commencemens, à chaque instant elle me parlait de vous, sans être du secret néanmoins, en sorte qu'elle m'embarrassait beaucoup. Un beau jour je lui ai tout dit. Depuis ce temps, elle ne me parle plus de vous en présence de ses filles, mais quand nous sommes seuls au salon ; alors viennent une foule de questions, auxquelles je fais une foule de réponses, et ce sont des momens de délicieux entretien. Elle vous aime, elle vous chérit, elle veut vous connaître ; elle me redit sans cesse que je dois m'amender, m'instruire, faire mille efforts pour me rendre digne de partager votre sort, et capable de l'embellir. Alors je lui fais des protestations avec tant de désir, de conviction, de courage, que, dans ces momens-là, il me semble que je vais devenir parfait, et capable à moi tout seul d'embellir l'univers. A tout instant, Louise, je pense, ou je dis de ces choses follement présomptueuses ; tant la vivacité de ma tendresse, et le transport du bonheur, me troublent, m'éblouissent et me font déraisonner.

J'ai gardé pour le bouquet les demoiselles Dervey. Imaginez-vous que l'aînée se nomme Louise! Bon Dieu! que j'ai eu de peine à m'accoutumer à lui laisser porter ce nom-là! Il a bien fallu, néanmoins. Elle le porte donc, elle le portera, mais il n'y a qu'une Louise véritable au monde, et plus j'en verrai de fausses, mieux j'adorerai la vraie. Mademoiselle Louise Dervey est le portrait de son père, gaie, naturelle, insouciante comme lui, jolie de visage, un peu grosse de tournure : belle personne, comme on dit. Elle aime les bals, les fêtes; elle aime la campagne, la ville; elle aime à s'occuper et à ne rien faire : tout lui va. Le portier m'a dit qu'elle a une inclination, et qu'elle est peut-être promise à l'heure qu'il est; à la voir, je ne m'en serais jamais douté. Une qualité charmante en elle, c'est son égalité d'humeur et d'accueil; au fond, elle est comme M. Dervey, qui ne pourrait pas supporter l'idée de déplaire, ou même de ne pas plaire à qui que ce soit. Avec moi, elle est franche, gracieuse et bonne. Je ne lui trouve jamais cette roideur un peu maniérée qu'on reproche aux demoiselles de notre ville, et, dans un bal, elle a autant de naturel, et ni plus ni moins d'abandon, que chez elle. A cause de cela, j'aime beaucoup à la faire danser ; c'est la seule demoiselle, parmi celles que je connais un peu, chez qui je sois certain à l'avance de trouver autant d'accueil que qui que ce soit.

La cadette se nomme Sophie. Elle a seize ans. Elle est à la fois plus délicate, plus réservée, et plus malicieuse que sa sœur. Elle aime peu le monde, et beaucoup la lecture et la retraite. Son humeur est capricieuse ; quelquefois elle raille, quelquefois elle s'émeut ou s'attendrit, selon les choses qu'elle dit ou qu'elle entend dire. Elle fait beaucoup moins de bruit que Mlle Louise, mais elle tient bien plus de place dans la maison. Ces deux sœurs, si différentes de goût et de caractère, s'aiment tendrement ; et c'est charmant que de les voir ensemble. L'aînée s'est faite tout bonnement la cadette de sa sœur, et celle-ci ne se prévaut de ses avantages d'esprit et d'intelligence, que pour faire briller, aimer ou apprécier sa sœur bien-aimée. Ses manières avec moi sont extrêmement discrètes, mais prévenantes, et, bien qu'elle raille avec finesse et gaîté jusqu'à son père et sa mère, elle s'arrête toujours à distance de moi, soit par fierté, soit par convenance, soit, comme je le pense, par ménagement pour un jeune homme qu'elle sait n'être pas dans la condition où sont tous les autres. C'est, parmi les jeunes personnes de qui j'ai eu l'occasion d'approcher ici, la plus distinguée de beaucoup. Ses traits sont fins, son regard parle, son rire, toujours tempéré, est rempli de grâce, et sa tournure est élégante comme son geste, comme ses manières, je dirais presque comme la chaise où elle s'assied, la table sur laquelle son bras repose.

Telles sont, Louise, les excellentes gens au milieu desquels je vis, au milieu desquels je m'ennuie, au milieu desquels je m'afflige, je me désespère de ne pas vivre ailleurs, à la Cure, par exemple, ou au Monomotapa, si vous y étiez, ou dans les grandes Indes, si vous vouliez y faire un tour. Je les aime, mais je leur demeure étranger. Je suis le spectateur, jaloux quelquefois, de leur bonheur, de leur union, mais je ne m'y associe pas, car pour cela il faudrait que mon cœur ne fût pas ailleurs. Quelquefois il me semble que dans une maison plus triste, moins amie et moins aimable, je me trouverais plus selon mon goût, parce que je serais plus à moi ; c'est un indigne sentiment, dont je rougis, et que je traite avec le dernier mépris dès que je le sens surgir. Cependant, si ces mêmes personnes vous connaissaient, vous avaient vue seulement, je n'en pourrais plus souffrir d'autres. Il faudra que ce moment arrive ; je ne songe qu'à cela, et Madame Dervey y pense très-sérieusement.

Les jours deviennent courts, et les bals ont déjà commencé. Madame Dervey m'y fait inviter, et me force ensuite d'y aller : c'est une tyrannie que je trouve un peu dure. Ces chambres m'étouffent, et ces violons ne me charment pas du tout : je songe aux veillées de la Cure, à vous qui teillez, à vous qui écoutez la lecture de l'almanach, durant que vos mains filent la trame. Ah ! ces veillées, ce chanvre, ce feu, ces causeries, ce retour à la Cure par-dessous les tilleuls ! Souvenirs qui me charment et m'attristent ! Plaisirs simples et vifs ! où vous retrouver au milieu des salons de la ville, au milieu de ces factices amusemens ? où vous retrouver partout où Louise n'est pas ?

LETTRE XXXIV.

LOUISE A CHARLES.

De la Cure.

Je tiens note de vos promesses, Charles, et, me reposant sur elles, je souffle sur ce nuage, et voici revenue cette sérénité à laquelle je me livre aujourd'hui avec une croissante douceur. Ce journal est admirable, qui a si bien arrangé l'affaire et tancé l'autorité. Les Anglais seuls auraient droit de réclamer; mais il est possible que, flattés de voir leur excentricité publiquement reconnue, ils laissent passer.

Votre tableau de la famille Dervey m'a infiniment intéressée, et j'y vois que s'il est ici telle jeune personne, sur le compte de laquelle vos yeux prévenus vous abusent étrangement, ce n'est pas qu'ils ne sachent voir et apprécier avec justesse, lorsque vous les dirigez ailleurs. Je connais maintenant, et j'aime tous ces personnages, comme si je les avais vus : vraiment il va devenir superflu que vous me présentiez à eux. J'apprécie mademoiselle Louise, j'admire en elle des qualités plus précieuses que vous ne semblez le croire, et qui, pour n'être pas brillantes, sont loin d'être communes. Je crois, contrairement à votre opinion, que c'est là la véritable Louise, point soucieuse, jamais triste, faite pour goûter et pour donner le bonheur, et à qui sa facile gaîté n'ôte pas une vertu. Je me lie d'amitié avec mademoiselle Sophie, à qui je trouve plus d'attraits, sans lui trouver plus de mérite; moins de bonté, mais plus de charme. Dans l'une comme dans l'autre, je reconnais l'ouvrage de ces deux parens, dont l'un donne l'exemple journalier de la douceur et de l'aménité, dont l'autre, Mme Dervey, agit, pressent, dirige et réprimande. Je lui sais gré de ce qu'elle vous fait participer au bienfait de son expérience, et tous je les porte dans mon cœur, pour l'amour qu'ils vous témoignent. Voilà, Charles, l'impression que j'ai reçue de votre lettre.

C'est à l'occasion du plaisir qu'elle m'a fait, et pressée du désir de m'en assurer plus d'un du même genre pour chaque semaine, que j'ai entrepris d'arranger ce que vous appellez *cette affaire*. Mais je n'ai ni réussi, ni échoué. Mon père n'entend pas nous gêner, mais il demeure convaincu que nous nous écrivons trop. Ainsi, Charles, il faut prendre un terme moyen, et le satisfaire à moitié. J'aimerais recevoir vos lignes chaque jour, et plutôt deux fois qu'une : rien ne me cause plus de plaisir, rien ne chasse plus sûrement ces petits nuages, qui, quelquefois encore se montrent sur ce ciel serein ; et pourtant, moi aussi, je ne puis m'empêcher de redouter que tant d'écritures ne vous distraient de vos travaux, ou ne vous surchargent en s'y ajoutant. Le mois de novembre approche, et si je désire vivement un succès, je ne saurais envisager sans inquiétude, l'impression que ferait un revers sur l'esprit de mon père. Tranquillisez-moi au moins sur ce point, et soyez bien assuré que je suis prête à sacrifier tout le plaisir que je retire de ce commerce de lettres, si un seul des momens que vous me consacrez peut servir à assurer mieux votre chance de réussir dans le but où vous tendez.

Ce qui m'inquiète un peu, à vrai dire, outre

vos navigations, vos courses au marché, vos bals, vos entretiens au salon, et ce rhume dont vous ne me dites plus rien, c'est la façon presque irrévérencieuse dont vous me parlez de vos objets d'étude, dans votre avant-dernière lettre. Je croyais beau tout ce qui est grec, et surtout une tragédie; je croyais sérieux tout ce qui est science, et je vous vois traiter toutes ces choses comme d'ennuyeuses nécessités. Ou bien, est-ce moi qui me méprends, et ce que vous dites n'est-il qu'une plaisanterie dont vous avez voulu me réjouir? Je suis assez soucieuse pour craindre, et assez simple pour ne pas deviner; éclairez-moi un peu, et ne vous offensez pas de mes inquiétudes. Oh! que je redoute, Charles, ce mois de novembre, et que je suis impatiente qu'il soit écoulé!

Vous recevrez avec cette lettre un petit panier de raisins. Ce sont nos primeurs, cueillies sur ce cep qui est entre la fenêtre de M. Prévère, et la saillie du clocher. Vous en aurez sûrement gardé la mémoire. Je ne sais quel indiscret a fait observer que sur ce même cep, à pareille époque, l'an passé, on n'aurait pas trouvé un raisin. « A cause des grives, » a dit Marthe. Du reste, tout le monde s'occupe des vendanges qui s'ouvrent dans dix jours, et dans ces veillées que vous vous figurez si poétiques, on ne cause plus que setiers et pressoir, tandis que, le jour, c'est un tintamarre de marteaux qui rajustent les douves, et mettent les pièces en état. Ainsi apprenez, Charles, à être content de votre sort. Jouissez de ce que la ville vous offre de ressources précieuses, sans regretter la tranquillité des champs; tandis que moi, je tâcherai de m'accommoder du tapage des champs, sans trop regretter les plaisirs et les séductions de la ville.

LETTRE XXXV.

CHARLES AU CHANTRE.

De Genève.

Je viens répondre à votre lettre, M. Reybaz, et vous remercier de l'attention que vous avez eue de me donner des nouvelles de Louise. Je suis certain que le lait de cette pauvre chèvre lui fera un bien merveilleux, puisque moi, pour n'en avoir pas connu d'autre que celui de la mère, me voici arrivé à l'âge d'homme, sans que la maladie m'ait encore visité.

Je suis encore tout chagrin, M. Reybaz, de ce que ces écritures vous déplaisent ; et si ce n'était la crainte de vous sembler indocile, j'essaierais bien de vous montrer que, d'écrire moins, cela va me faire perdre beaucoup de temps. Puis-je, à votre avis, m'empêcher de penser souvent à Louise? Bien certainement vous ne le croyez pas. Eh bien, si je garde ce rêve dans ma tête, il y grossit, il en appelle d'autres, il se mêle à tout ce que j'apprends, et il risque de me faire faire du brouillamini, ou tout au moins de l'ouvrage sans netteté et sans racines. Si, au contraire, je dépose ce rêve sur le papier, l'y voilà, je le ploie, je l'expédie, et je m'en trouve débarrassé; c'est du repos pour vingt-quatre heures. Alors, je suis tout à mon affaire, je travaille mon grec, je travaille mon latin, mes mathématiques, mes belles-lettres, et n'étant préoccupé par rien d'autre, je sens que j'emmagasine des idées claires, des choses nettes, un savoir utile et durable. Pour ce qui est du sac à babil, il faudra bien que je m'abstienne quand il n'y aura plus rien; je ne demande que la permission d'employer ce qu'il y a dedans.

Vous me proposez, M. Reybaz, des exemples que j'affectionne et que je respecte. Mais vous savez bien que, parmi les fiancés, les uns sont silencieux et intérieurs, les autres parleurs et tout en dehors, de telle sorte qu'on ne peut appliquer à tous la même mesure, sans risquer de faire tort à plusieurs. Avec Thérèse, que vous aviez peu connue auparavant, vous commenciez l'entretien, et tout entretien qui commence va doucement et par degrés; mais avec Louise, avec qui j'ai babillé pendant des années toute la journée durant, je ne fais que poursuivre l'entretien, et encore en y retranchant plus des neuf-dixièmes; car qui aurait mis en pages ce que nous babillions autrefois, aurait eu, en trois jours, un volume gros comme le Testament. Enfin, M. Reybaz, avec Thérèse, vous vous voyiez tous les mois, et c'est bien vrai qu'en se visitant on s'en dit du regard en un moment, plus que de la plume en quatre semaines; mais faites attention qu'en cinq mois j'ai été une seule fois à la Cure, et que c'est à savoir si j'y retournerai avant le printems prochain. Convenez donc, M. Reybaz, que votre exemple ne va pas bien à l'endroit, et si vous agréez mes raisons, laissez-moi libre d'écrire à ma soif: j'en serai bien reconnaissant.

D'ailleurs, ne vous figurez pas que je néglige mes études. Mais pour l'heure elles ne peuvent pas remplir ma journée, quand même je voudrais l'y consacrer toute. Après le mois de novembre, quand j'aurai été reçu étudiant, ce sera une autre affaire; mais alors à nouveaux faits, nouveau conseil. En attendant, que je profite de mes loisirs, et que je savoure en liberté tant de bonheur que je dois à vous seul.

Vous me demandez, M. Reybaz, s'il est vrai que j'aie déjà du travail qui rapporte. Rien n'est plus certain. Il y a un jeune garçon, le fils d'un des amis de M. Prévère, à qui j'apprends ce qu'on m'a appris, un peu de latin et de grec, qui ne sont pas, j'en conviens, de première qualité; mais comme vous disiez vous-même : S'il n'y a pas de déshonneur à vendre son vin, si faible soit-il; il y en a à le vendre frelaté, si vermeil qu'il paraisse. Je vends donc mon grec et mon latin, qui ne sont ni vermeils, ni frelatés, et j'en tire un louis d'or chaque mois. Le premier louis est là dans mon tiroir; je veux le garder comme pièce de remarque. Le second est en chemin, ne faisant qu'un pas par jour, mais pour arriver à temps, comme la tortue. En vérité, je regarde cet or avec tant de plaisir, que j'ai déjà peur de devenir avare et thésauriseur.

Et puis, ce n'est pas tout, M. Reybaz; il y a une dame dans la maison qui me propose de faire répéter tous les soirs à son petit garçon ses devoirs de collége; on n'a pas parlé de prix, mais c'est encore quelque louis d'or, bien sûr, qui s'apprête à venir grossir mon lingot. Quand je gagnerai deux louis d'or par mois, je ne sache guère de particulier au hameau qui tire meilleur parti que moi de son état. C'est 104 florins par mois. C'est 1248 florins par an : c'est déjà de quoi faire rouler un ménage. Et si je double cette somme, comme il pourrait bien advenir que j'eusse quatre heures de leçons par jour, au lieu de deux, je trouve un glorieux total de 2496 florins, qui me semble l'opulence en personne. D'ici à mon mariage, j'économise ce glorieux total, et me voilà en état de faire une noce à tout rompre, une noce comme celle de Gamache, M. Reybaz, que vous lirez dans ces volumes que j'envoie à Louise. Elle ne m'avait pas encore demandé de livres, mais, sans attendre, je lui envoie Don Quichotte; et veuillez me dire, s'il vous plaît, après que vous aurez pris connaissance de ce livre-là, si vous croyez qu'il puisse y en avoir sous le ciel un plus récréatif et plus amusant.

J'en viens à vos conseils, M. Reybaz, que je reçois avec respect et soumission, tout pénétré que je suis de l'envie de vous satisfaire, et des raisons que vous avez de demander beaucoup de moi. Je sais que je suis bien ignorant encore, mais ma route est tracée, et si je ne peux pas l'abréger, je vous réponds de ne pas allonger le chemin par ma faute. Je me sens la force et la volonté d'y marcher ferme, et de m'y distinguer parmi ceux qui n'ayant rien à eux, tout à se faire, et tant à reconnaître, étudient sérieusement, en vue d'une profession, et en vue d'y acquérir l'estime et la considération. Ne craignez rien de ce côté, M. Reybaz; j'en ai assez vu déjà, de ces études, pour savoir que j'en puis venir à bout aussi bien que tant d'autres, si seulement je m'y mets avec courage, ainsi que c'est mon intention et ma promesse auprès de vous.

Quant au caractère, je sais aussi tout ce qui me manque, et je ne me roidis point contre vos remarques, qui me semblent sévères, mais justes. J'espère que mes mauvais germes sont des défauts, et les défauts, on s'en corrige, si le temps vous en est laissé. Mais qu'avec vos conseils, votre indulgence aussi m'accompagne, Monsieur Reybaz; si vous étiez trop impatient, je serais plus tôt découragé.... Ces pécheurs, dont vous parlez, nous ne les avons pas connus.... j'ai fait des sottises bien plus souvent que du mal, je ne suis pas tout défauts, je sens quelque bien en moi... c'est d'eux peut-être que je tiens ce qu'il y a de moins misérable dans mon triste patrimoine. Laissez-moi ne pas les accuser ni les flétrir. Je ne serai jamais un monsieur Prévère, mais je n'aurai qu'un modèle, c'est lui. Je ne vaudrai jamais votre angélique fille, mais j'aurai une bonne vie, un bon renom, et, sans l'égaler, je la rendrai heureuse. Si je rabats quelque chose de ce que vous me demandez, soyez certain que c'est pour mieux tenir ce que je vous promets, et pour ce qui est que vous me teniez quitte un jour...... Jamais, Monsieur Reybaz, jamais ! J'aurais les vertus de M. Prévère, le mystère de ma naissance recouvrirait la noblesse et l'opulence, je serais sur le trône !.... Jamais ! car aujourd'hui je suis moins que rien, sans parens, sans mérite, sans profession, sans fortune, et néanmoins vous me donnez Louise, demandée par d'autres, et faite pour ennoblir le plus noble, pour enrichir le plus riche !

Votre affectionné,

CHARLES.

LETTRE XXXVI.

CHAMPIN AU CHANTRE.

De Genève.

Depuis ma dernière, où je te disais les fredaines de ton jeune homme, tu t'es tenu coi, et je ne sais plus la couleur de ton encre. A la bonne heure si, lui ayant lavé la tête, il se tient pour dit qu'homme qui se marie, c'est homme qui se range, et, qu'en hyménée, comme à la chasse, qui court deux lièvres risque de manquer tous les deux. Le fait est que l'ayant guetté de près, je suis à même de savoir qu'il n'a pas découché depuis, sauf qu'un jeudi, sorti au jour, il n'est rentré qu'à la nuit depuis longtemps tombée. J'ai voulu savoir un peu, et comme j'ai recommencé à l'entretenir de temps en temps, pour t'être utile à l'occasion, je l'ai mis sur le chapitre de ce jeudi. Pour lors il m'a dit que ce jeudi-là, ils avaient fait avec un camarade une promenade en bateau le matin, et que la bise s'étant levée, ils ont laissé leur bateau à Montalègre, et puis que revenant le soir, ils sont restés à voir, avec la foule, cet Anglais qui a naufragé ce jour-là par la faute de l'autorité, ainsi que tu as pu lire dans le journal. Avec ça, c'est un matois que ton gendre, et depuis qu'il s'est aperçu que je l'inspecte, il n'y a pas chose à reprendre dans tout ce qu'il me laisse voir, si bien que je te débite encore plus l'apparence que ce qui est derrière.

Depuis ta lettre où tu me racontais d'ancien à ancien comment tu as été amené, j'ai tenu ma langue au chaud, d'autant plus aisément que je trouvais peu d'agrément à répandre que tu donnes ton unique à un enfant trouvé. Mais si je retiens mes propos, je n'empêche pas que ceux des autres n'arrivent à mes oreilles, que j'ai toujours eues grandes depuis l'école où j'étais un âne. De ces propos, il y en a qui m'ont démangé le tympan d'une fameuse façon, bien que je les croie faux, puisque dans ta lettre, d'ancien à ancien, tu ne dis rien qui y rentre. Et puis, tout faux que je les crois, il est malaisé que je n'y cherche pas une cause, d'autant que, comme dit le proverbe, il n'y a pas de fumée sans feu. Tu en feras ce que tu voudras ; mais on n'est pas Champin, Jean-Marc, pour te les taire. Les voici.

Ils disent qu'il y a de vos côtés un notable qui aurait reluqué ta petite, la trouvant à son gré. Et puis que sachant qu'avec les filles de sa sorte, encore qu'elles soient de petite condition, on ne se présente que pour le bon motif, il l'aurait demandée en mariage : selon les uns, en s'adressant à M. Prévère, pour que celui-ci fît l'affaire; selon les autres, en venant se jeter à tes genoux. Que toi, te trouvant déjà enferré avec ce garçon d'ici dessus, et voyant trop tard où l'on t'avait amené, faute d'oser rebrousser, tu aurais éconduit ce notable. Les uns disent que c'est un M. Jaquier, le maire de Bourdigny ; les autres, un qui a acheté à Peicy ; les autres, mieux que tout cela, M. Ernest de la Cour, d'antique maison, et qui habite au château avec sa mère. Pour ta gouverne, voilà le bruit; écris-moi donc ce que tu veux que j'en sache, ou bien, si ce sont contes en l'air, avertis-m'en.

Et je dis moi, à l'avance, que ce sont contes en l'air : les gros ne s'approchent guère des petits. Pour l'égalité, il n'y a eu qu'un temps. Encore, dans ce temps-là, un savetier était plus aisément Syndic, qu'un bourgeois ne devenait l'époux d'une fille du haut. Par contre, nos magnifiques et très-honorés, jamais n'ont fait les fiers avec nos filles à nous autres, si peu qu'elles fussent avenantes. Un jour, en plein tribunal, à propos d'un qu'on jugeait, Lambert se prit à dire : « Ces aristocrates arguent de leurs mœurs, sans songer que nos filles sont avec nous pour les confondre ; et tandis que c'est dans nos foyers qu'ils s'amusent, ont-ils vu un de nous seulement, s'émanciper à l'entour de leurs reines ? » Lambert disait vrai.

Et puis, si c'était réel que l'opulence et la condition vinssent chercher ta fille dans ta sacristie, où serait l'obstacle, encore à présent ? Comme si, en fait d'hyménée, il y avait d'autre engagement qui tienne que celui qu'on signe à la mairie. Avant ce paraphe mis au papier, dûment timbré et enregistré, tout le reste, ce sont simples phrases que les mots font, que les mots défont. Comment donc irais-je croire que Reybaz, pour attraper l'ombre, lâchât le corps ? Aussi, leur dis-je assez, et à la Jaquemay notamment : « Plutôt que de ne pas jaser, vous inventeriez que le lac s'est vidé dans le Rhône, et vous trouveriez des crédules pour aller y ramasser le poisson. »

Dis donc seulement qu'il n'en est rien, et d'un mot je fais taire toutes ces commères.

JEAN-MARC, l'ancien.

LETTRE XXXVII.

CHARLES A LOUISE.

De Genève.

En tardant à vous répondre, Louise, je vous ai donné une grande preuve de soumission. Il est vrai que dans l'intervalle j'ai plaidé ma cause auprès de votre père, mais je n'ai garde d'attendre son arrêt. Avant que les vins soient rentrés, les caves refermées, les prix établis, il n'est pas vraisemblable qu'il reprenne la plume. Au fait, c'est bien vrai que la vendange n'est pas le plus joli moment des campagnes. Chez les poëtes, peut-être ; pour les buveurs, encore : Brachoz, par exemple. Mais, à voir la chose de près, tout y est froid, mouillé, fermenté, soufré; tout y respire la cave, les paches et la chanson. Les herbes qu'on fauche, demeurent herbes et odorantes; on emporte cette riche dépouille, et la prairie reste plus verte, plus fraîche encore, rajeunie et ouverte aux courses et aux jeux. Mais ces raisins, que deviennent-ils? où sont les grappes vermeilles? et quand elles ont disparu des ceps, savez-vous alors rien de plus triste qu'une vigne? Si j'étais roi de la terre, je ferais brûler tous les échalas, toutes les douves, tous les tonneaux; je ne souffrirais que des ceps épars au penchant des coteaux, ou contre les murailles abritées, et jamais la grappe vermeille ne serait indignement foulée, jamais les fumées du vin ne précipiteraient au bas des moraines les Brachoz de mon royaume! Si j'étais roi de la terre, je ferais brûler les villes, j'espacerais les hameaux, je mettrais le feu aux quatre coins du grec et du latin; et tandis que vous, reine bien-aimée des mortels, vous fileriez le chanvre, ou tireriez l'aiguille dans le manoir de la Cure, j'irais avec M. Dervey, mon débonnaire ministre, montés chacun sur une jument des prairies, faire le tour des cabanes, causer au seuil des portes, nous reposer sous le porche des maisons, nous mettre à table avec les bergers, et partout reconnaître si nos sujets sont bons, justes, comme doivent l'être des hommes ; contens et paisibles, comme le sont dans leurs solitudes les animaux vêtus et nourris par la Providence !

Ecoutez Homère, que je déchiffre dans cet instant, et où je trouve des tableaux qui me ravissent, des mortels qui vivent, qui chantent, qui courent à la clarté des cieux, et sur le tapis des prairies; des demoiselles qui jouent à la paume ; des filles de reines qui lavent leurs robes à la rivière! Ecoutez. C'est Nausicaa, une princesse fiancée à un prince, c'est la fille du roi des Phéaciens :

« Bientôt elles arrivent sur les bords rians du fleuve. Là roulent éternellement les flots sans nombre d'une onde claire et rapide ; quelque souillé que soit ce qu'on y plonge, ce torrent le purifie.

Détélant les mules, elles (ces dames) les laissent paître en liberté sur l'herbe douce qui borde les gouffres du fleuve argenté. Cependant les jeunes filles enlèvent du char les vêtemens, elles les livrent au cristal des flots, puis les foulent à l'envi sur la marge des bassins. Lorsque ces vêtemens ont repris leur blancheur, elles les étendent au bord du rivage, sur les cailloux qu'ont lavés les vagues mobiles. Alors Nausicaa et ses compagnes prennent leur repas sur la rive, attendant que le soleil ait bu de ses rayons l'humidité des vêtemens. Dès que la nourriture a réparé leurs forces, elles déposent leurs voiles, et font voler la paume dans les airs......»

Ce tableau me transporte, je déchiffre avec

délices, je sais par cœur, je n'oublierai plus. Vérité, simplicité enchanteresses! mœurs primitives qui font honte aux nôtres! poésie, langue, peintures, auprès desquelles les nôtres sont froides, pâles, majestueuses et roides comme le marbre! Vive Alcinoüs, le roi des Phéaciens! Vive, trois fois vive sa charmante fille, Nausicaa la laveuse, Nausicaa qui dételle les mules, qui lance la paume, et qui chante sous les saules de la rive!.... Mais je veux vous finir l'histoire.

Ce jeu, Louise, où se divertissent la princesse et ses compagnes, nous l'avons joué plus d'une fois. On fait semblant de jeter la balle à l'un des joueurs, et on la jette à un autre qui ne l'attendait pas. Or, voici bientôt que la folâtre Nausicaa fait voler la balle légère, qui s'égare, et va tomber dans les gouffres du fleuve. Toutes les joueuses poussent un cri, et ce cri réveille un homme qui dormait sous l'épais feuillage. Cet homme, c'est Ulysse, jeté il y a quelques heures sur cette côte : il sort du taillis, et paraît à la lumière, tout souillé du limon des mers. Les compagnes de Nausicaa courent se cacher dans les roseaux du rivage ; seule, la fille d'Alcinoüs demeure, elle écoute les supplications du malheureux, et elle lui répond :

« Etranger, tu ne parais point un homme vulgaire, ni dénué de sagesse. Jupiter, à son gré, dispense le bonheur aux bons et aux méchans, c'est lui qui t'envoie ces revers; toi, supporte-les avec constance. Mais rends grâce au sort qui t'a conduit dans nos contrées : tu ne manqueras ni de vêtemens, ni d'aucun autre secours que l'on doit à un infortuné suppliant. Je guiderai tes pas vers la ville. Les Phéaciens habitent cette terre et ces murs. Je suis la fille du magnanime Alcinoüs qui règne sur eux. »

Nausicaa se tourne alors vers ses compagnes, elle les rappelle : « Tous les étrangers et tous les indigens, leur dit-elle, sont envoyés par Jupiter; le don le plus faible adoucit leur sort. Présentez, je le veux, des alimens et un breuvage à notre hôte. » Pendant qu'Ulysse se restaure, et lave dans le fleuve la fangeuse écume répandue sur ses membres, et dans sa chevelure, Nausicaa plie ses vêtemens, les place sur le char, conduit les mules sans le frein, et bientôt, prenant les rênes, elle guide Ulysse dans la demeure de son père.

N'est-ce pas ici, Louise, la beauté et la naïveté mêmes? Revêtez ce récit des fortes couleurs du texte : n'est-ce pas la scène réelle, touchante, pleine d'air, de lumière, de vie? Et si ce sont là des façons de faire et de vivre qui aient existé, comme on n'en saurait douter, n'y a-t-il pas de quoi s'affliger amèrement de ce qu'il n'en reste plus de trace?

A présent, voulez-vous savoir pourquoi je suis *irrévérencieux*, comme vous le dites. C'est d'abord à cause de la peine infinie qu'il faut prendre pour arriver, à coups de grammaire et de dictionnaire, au point d'où l'on a la vue nette de Nausicaa et de ses compagnes, et d'Ulysse tout fangeux du limon des mers. C'est ensuite la peine moins grande, mais plus ingrate, qu'il faut prendre pour perdre et cette vue nette, et la pureté de l'impression, et le sentiment du beau, au milieu d'un indigeste fatras de notes qui bavardent sur chaque vers, sur chaque mot du vers. Figurez-vous des nuages qui s'ouvrent sous vos pieds : de brillantes campagnes apparaissent; puis, au moment où vous les contemplez avec ravissement, voici d'autres nuages qui se referment sous vos pieds,..... et adieu les brillantes campagnes !

Faut-il appuyer mon dire de quelque exemple? Voici deux ou trois des annotations, qu'à propos de Nausicaa, il faut me mettre dans la mémoire pour le premier novembre.

D'abord Bitaubé (un traducteur) assure qu'un poëte ordinaire n'aurait pas imaginé cette scène, mais qu'Homère trouve à chaque instant des fleurs sous ses pas. J'apprends cela par cœur.

Ensuite, Madame Dacier (une blanchisseuse, je pense) discute pourquoi Nausicaa lave ses robes dans la rivière, plutôt que dans la mer qui est tout près. C'est que l'eau de la mer est grasse. J'apprends par cœur.

Ensuite, un nommé Suidas examinant de près cette paume de Nausicaa, attribue à Nausicaa l'invention de la sphère astronomique. J'apprends par cœur.

Ensuite, Rapin (bien nommé celui-ci!) trouve l'aventure inconvenante, et que Nausicaa donne une trop longue entrevue à Ulysse. J'apprends par cœur.

Ensuite Hézychius.... Mais, sans aller plus loin, Louise, où est Nausicaa la charmante laveuse? Où sont ses jeunes compagnes, Ulysse, les roseaux, le fleuve? Loin, bien loin! Voici à la place, Rapin, Bitaubé, et cette femme Dacier, qui se lancent l'un à l'autre leur eau grasse; voici Hézychius et Suidas qui pèsent les vers, qui blutent les mots, qui toisent les particules; voici les larrons accourus qui dévalisent le noble aveugle, qui se partagent les feuillets de son livre, qui les griffonnent, qui les barbouillent, jusqu'à ce que, de cette pure blancheur, il ne reste qu'un chiffon noirci. Certes, je les déteste, je les insulte, je raille, je me moque, et je vous parais irrévérencieux.

Et puis, Louise, tous les morceaux ne sont pas comme celui de Nausicaa, tous les poëtes grecs ne sont pas des Homères. Toutefois, ne craignez rien, surtout ne parlez pas de sacrifices,

Ce travail peut être ennuyeux, mais il n'est pas difficile; et, sans être trop présomptueux, je puis vous assurer que je l'ai fait de manière à ne craindre du moins aucun revers. Gardez donc vos inquiétudes pour le printemps prochain, alors que, devenu étudiant, je serai appelé à rendre un compte plus considérable, devant des juges plus sévères. Après vous avoir donné ces explications, je vous quitte pour me remettre à piocher; bien certain, si vous m'aimez un peu, que vous aurez de moi une compassion profonde. Mais plus que trois semaines!

Encore un mot pourtant. Ce cep? oui, je le connais, ainsi que beaucoup d'autres qui ne me connaissent plus. Mais, Louise, serrez pour moi la main de cette digne Marthe, qui m'a toujours défendu, sans être jamais ma complice. Elle a dit vrai d'ailleurs, car y avait-il jamais une grappe mangée par les grives, dont on ne dît que je m'en étais fait plaisir? Recevez, avec les miens, les remercîmens de toute la famille Dervey, que j'ai régalée de vos raisins, de l'histoire du cep, et du propos de Marthe.

Votre Charles.

LETTRE XXXVIII.

LE CHANTRE A CHAMPIN.

De la Cure.

Si je n'ai pas répondu à la tienne, aujourd'hui ancienne, où tu m'avertis que ce garçon a découché, c'est que j'en savais plus que toi sur l'article. Quand Charles t'a dit qu'il était venu à la Cure, il te disait vrai, bien que, trompé par ces langues dont tu t'entoures, tu ne l'aies pas voulu croire, préférant lui prêter des actions qui montrent que tu ne le connais guère. Non que je veuille faire son éloge, puisque enfin je connais trop ses défauts; mais, pour lui, le péril est ailleurs que dans des désordres de mœurs ou dans les tabagies. Sur ce point, j'ai dormi tranquille, et ton propos ne m'a pas réveillé.

Quant à tous ces discours que tiennent ces mêmes langues, laisse dire, et abstiens-toi; c'est la demande que je te fais, d'ancien à ancien, comme tu dis. Qu'un notable ait demandé ma fille, ou qu'aucun ne l'ait demandée, je ne vois pas à quelle fin ces commères dont tu parles ont à s'en enquérir, non plus que toi, qui la sais promise à ce Charles, ainsi que je te l'ai écrit, et que je te le confirme. Pour ce qui est de ne pas tenir à mon engagement, ce n'est pas ma façon de faire; fallût-il, en fait d'opulence et de condition, lâcher le corps pour l'ombre. C'est tout ce que j'ai à te répondre, sans te détourner d'ailleurs de faire taire ces commères, dont le caquet m'a tout l'air de ne profiter qu'au malin.

Ton affectionné,

REYBAZ.

LETTRE XXXIX.

MONSIEUR PRÉVÈRE A MONSIEUR DERVEY.

De la Cure.

Il devient nécessaire, mon cher confrère, que je vous mette au fait de ce qui se passe ici dans ce moment, afin que, connaissant aussi bien que moi quelle est la situation de Charles, vous soyez mieux à même de l'éclairer de vos conseils, ou de me donner quelque avis opportun si l'occasion s'en présentait. Il est en vérité des momens où la destinée de cet enfant, que je croyais désormais assurée, m'apparaît comme précaire encore, et encombrée d'obstacles. Pour l'heure, il s'agit d'écarter de lui toute occasion d'imprudence, tout prétexte à des démarches inconsidérées, tant M. Reybaz, sur les promesses duquel repose son avenir tout entier, est porté à le juger avec sévérité; tant il a de peine, encore à l'heure qu'il est, à prendre confiance dans les qualités de cet enfant qu'il n'a accepté pour gendre qu'avec répugnance, bien que sincèrement. Mais il faut, pour ce que j'ai à vous dire, que je reprenne les choses de plus haut.

Vous connaissez sans doute de nom la famille de la Cour. Ce sont les seuls notables de ma paroisse: ils habitent cette belle maison, dont l'avenue s'ouvre à trois ou quatre cents pas de la Cure, et qu'on nomme ici le Château. Il y a huit ans que M. de la Cour y mourut, laissant un fils plus âgé que Charles d'environ quatre ans. Jusqu'à cette époque, cet enfant avait vécu dans la familiarité de Charles et de Louise, mais dès lors ces relations cessèrent insensiblement, malgré les efforts que fit, pour les continuer, Mme de la Cour, qui y trouvait une garantie contre les écueils où l'opulence, le défaut d'occupation et de frein, pouvaient entraîner son fils.

Cette dame avait de bonnes intentions plutôt que la fermeté nécessaire pour les faire prévaloir; d'ailleurs, elle idolâtrait son fils. Ce jeune homme ne tarda pas à lui causer les chagrins qu'elle avait pu redouter. Il se jeta dans la dissipation, puis dans le libertinage : à vingt-un ans, il avait déjà séduit et perdu la fille de l'un de nos paysans les plus honorables, Elise Coissat. Après ce scandale, il dut s'éloigner pour quelque temps. Arraché ainsi à ses compagnies ordinaires, touché de l'affliction de sa mère, ou peut-être mû par le repentir (il était encore bien jeune!), il revint insensiblement à une vie plus régulière, et nous-mêmes, lorsqu'il reparut à la Cure, heureux de le voir s'amender, nous recommençâmes à l'y accueillir de temps en temps, et à fréquenter de nouveau la maison de Mme de la Cour. Dès lors (il y a de ceci un peu plus d'un an), cette dame, dans l'espérance que le mariage fixerait enfin son fils dans la voie honorable où elle le voyait entrer, lui cherchait une épouse parmi les jeunes personnes de sa condition. J'ai ouï parler d'ouvertures faites à ce sujet auprès des parens d'une jeune demoiselle dont vous avez dirigé l'instruction religieuse, Mlle Dupuech. Quoi qu'il en soit, c'est pendant que Mme de la Cour s'occupait de ce dessein, que son fils, certain d'être contrarié par elle dans un vœu qu'il formait déjà secrètement, lui cachait avec le plus grand soin le nouvel attachement qui naissait dans son cœur.

Ce jeune homme avait perdu de vue Louise, quand elle n'était encore qu'une enfant. Il la revoyait alors jeune fille, unissant aux grâces de la figure les agrémens d'un esprit délicat, et ce charme d'une sensibilité pleine de pudeur et de réserve, dont souvent l'attrait est plus vif, et l'empire plus soudain sur un jeune homme qui a connu le vice, que sur celui qui revêt uniformément toutes les femmes du manteau de sa propre pureté. Il s'éprit d'elle, et d'autant plus profondément, que, déjà obligé de se contraindre devant sa mère, et redoutant aussi d'éveiller la jalousie de Charles dont il devinait dès lors les sentimens sans redouter encore sa rivalité, il dissimulait le penchant passionné dont son âme était pleine; attendant l'heure de se faire agréer de Louise, et d'éblouir M. Reybaz du prestige de son rang et de son opulence. Du reste, sous l'influence de ce sentiment, il avait entièrement réformé sa vie, rompu avec ses camarades de désordres, et renoué avec les sociétés dont sa condition lui ouvrait l'accès. Occupé que je suis des soins de ma paroisse, je ne pus, ou je ne sus pas alors pénétrer les projets de ce jeune homme. D'ailleurs, les miens sur Charles n'étaient encore qu'un désir, qu'un espoir né de l'affection que je voyais croître entre Louise et lui; surtout j'étais loin de m'imaginer que l'unique rejeton d'une famille riche et orgueilleuse de son ancienneté, pût songer jamais à s'allier à l'humble fille d'un chantre de campagne.

Les choses en étaient là lorsqu'en juin dernier, à la suite de divers entretiens que j'eus avec M. Reybaz, je pris le parti d'éloigner Charles, et de vous le confier. Charles partit pour Genève un samedi. C'est le soir même de ce jour que M. Ernest de la Cour, rencontrant M. Reybaz qui se promenait seul dans la campagne, l'aborda, engagea avec lui un entretien, et, soit qu'il en eût formé le projet à l'avance, soit qu'il s'y trouvât entraîné par l'occasion, ou porté par le désir, il lui parla de mariage, et demanda la main de Louise. M. Reybaz, sans s'arrêter seulement au rang et à la richesse de celui qui lui faisait cette demande, n'hésita pas un moment à y répondre par un refus. Il avait présens à l'esprit, les désordres passés, le malheur de la fille Coissat, et, dans le cœur, sa propre et droite répugnance à composer avec le déréglement; en outre, il avait une trop haute opinion de sa fille pour croire qu'elle pût jamais mettre aucun avantage avant celui d'une moralité sans tache, et d'un renom justement honoré. Le jeune homme ressentit de ce refus une vive humiliation. Il insista pour en connaître les motifs, et M. Reybaz, avec sa franche rudesse, ne les lui tut pas. Alors ils se séparèrent : M. Reybaz, persistant dans son refus, et M. Ernest, dans ses protestations d'amour pour Louise, de réforme entière pour lui-même, d'espoir dans le cours du temps et dans les réflexions de M. Reybaz.

Vous avez su, mon cher confrère, comment, dès le lendemain, obéissant au pieux appel de la charité, M. Reybaz, qui venait de refuser sa fille à M. de la Cour, la donnait généreusement à mon pauvre Charles. Nous convînmes ensemble de garder le plus entier secret sur cette alliance projetée. Plusieurs motifs nous en faisaient un devoir : la jeunesse de Charles, l'incertitude de son avenir; plus tard, la convenance d'ajourner le mariage jusqu'à ce qu'il ait été consacré ministre, d'autres encore. Mais quelles qu'aient été nos précautions à ce sujet, quelque chose a transpiré de l'engagement de M. Reybaz, et, sans que personne dans le hameau puisse se dire instruit de ce qu'il en est, tous se doutent que Louise est promise à Charles, et les lettres dont celui-ci charge chaque jour la messagère, n'ont pas peu contribué à donner de la consistance à ces bruits. Ce sont ces bruits qui, arrivés jusqu'à M. de la Cour, ont provoqué de sa part la démarche toute récente à laquelle je fais allusion en commençant cette lettre, et à l'occasion de laquelle je me suis déterminé à vous écrire.

Après le refus qu'il avait essuyé, ce jeune homme, que l'obstacle semblait rendre plus ardent et plus passionné, avait tout confié à sa mère, en s'efforçant de lui faire partager ses vœux, et de la mettre dans ses intérêts. Il n'y put réussir. Cette obscure alliance choquait trop la fierté de cette dame, ses préjugés de famille, toutes les idées et les habitudes dans lesquelles elle a été élevée. Avec la fermeté de l'orgueil blessé, elle déclara positivement à son fils qu'il n'obtiendrait jamais son consentement à une pareille union, et celui-ci, retrouvant aussitôt l'audace rebelle de ses jours de déréglement, lui déclara à son tour qu'il saurait s'en passer, et qu'il n'aurait jamais d'autre épouse que Louise. Lorsqu'ensuite il a eu ouï dire que cette Louise était promise, qu'elle était promise à Charles, l'enfant trouvé de M. Prévère, il s'est livré à tout l'emportement de la passion déçue et humiliée; ses paroles de fureur n'ont pas même épargné sa mère. Résolu d'éclaircir tous ses doutes et de frapper un dernier coup, il a profité jeudi passé de ce que Louise et moi nous étions absens de la Cure, pour s'y présenter, et pour se faire introduire auprès de M. Reybaz.

Ce jeune homme s'était apparemment tracé une ligne à suivre. Il s'est comporté d'abord avec beaucoup de modération et d'adresse, et c'est avec une habileté grande qu'il est parvenu à reproduire, d'une façon indirecte et ménagée, la même demande au sujet de laquelle il avait reçu une première fois un refus si formel. M. Reybaz a bientôt jugé à propos de l'interrompre, en disant qu'à même requête, il faisait même réponse ; et ensuite il l'invitait à parler d'autre chose. Alors M. Ernest s'écartant du ton digne et modéré qu'il s'était d'abord imposé, a éclaté en transports passionnés ; des larmes ont ruisselé de ses yeux, et, descendu aux plus instantes supplications, il s'est enfin jeté aux genoux de M. Reybaz. Celui-ci, sans s'émouvoir, lui a dit : Vous remueriez plutôt un roc ; que ce mot vous suffise, M. Ernest. — Dites plutôt, s'est écrié le jeune homme, avec un accent de rage et de dédain, dites plutôt que vous la refusez à M. de la Cour, pour la livrer à l'enfant trouvé de M. Prévère ! — Possible, a répondu M. Reybaz, et n'en suis-je pas libre, si telle s'en contente qui ne se contenterait pas de vous ?... Ce trait, qui n'était dans la bouche de M. Reybaz que l'expression de la vérité, a pénétré profondément dans l'âme de M. Ernest. Il a pâli, sa fureur est tombée pour faire place à une attitude morne; sans ajouter un seul mot, il s'est retiré. J'ignore s'il a renoncé franchement à tout espoir, s'il est irrité plus que découragé, si même il est capable de se mettre au-dessus du sentiment qu'il a nourri jusqu'ici; j'apprends seulement ce matin que Mme de la Cour et son fils disposent tout pour aller passer l'hiver à la ville, contrairement à leur habitude.

C'est cette circonstance qui fait que je vous écris ces longues explications, mon cher confrère. J'ignore ce qu'ils se proposent, mais je redoute les dispositions qu'emporte avec lui ce jeune homme si rudement éconduit, au moment où il va se trouver rapproché de Charles, et peut-être le rencontrer dans le monde. Celui-ci a eu connaissance de la première demande faite par M. Ernest, mais il ignore, et il ignorera toujours, je l'espère, ces nouvelles démarches; s'il en avait la moindre connaissance, alors je craindrais tout de sa fougue et du bouleversement de son esprit : la jalousie, l'indignation, la terreur ne manqueraient pas de l'égarer, et d'amener peut-être, entre M. Ernest et lui, quelque collision dont les conséquences ne sauraient qu'être funestes. Jamais, sans doute, M. Reybaz ne manquera à ses engagemens, et, y manquât-il, ce

ne serait dans aucun cas en faveur de M. Ernest;
mais M. Reybaz ne se croit lié avec Charles qu'autant que celui-ci, par sa conduite, non-seulement lui donnera de jour en jour plus de gages de sécurité pour l'avenir, mais encore, et surtout, qu'autant qu'il ne réveillera pas dans son esprit d'anciennes défiances, de sourdes craintes, étouffées à peine et auxquelles, à la moindre alarme, il se livrerait tout entier, sans qu'aucune considération pût l'en empêcher. C'est là, mon cher confrère, qu'est le danger, et ce danger me bouleverse moi-même, toutes les fois que je songe d'une part, à cette roide nature de M. Reybaz, toujours droite dans ses vues, mais obstinée dans ses préventions, ouverte aux alarmes, brusque et secrète dans ses résolutions; d'autre part, à cet enfant sans expérience, impétueux, incapable de ménagemens calculés, et dont les moindres écarts rencontrent l'œil défiant d'un père, à la fois rempli de tendresse pour sa fille, et de sévère exigence pour un gendre dont la naissance l'offusque et le trouble secrètement.

Veillez donc sur lui cet hiver, et surtout pendant ces premiers temps; veillez sur les propos qui peuvent être tenus autour de lui, à l'occasion de l'arrivée des de la Cour à Genève; et dès que vous vous apercevriez d'une préoccupation quelconque chez Charles, informez-m'en aussitôt, afin qu'en l'instruisant de ce qu'il vaudrait mieux lui tenir caché, je fasse du moins suivre mes révélations d'injonctions et d'avis. Enfin, mon cher confrère, je compte en tout temps sur les conseils que vous lui donneriez vous-même ; et maintenant que je vous ai mis au fait de tout, je me repose sur votre vigilance et sur votre amitié, dont vous m'avez donné déjà tant de preuves.

Recevez, mon cher confrère, l'expression de mes regrets pour les soins difficiles que je vous impose, et celle de ma vive gratitude pour le repos dont je vous serai redevable.

Prévère.

LETTRE XL.

LOUISE A CHARLES.

De la Cure.

Vos lignes m'ont rassurée, Charles, et je m'explique jusqu'à un certain point votre irrévérence. Ce n'est pas sur le maître qu'elle tombe, mais sur de maladroits valets. Cependant on doit toujours conserver des égards pour le sexe, et puisque parmi tous ces messieurs, il y a une dame, j'aurais aimé que votre satire eût été plus ménagée et plus courtoise. Pourquoi, d'ailleurs, en vouloir tant à cette dame de ce qu'elle s'enquiert des choses de lessive et de savonnage? Vouliez-vous donc que ce fût M. Rapin qui examinât ces menues questions? Moi, je loue Mme Dacier; et si j'apprenais votre grec pour annoter et dire ma façon de penser, je m'en tiendrais, comme elle, aux choses de ménage, à celles qui s'étudient par la pratique des procédés domestiques, et dans l'ombre de la retraite.

Je ne savais pas, du reste, que dans ces domaines on rencontrât des figures de femmes. Cette apparition d'une personne du sexe parmi ces graves annotateurs, m'a semblé bien plus fabuleuse et plus inattendue que l'apparition d'Ulysse ne sembla aux jeunes laveuses. Mais qui est donc cette dame Dacier? A quel temps appartient-elle? Serait-ce au nôtre! Dois-je me la figurer jeune ou vieille? vêtue en muse, ou habillée de nos robes? ayant appris le grec par l'effet d'un naufrage en Grèce, suivi d'une longue captivité; ou bien par goût, et pour y gagner sa vie, ou pour y perdre la tête? Eclairez-moi sur ce point. Je suis si ignorante que j'ai vu là comme un phénomène, comme un grand accident de la nature, dont je suis demeurée toute stupéfaite.

Pour ce qui est de l'histoire de Nausicaa, je la trouve avec vous remplie de fraîcheur et de naïveté, et je vous sais un gré infini de ce que vous avez pris la peine de m'en faire une élégante analyse. Pourquoi donc, de ces choses qui paraissent si simples, et conçues à si peu d'effort, n'en fait-on plus aujourd'hui? Pourquoi, lorsqu'on en ferait, n'auraient-elles plus le même charme? Est-ce donc leur antiquité qui pare celles-ci? Est-ce cette circonstance, que le poëte de Nausicaa paraît être aussi naïf lui-même, aussi jeune que les temps qu'il décrit? C'est l'idée que je suis portée à me faire, lorsque je remarque qu'avec bien plus d'esprit, d'art, de modèles, ceux de nos poëtes que j'ai lus, n'atteignent pas à ce goût savoureux de poésie qui se sent dans votre analyse même. J'entendis un jour M. Prévère dire à quelqu'un, en parlant d'Homère : « C'est le seul poëte, supérieur à tous, et père de la plupart. » Je ne compris rien à ce propos. En lisant vos transports et votre analyse, il me semble comme si j'en pénétrais mieux le sens. Et c'est ainsi qu'avec les savans, Charles, on devient savante. Pourquoi en voulez-vous donc tant à Mme Dacier? Me voici sur sa trace, et, sans me les dire, vous allez penser sur moi des choses *irrévérencieuses*.

J'aime beaucoup à m'instruire, Charles, et la seule chose qui m'empêche d'apprendre, c'est la crainte de savoir. Expliquez cela comme vous pourrez. Dès qu'une notion un peu sérieuse m'arrive, je frémis de l'accueillir ; une voix secrète me dit que ce n'est pas mon affaire, se moque de moi, me raille *irrévérencieusement.* C'est pourquoi je m'en tiens à filer, à suspendre les raisins au plafond, à arranger les pommes dans le fruitier, et à diriger une lessive, avec plus et moins de simplicité à la fois que Nausicaa la laveuse ; car si je ne vais pas moi-même au fleuve, je n'aurais pas non plus, pour y aller, ce beau char attelé de mules. Quand je serai reine de la terre, nous verrons à nous donner cet attelage ; sans toutefois faire tort à notre pauvre âne, dont vous auriez bien pu vous contenter dans vos royales tournées, au lieu d'aller déranger les jumens des prairies.

Les vins sont rentrés, les caves refermées, et les soirées sont redevenues plus agréables. Tandis que vous lisez Homère, nous lisons, nous, le Messager boiteux, et depuis trois soirées nous en sommes toujours à l'histoire d'une avalanche, qui roule lentement, comme vous voyez. Mais mon père, plusieurs encore, veulent se rendre compte de tout, en sorte qu'à propos d'un fait, en voici d'autres ; sans compter des châtaignes et du vin nouveau, qui vinrent hier faire diversion : c'est mon père qui fit cette surprise. Monsieur Prévère voulut en être ; il désira aussi que l'on continuât l'histoire devant lui, il se mêla aux causeries, et peu à peu il se laissa aller à nous faire les récits les plus intéressans du monde, en se mettant à la portée de tous, et de Redard aussi, qui pourtant ne comprend guère que ce qui est clair et visible comme le soleil sur les prés. Je filais en écoutant, en jouissant, en aimant vous, M. Prévère, tout ce monde ; en trouvant ces mœurs dignes de celles dont le tableau vous a transporté ; sans rien envier à Nausicaa, la princesse des Phéaciens, rien à ses compagnes, rien à personne. Mais si tous les poëtes ne sont pas des Homères, toutes nos soirées non plus ne sont pas charmées par les récits de M. Prévère.

Mais voici que je vous retiens bien longtemps. Je n'attends point de lettres de vous ces jours-ci ; soyez à vos seules occupations, et croyez que le jour où vous m'apprendrez que vous avez réussi, ce jour-là, je serai payée avec usure de tous les sacrifices que j'aurai faits.

Votre affectionnée,
Louise.

PS. J'oubliais de vous annoncer la grande nouvelle du hameau. Les de la Cour vont passer l'hiver à la ville. Nous les avons peu vus cet été ; je ne sais s'ils viendront prendre congé. Dans tous les cas, je ne puis que leur souhaiter bon voyage.

LETTRE XLI.

CHARLES A LOUISE.

De Genève.

Me voici étudiant, Louise; c'est depuis ce matin. Annoncez, je vous prie, la chose à votre père. Je n'ai pas le courage de le faire. Votre post-scriptum me jette dans le trouble et l'anxiété.

Ces de la Cour!... j'en détournais avec soin ma pensée... je m'efforçais d'oublier ce jeune homme... je me suis contraint longtemps avant que d'oser agiter ce sujet devant vous... Aujourd'hui, pardonnez, Louise, si je vous laisse entrevoir mon trouble. Considérez que je vis loin de vous... considérez que vous êtes pour moi tout au monde; et qu'ainsi, ce sentiment avec lequel mon cœur s'agite ou tremble autour de son unique et chère possession, ne vous soit pas importun!... Au surplus, sachez d'où naissent ces alarmes...

J'ai reçu, il y a quelques jours, une lettre de votre père où se trouvaient des lignes tristes à lire. Il m'invitait à conquérir les vertus et le bon renom, auxquels il *sacrifie* pour vous *condition* et *opulence*. Il me faisait sentir ce que je ne sens déjà que trop amèrement, que je n'ai rien, que je ne suis rien ; il ajoutait ces propres paroles que je n'ai pas lues sans effroi : *Si je mettais la richesse avant une vie honorable, je saurais où faire ici près un heureux du ciel.* Ces paroles, je voulais les oublier aussi, j'y tâchais du moins, lorsque ce portier, dont l'entretien recouvre toujours une maligne curiosité, m'a parlé de bruits qui courent au sujet de M. Ernest, de démarches faites auprès de M. Reybaz.... A ce propos, il m'a montré une grosse lettre, de M. Prévère à M. Dervey, que la messagère venait de poser dans sa loge... enfin, ce matin, votre post-scriptum m'apprend que les de la Cour viennent, contre leur habitude, passer l'hiver à la ville. Comment dois-je interpréter ces mouvemens inaccoutumés? Quelque chose de récent a-t-il provoqué cette résolution soudaine?... Y aurait-il, à votre insu peut-être, Louise, à l'insu de M. Prévère, de sourdes menées pour ébranler, pour éblouir M. Reybaz, déjà si peu satisfait de moi?... Vous-même, ne disiez-vous pas, dans l'une de vos lettres récentes, que je pouvais compromettre jusqu'aux promesses qu'il m'a faites?... Ah! Louise, tirez-moi, je vous en conjure, de cette anxiété où je suis... Ces ombres, ces lueurs, ce sont d'horribles fantômes!.. Qu'un mot, qu'un signe de vous, les fasse disparaître de ma vue!

M. Ernest de la Cour, Louise, c'est celui qui a demandé votre main!... Depuis ce jour, son nom seul me glace de crainte; je ne puis assez me persuader qu'un bonheur qui lui fut refusé, puisse, par un miracle du ciel, m'être réservé!... M. Ernest de la Cour?... Oserai-je vous le dire? Depuis ce jour, je le hais!... Pour n'éprouver pas de trouble, il est besoin que je détourne mes yeux de lui, des lieux où il est, où il vous regrette, où il vous espère peut-être!! M. Ernest de la Cour... Si, après ce premier refus, il a tenté peut-être de nouvelles démarches, alors je ressens l'outrage, le désespoir, et des transports de fureur!... Pourquoi viennent-ils à la ville?... Mais, non! je dis des choses insensées. Ce projet même qui l'éloigne de vous, de votre père, je dois m'en réjouir. Ici, je le verrai, et je ne le craindrai pas. Ecrivez-moi, Louise, je vous en conjure, sans mystère, sans réticence; que vos lignes chéries mettent un terme à ce tourment où je demeure jusqu'à ce que je les aie lues!

CHARLES.

LETTRE XLII.

LOUISE A CHARLES.

De la Cure.

Mais, Charles, vous me dites des folies. Je vais ne plus vous écrire de post-scriptum. Au surplus, vous raisonnez d'une étrange façon. De M. Ernest, vous vous faites un rival : jusque-là, je n'ai rien à dire; lorsqu'on en est à imaginer un roman, j'estime que c'est bien fait que d'y introduire un rival, pour animer la scène et fournir aux aventures. Mais lorsque ensuite ce rival quitte la place et fuit en terre étrangère, je ne comprends plus rien à votre désespoir; le roman se gâte, il n'y a plus ni sens commun, ni vraisemblance, et l'on voit trop que l'auteur rêvait quand il écrivit ces pages.

Je compte bien vous répondre sans mystère et sans réticence, mais n'exigez pas que je me revête de plus de sérieux qu'il n'est besoin. Je ne sais absolument rien que vous ne sachiez aussi bien que moi, et certes, il me semble que si M. Ernest avait jugé à propos de faire les démarches que vous supposez, je serais bien, ce me semble, la personne à consulter. Mais je trouve que vous faites tort à la délicatesse de M. Ernest, tort à la droiture de mon père, tort à moi, Charles; puisque enfin, tous ces fantômes seraient des démons réels, qu'encore devriez-vous ne vous faire d'eux ni souci ni épouvante, si vous croyez à ma tendresse, comme vous devez croire à mon discernement.

Mais, je vous dirai plus, c'est que ce départ de Mme de la Cour et de son fils me semble une chose très-convenable, si ce n'est nécessaire. Ils ne nous voient presque plus. Ils ont dû éprouver quelque humiliation du refus de mon père. Dans cette situation, je ne vois pas de projet si naturel à former et à exécuter, que ce projet qui vous paraît si étrange, si inouï, et à propos duquel votre imagination se met en campagne par un temps si sombre et si orageux. Charles! vos alarmes me font pleurer et sourire; je suis touchée de vos craintes, et je ris quand je découvre sur quoi elles reposent. Laissez donc chacun bouger à sa fantaisie autour de vous, laissez M. Champin recevoir des lettres dans sa loge, ou même être curieux, comme le sont, dit-on, ceux de sa profession, et revenez bien vite à cette paix que vous troublez à plaisir.

Madame de la Cour est venue seule aujourd'hui pour prendre congé. M. Prévère n'était pas à la Cure, c'est moi qui l'ai reçue. Sa santé, m'a-t-elle dit, exige qu'elle se rapproche pendant quelque temps de son docteur, et elle désire aussi que son fils fréquente un peu le monde. Après cela, nous avons causé de pluie, de neige, de fruits gardés, de jardinier et de serre, et enfin...... d'un jeune chat, qu'elle confie à mes soins pendant son absence. Si donc votre portier vous avait dit que Mme de la Cour est venue à la Cure, sans ajouter que c'était pour me parler de l'éducation d'un jeune chat, vous n'auriez pas manqué d'ajouter ce mouvement à tous ces mouvemens inaccoutumés que vous avez aperçus, et d'y lire le secret de votre destinée. Voyez pourtant ce que c'est, Charles, que d'avoir affaire avec les fantômes. Rompez bien vite avec eux, et surtout, je vous en conjure, chassez ces soupçons colères, et ces sentimens de défiance que vous nourrissez injustement contre M. Ernest.

18

Au milieu de vos préoccupations, vous passez bien légèrement sur un événement qui nous cause ici un vif plaisir : votre promotion à la condition d'étudiant. J'ai annoncé la chose à mon père, mais j'éprouvais le regret de n'y pouvoir ajouter aucun détail, quand, j'en suis certaine, ces détails l'eussent intéressé, après m'avoir réjouie. De son côté, M. Prévère m'a fait toutes sortes de questions, et elles m'embarrassaient d'autant plus, que je n'osais lui donner votre lettre à lire, ni lui en raconter le contenu, ainsi que je fais souvent. Une autre fois, Charles, vous aurez égard à cette situation où je redoute de me trouver, et vous songerez que c'est chose juste, qu'une partie au moins de votre gaîté ou de vos intéressans récits, puisse être communiquée à ceux qui m'entourent. C'est les réjouir en doublant mon plaisir.

Votre Louise.

LETTRE XLIII.

CHAMPIN A REYBAZ.

De Genève.

Tu t'es tenu boutonné, Reybaz, sur l'article du notable; et si dans tes quinze lignes il y a matière à conjecturer, il n'y a guère de quoi en extraire du certain. Tu en étais bien libre, tout comme un chacun, chez soi, est libre de fermer la porte au nez d'un inquilin qui guette indiscrètement. Seulement traites-tu un ancien de roche par trop en inquilin, et encore sans que je m'en fâche. On a ses humeurs : je t'aurai pris à rebrousse-poil; mettons que je n'aie rien dit. En attendant, j'ai beau m'abstenir, ainsi que tu me conseilles, les langues n'en glosent ni plus ni moins ; et quand tu me commandes de les faire taire, je préférerais encore que tu m'enjoignisses d'empêcher le Rhône de couler.

Faire taire les langues? Reybaz ; c'était mon désir, étant bien d'accord avec toi que c'est le malin qui les fait ainsi javeter, et sachant d'ailleurs que la langue est à la fois la pire chose et la meilleure, comme dit Esope : la meilleure quand elle se tait, la pire dès qu'elle bouge ; c'est ainsi que j'interprète le dicton. Car la langue, qu'est-ce? sinon la trompette du cœur, lequel est, chez tous les fils d'Eve, farci de médisance, de malice, de préférence de soi, de jalousie des autres. Et comme dans les batailles, durant que les hommes tombent, que les blessés meurent, que les cadavres jonchent les champs, une claire trompette sonne la gloire, et se répand en fanfares menteuses,... ainsi la langue, durant qu'au dedans fermentent ces mauvais levains, se répand en paroles dorées, et sonne ses mensonges. La langue? C'est tantôt le dard pour blesser, tantôt la lime pour user, toujours le masque pour cacher ; c'est la graine éternellement semée, de la fraude, des peines et des catastrophes ; par où tu vois que, si tu t'en défies, je m'en défiais avant toi.

Et c'est justement pour cela, mon vieux, que

je te demandais, dans ma dernière, de me conter par le menu, ce qu'il en est de ces notables à l'entour de ta Louise; aux fins que, jetant la vérité à ces commères, comme on jette à des chiens la proie qu'ils flairent, je les pusse assouvir, et qu'ensuite, rassasiées de ce mets, elles se tournassent ailleurs. Quand Eve eut mangé la pomme, elle n'en cueillit pas une seconde : de même, ces commères, une fois satisfaites, se taisaient. Non pas, en laissant ce voile à demi baissé sur la chose, leur curiosité s'attise, elles rôdent autour, et, ne pouvant le soulever, elles guettent, elles flairent; et, plutôt que ne pas savoir, elles inventent. Déjà l'histoire de ta fille court le quartier, faite de leur façon, quand j'aurais préféré qu'elle le fût de la tienne. Finalement ceci te regarde, et tu en étais bien libre.

Elles disent donc que, ce notable, c'est bien M. Ernest de la Cour, à preuve que, contrarié dans ses amours, et froissé de tes refus, il a quitté l'endroit, et s'en est venu habiter avec sa mère une maison de la Cour-Saint-Pierre, où ils ont débarqué avant-hier : j'ai vu moi-même les bagages devant l'allée, et un cornichon de domestique qui, faisant de l'embarras, gênait le service des remueurs. Pendant que j'étais là, ce M. Ernest lui-même est sorti ; et j'ai regretté, à voir son air, et tous ces meubles de bonne maison, que ce ne soit pas ta Louise qui doive rendre la gaîté à ce cavalier-là, et se prélasser sur ces canapés de soie et de dorure. La vie est courte, Reybaz, et ce bas monde, une loterie. Pour que tu aies ainsi refusé le gros lot, il faut que par-dessous ce soit bien véreux ; ou bien, comment se mettre dans l'esprit que tu aies préféré à richesse et condition, misère et.... et quoi d'autre? puisque enfin ton futur gendre ne peut dire d'où il sort, et toi, pas davantage. Après tout, ceci encore te regarde, et tu en étais bien libre.

En attendant le voici, ton futur, nommé étudiant. Au milieu de cette engeance, il en va prendre l'esprit ; et si toi ou M. Prévère, vous vous êtes attachés à lui donner règle et discipline, il va les perdre en moins de temps qu'il ne lui en a fallu pour les gagner. Etudiant ou tapageur, c'est tout un. Faire des dégâts : c'est leur récréation ; huer les passans, inquiéter le bourgeois, railler les gens d'âge : ce sont leurs menus amusemens ; assommer de balles de neige un infirme ou un goutteux, qui se traîne devant leur repaire : c'est leur exploit et leur joie ; briser des vitres : c'est leur pain quotidien. Il m'a l'air, lui, d'un éveillé qui fera bien sa partie, et qui, pour longtemps encore, sera plus à même de tapager, que d'être un Lévite du Seigneur. Pour l'heure néanmoins, il est tranquille, vu que, novice, il croit encore que c'est en travaillant qu'on avance. Mais avant deux mois, il sera comme ils sont tous: employant sa fainéantise à criailler et mal faire. Dernièrement, à leur leçon de physique, ils ont fait grimper un âne : les uns l'amenant par la tête, les autres le tirant par la queue, si bien que la bourrique est arrivée en haut. Quand le professeur a vu cette bête parmi sa physique : « Ce n'est qu'un de plus », a-t-il dit, et s'étant assis, il a donné sa leçon. C'était bien dit; mais pendant ce temps, la laitière cherchait son âne par les quatre chemins, toute misérable, et en grand danger d'être battue ou congédiée, si elle ne le retrouvait pas à temps.

Pour ta gouverne, il sait les affaires à l'égard de ce M. Ernest, car, l'ayant voulu tâter sur l'article, je l'ai trouvé retenu, et bien plus disposé à en apprendre de moi, qu'à m'en dire lui-même. Seulement ai-je pu connaître que la pensée de ce beau monsieur qui le rivalise ne lui est guère charmante, et qu'il sent de reste que, si peu que tu inclinasses de son côté, nul n'y trouverait à blâmer, ou seulement à en être surpris. Et je parie que lui-même, au fond, bien qu'il n'en laisse rien paraître, reconnaît que c'est ton droit de père. Quand, pour voir, je lui ai eu dit : « Le bruit court que Reybaz donne sa fille à M. Ernest, » j'ai bien vu l'effroi sur son visage, la rage dans ses yeux, et que, s'il compte sur quelque chose, ce n'est guère sur le droit qu'il a d'être préféré à un cavalier de naissance et de richesse. Toutefois, sans rien laisser percer dans son propos : « Possible », a-t-il répondu, et il a regagné sa chambre.

En fait de nouvelles, voici Jalabert, Samuel, que tu as connu dans le temps, qui marie son fils à la fille des Gambard, une éveillée qui donnera du fil à retordre. Les malins disent qu'il y a urgence, et que, pour s'être trop aventurée auprès d'un certain quiconque, ses corsets lui sont étroits. Ce quiconque allait l'épouser, mais voici qu'on découvre qu'ayant des dettes, c'est la dot qu'il marie; alors le père Gambard l'envoie paître, et se retourne vers Jalabert, qu'il avait précédemment rebuté. Jalabert, sans faire le fier, accepte, en disant bien obligé encore. C'est lundi la noce. La Jaquemay annonce que l'aîné viendra à sept mois, et un convié fait des couplets comme quoi

l'hyménée
Est farceur en tout temps, mais surtout cette année.

D'autre part, voici la mienne qui est reluquée

de près par un transi à qui je finirai par la donner, bien qu'il n'y ait risque à le faire attendre ; étant tout à la fois un pédagogue tout roide de morale, et un religieux tout gonflé de catéchisme. D'ailleurs, bête comme un pot ; mais du bois dont on fait les agneaux de maris. Il a fondé ici près une école, où, tout en bêlant son grimoire de géographie et des quatre règles, il se fait sa centaine de louis par an, et encore cherche-t-il un local, faute de place. Le soir, il nous fréquentait par rapport à un mien cousin, qui nous l'a amené. C'est là qu'il s'est mis à couver des yeux ma Catherine, de l'air d'un moine qui convoite, jusqu'à tant que je lui ai dit : « Pardieu ! l'ami, traduisez-moi vos œillades, je n'aime pas ce jeu couvert. » Le pauvre diable a fait un tressaut de frayeur :—On ne veut pas vous manger, lui ai-je surajouté, en voyant sa mine effarée ; mais faites votre demande, ou laissez-nous tranquilles. — Je la fais, M. Champin, a-t-il balbutié. — Eh bien, je la prends,..... pour y réfléchir. Et on en est resté là.

Ce qui m'arrête encore, c'est que ma Catherine est une douce, quand ici, il faudrait un drujon, qui portât les culottes. Assemblée à ce mitron, et jolie qu'elle est, ils vont me bâtir une lignée à n'en plus finir, et s'anonchalir au milieu de ce tas de poussins à couver; si bien que cent louis, qui vont encore pour un ménage à deux moutards, élevés de croûtes de pain, ne vont être que peu de chose, employés à gonfler huit ou dix bouèbes de grasse pitance, ainsi que la mienne, par tendresse pour ces morveux, n'y manquera pas, et ainsi que l'autre, avec ses passages, n'y saura contredire. Toutefois, Reybaz, je crois bien que je ferai l'affaire, étant là pour gouverner, et sentant d'ailleurs que j'entends prêter ma fille bien plus que la donner; en sorte que tel gendre qui aurait de la volonté assez de quoi la rebeller contre moi, ne m'irait pas. C'est bien parce que j'incline à celui-ci, qu'en le laissant fréquenter Catherine, j'aide à ce qu'on me force la main, ainsi que, sans se soucier d'un fruit, le laisser mûrir, c'est consentir qu'on le mangera. Ils se voient donc journellement : elle, ne se gênant de tourterer à ma barbe; et lui, n'osant devant moi roucouler, si peu que ce soit, crainte que je ne l'apostrophe. Mais je pense que quand j'ai tourné le pas, le drôle retrouve la voix, et m'est avis qu'à son école, tout guilleret de souvenirs et enivré d'ardeurs, il doit s'embrouiller dans sa grammaire, et leur manquer ses additions. Néanmoins, il est homme à ne pas leur faire tort d'une minute de temps au profit des amours ; et je puis sans crainte régler ma montre sur sa venue, qui tombe le soir, dix minutes après six heures : juste le temps de vider sa classe et d'arriver.

Il y avait longtemps, l'ancien, qu'on n'avait pas babillé ensemble, et je te devais cette confidence, pour que, d'un moment à l'autre, tu apprennes sans surprise que, chez nous aussi, Cupidon en fait des siennes. Te souvient-il de ce couplet chanté par Lerèche aux noces de sa fille ?

> Halte-là ! Madame Lerèche,
> Dame Lerèche, Halte-là !
> A Cupidon rendons la flèche
> Dont autrefois il nous perça.
> Chacun son tour dans ce bas monde ;
> De nous reposer il est temps,
> Durant que Lison, toute ronde,
> Va nous faire nos descendans.

J'en suis à me le remémorer, notamment que, jusqu'à hier, j'en ai cherché l'air. Et puis je te quitte, pour ouvrir à un quidam qui carillonne depuis une heure.

CHAMPIN, JEAN-MARC.

LETTRE XLIV.

CHARLES A LOUISE.

De Genève.

Votre lettre est venue, Louise, me rendre la paix et me combler de joie. C'est donc bien la fin, l'issue? Vous êtes sûre qu'ils s'en vont sans avoir rien tenté, sans secret espoir, et comme pour mieux montrer qu'ils ne songent plus ni à vous, ni à moi? Le ciel vous entende! Que ces choses soient vraies, et alors, après avoir été fou de tristesse, je vais devenir fou de bonheur!.... Qu'ils vous oublient, et je vais les oublier avec délices!.. Qu'ils ne retournent plus à la Cure, et je vais les aimer tendrement!

Vous plaisantez, Louise, sur ces fantômes....

Non, je ne tremblerais pas devant dix brigands armés ; je fondrais sur eux, et, si c'était pour vous sauver, je les vaincrais avec ma seule fureur..... Mais ces visions cruelles, ces ombres qui passent dans les ténèbres, que j'entrevois, sans pouvoir les saisir, ah ! elles me font frissonner.... si je n'ai le talisman de vos paroles, elles me secouent, elles me terrassent, je suis leur proie. Aujourd'hui même, il m'est plus possible d'en détourner les yeux, que de cesser de les craindre.

Et puis, Louise, il y a ce portier, cet ami de votre père, dont les propos, dont la figure, dont le voisinage m'entretiennent toujours dans une sorte d'inquiétude. Cet homme est sinistre : il m'instruit de ce que je ferais mieux d'ignorer, il me questionne d'une façon perfide, il m'observe d'un air faux et malveillant. C'est là un fantôme de chair et d'os qui habite à côté de ma cellule, et des griffes duquel, s'il dépendait de moi, je me serais déjà tiré. Vous dites que tous ceux de sa profession sont curieux, mais tous ne sont pas, comme lui, pénétrans, ricaneurs, souples et méchans. Pour moi, je m'étonne qu'il soit l'ami de M. Reybaz, qui est si plein de droiture.

Les de la Cour arrivèrent mercredi. Ils sont logés dans une grande maison de la Cour-Saint-

Pierre, à côté du temple. D'une rue voisine, je vis les chars de bagages arrêtés sur la place; je reconnus de loin Jacques, leur domestique; j'attendis quelque temps dans l'espérance de voir peut-être M. Ernest sortir de la maison, et de me trouver plus tranquille après l'avoir vu. Mais j'aperçus ce portier qui rôdait par là, et je m'éloignai. Parmi les meubles, j'avais reconnu ce beau canapé du salon, autour duquel nous avons joué si souvent autrefois. Imaginez-vous que la vue de ce riche meuble me causait du trouble..... je regardais avec angoisse les passans attroupés autour des chars. Leurs propos, que je n'entendais pas, me semblaient être l'expression d'une comparaison accablante pour moi, flatteuse, favorable, puissante pour M. de la Cour; et si j'avais pu arracher le regard à ce portier, solitairement attentif à cette scène, je l'aurais fait avec délices. Le soir, je suis retourné sur les lieux; il n'y avait plus ni chars ni passans : j'en éprouvais déjà un grand soulagement, lorsque, rentré au logis, j'y ai trouvé votre lettre.

Je l'ai relue dix fois. Je la porte aux cours avec moi. Si elle me quittait, je me croirais abandonné. Et oserai-je vous dire, Louise, que néanmoins je ne jouis pas d'une sécurité entière? J'ai besoin, je crois, que vous vous moquiez

encore de ce que vous appelez mes folies. J'ai la folie de redouter les réflexions que peut faire votre père, celles qui peuvent lui être suggérées, celles que les gens ne manqueront pas d'exprimer devant lui, s'ils viennent à savoir qu'il a refusé sa fille à M. de la Cour, pour la donner à Charles. J'ai la folie d'être convaincu que M. de la Cour, s'il vous a vraiment aimée, s'il a eu un instant la pensée que vous seriez à lui, ne saurait vous oublier jamais ; jamais, de vous, passer à l'amour d'une autre ; jamais s'arracher du cœur votre image ; jamais renoncer, sinon à vous avoir pour épouse, du moins à vous adorer en secret......
Et ce sentiment, ne m'appartient-il pas d'en prendre ombrage, moi, sans avantages ; moi, isolé, sans parens, menacé de toutes parts par un dédaigneux préjugé ou par une insultante pitié?... moi qui ne suis rien que par M. Prévère, à qui vous n'appartenez pas ; rien que par vous, qui ne vous appartenez pas non plus?

Je dis plus que je ne voulais dire, Louise, plus qu'il n'est séant à votre égard, ou salutaire pour moi-même. Mais, à me contempler si misérable, je deviens le complice de ceux qui me dédaignent ; je perds ma fierté, je ne sais plus par quel miracle du ciel je me trouve avoir Louise pour ange, pour bon génie, et plus encore, pour amie et pour fiancée. Alors c'est de ma misère que j'ai peur... Ah! que c'est une chose amère qu'une félicité si grande, dans ces instants où elle semble chancelante et si peu méritée! Mais que je cesse de m'attrister! Que plutôt je relise vos lignes chéries, vos doux reproches, vos moqueries si compatissantes, si bien faites pour me rendre le calme et le courage!

Vous me grondez, Louise, de ce que je passe légèrement sur ces examens de novembre. Nous en sommes déjà trop loin maintenant pour que j'y revienne ici. Cette première épreuve est peu de chose; et quand, après avoir répondu à quelques questions, il s'est trouvé que j'étais un étudiant, j'ai été un peu désappointé de voir quel peu de changement, ou même de plaisir, j'en ressentais. Dès le lendemain, j'ai commencé une nouvelle vie, plus laborieuse, mais plus intéressante aussi que celle que je menais auparavant. Nos cours sont variés et nombreux, et cette sorte d'enseignement est bien plus vivante que n'est l'enseignement des livres. Au sortir de quatre ou cinq leçons, j'emporte chez moi de quoi m'occuper tout le reste du jour, à rédiger, à comprendre, à mettre dans ma mémoire, et je tâche de faire assez bien pour que le sujet finisse par m'intéresser. Sur quelques points j'ai réussi, et ce qui m'encourage, c'est que, interrogé deux ou trois fois, j'ai eu le bonheur de répondre assez bien pour recevoir de mes professeurs des témoignages d'approbation. Cela seul déjà, Louise, suffirait à me remplir d'ardeur ; jugez donc si, lorsque je songe à votre père et à ce qu'il attend de moi, à mon avenir qui est le vôtre, il est besoin d'autres stimulans pour me donner de la persévérance et de l'ambition. Non, Louise, je suis avide de tout ce qui peut m'élever, me faire paraître, témoigner à tous que je puis comme un autre fournir ma carrière, m'y distinguer, et conquérir l'universelle estime. Que votre bon père ne soit pas trop impatient, qu'il ne me trouble pas de ses défiances, qu'il supporte avec indulgence des défauts que je veux corriger ; et il verra si je sais comprendre et reconnaître son bienfait, si, après lui avoir causé des déplaisirs, je ne sais pas devenir un fils qui honorera et qui réjouira sa vieillesse !

CHARLES.

LETTRE XLV.

LOUISE A CHARLES.

De la Cure.

Je me sens bien peu forte, Charles, pour combattre des folies auxquelles je suis redevable de si doux témoignages de votre tendresse, et de si chères assurances de vos intentions. Vos craintes me font souffrir, je hais l'indigne façon dont vous parlez de vous-même, et néanmoins c'est avec une infinie douceur que je reçois ces libres épanchemens de votre cœur.

Vous voulez que je me moque encore, mais la moquerie n'est pas mon penchant, je n'y apporte aucune grâce, et aujourd'hui je suis, je ne sais pourquoi, plus disposée à m'attendrir qu'à railler.

Je ne veux pas non plus discuter sérieusement vos motifs d'inquiétude : ce serait vous donner à croire qu'à mes yeux ils ont quelque ombre de fondement. Je vous dirai seulement que vous ne connaissez pas mon père, si vous pensez que rien au monde puisse le détourner de ses engagemens; d'ailleurs, dans le cas actuel, vous ne seriez pas au monde, que sa conduite serait exactement la même, et les réflexions de l'univers entier ne le décideraient pas à donner sa fille à un jeune homme qui n'a pas son estime. Vous ne connaissez pas mieux M. Ernest, si vous supposez que ce jeune homme inconstant, futile, et né dans les grandeurs, soit capable d'éprouver un sentiment fort et durable pour une campagnarde obscure et sans agrément. Enfin vous faites injure à cette campagnarde, si vous pensez qu'en aucun cas on pût disposer d'elle sans la consulter. A moins donc que vous ne doutiez de Louise elle-même, de tous ces nuages que vous avez amoncelés il ne reste pas trace, et voici le firmament qui nous recouvre de son dais azuré et serein. Ainsi laissez en paix ce pauvre portier, contre qui vous nourrissez ces bizarres ressentimens ; laissez ces passans, laissez ce canapé, dont vous vous faites presque un fantôme à quatre pattes, et gardez-vous bien d'arracher les yeux à personne, quand même on vous en offrirait toutes les facilités.

Je vous remercie pour les détails que vous me donnez dans la fin de votre lettre. Ils m'ont remplie de joie, d'ambition. Il me semble comme si c'était moi qui eusse reçu ces témoignages d'approbation : j'en suis glorieuse, ils m'encouragent. C'est qu'au fond, Charles, ces succès assurent cet avenir dont vous parlez, et qui m'est cher comme à vous. C'est pour nous deux, c'est pour nous quatre habitans de la Cure, que vous travaillez ; et bien loin qu'on puisse s'y passer de vous, le bonheur commun repose sur votre tête. Aussi, avec quelle espérance je vois votre généreuse ardeur, votre sérieuse ambition ! combien elle me touche, elle m'honore, elle me délivre de toute sollicitude ! Par ces degrés, n'en doutez pas, vous monterez dans l'opinion de mon père, vous ferez la conquête de son indulgence, de son cœur tout entier. Quel bonheur alors ! quelle pure félicité ! Ah ! Charles, que je répande aussi mon cœur devant vous. Mes craintes ne sont pas où sont les vôtres ; elles ne reposent ni sur mon père dont je connais la droiture, ni sur M. Ernest qui m'est étranger, mais sur vous, sur vous seul, si vos imprudences, si le découragement, si quelque témérité généreuse, ou quelque accident provoqué par une fougue irréfléchie, venait à éveiller les sollicitudes injustes, mais réelles, que mon père éprouve à cause de moi, et qu'il éprouvera jusqu'à ce que vous soyez entré dans le port de votre vocation. Sachez ainsi pourquoi ce zèle qui vous anime, ces succès qui vous encouragent, sont pour mon cœur un sujet de si vive joie, et la source où je puise une véritable sécurité pour vous, pour moi, pour nous tous !

Je reçus hier votre lettre pendant que j'avais auprès de moi ma petite orpheline, à qui je tâche d'apprendre à lire. La pauvre enfant, que ce métier d'épeler des syllabes accable d'un bien juste ennui, me regardait avec envie parcourir vos lignes en un clin d'œil. Quand j'eus fini, elle prit naïvement le papier pour s'y essayer, pensant que la chose est plus aisée sur une feuille volante, que sur un gros livre ; elle fut bientôt détrompée. — C'est M. Charles, lui dis-je, qui a écrit cela. — Il est bien savant ! — L'aimes-tu ? — Oh ! que oui. — Sais-tu où il est ? — Il est à la ville. — Où est-ce, la ville ? — C'est là où l'on vend le beurre, les mercredis et les samedis. — Y as-tu été ? — Une fois. — Et qu'y as-tu vu ? — J'ai gardé l'âne. — Et qu'y as-tu fait ? — Je suis revenue. — Et rien d'autre ? — Si fait. En revenant j'ai vu une pioche sur le chemin. C'était celle à Brachoz. Alors je l'ai mise sur l'âne. Vers la fontaine, on a bu tous les deux. Alors, tous ceux qui passaient disaient com'ça : Où portes-tu cette pioche? — C'est celle à Brachoz. —Et puis plus loin, le père Duruz : Où vas-tu piocher? — C'est celle à Brachoz. Jusqu'à tant et à tant que je suis arrivée au village que c'était nuit noire. Alors la mère Brachoz a eu crainte en disant: Voilà sa pioche! Et tous par-là ils ont dit : C'est sa pioche! il aura bu un coup. Alors j'ai gagné ma paille pour y dormir.

Voilà mot pour mot. J'aime beaucoup l'entretien de cette pauvre enfant. En l'écoutant, j'admirais comment elle sait et remarque, juste ce qu'il lui importe de remarquer et de savoir. Au centre de ce petit cercle de pensées toutes voisines d'elle, et appropriées à sa condition, elle vit sans se plaindre, sans désirer, sans se soucier, sans se comparer à rien ; et je me demande si ce n'est pas un mal que d'étendre d'une manière factice son intelligence, en lui apprenant à lire; ou ses besoins, en lui donnant des souliers. En attendant, je me suis bien gardée de rien changer à ses notions sur la ville, où elle n'a encore vu qu'un marché au beurre, où les enfans gardent l'âne, et, au retour, ramassent une pioche. Plus j'écoute parler cette pauvre petite créature, plus il me semble découvrir que la Providence lui a fait sa part, à elle aussi, avec une sagesse qui déconcerte la nôtre, la mienne du moins. Elle ne possède rien, mais elle est sans besoins ; elle a une gaîté naturelle, ses petits plaisirs, surtout ses immunités de maladie et d'inquiétude ; et quand je vois cela, je deviens beaucoup plus timide à lui faire du bien, dans la crainte de lui faire du mal. J'ai fait part de mes scrupules à M. Prévère. « Cela est si vrai, Louise, m'a-t-il dit, qu'à mesure que j'avance, je trouve plus difficile de faire du bien avec la conviction que ce bien est réel. Il n'y a qu'un point où jamais je n'ai douté : c'est d'empêcher le vice d'atteindre les individus ou les familles. Tout ce que vous devez à cette chère enfant, c'est de lui assurer les vertus de sa condition ; au delà, tout est dangereux. Et c'est dur, a-t-il ajouté, que de n'oser faire davantage ! »

Une chose qui vous intéressera tristement, Charles, c'est l'état de la fille Piombet, fiancée, comme vous savez, à Paul Redard. Elle paraissait encore, la dernière fois que vous vîntes à la Cure, pleine de fraîcheur et de santé ; je me souviens qu'elle vint vous dire bonjour. Cette pauvre fille, depuis le commencement de l'hiver, est pâle, souffrante, et, sans que l'on sache bien son mal, il est assez grand pour donner de graves inquiétudes : sa mère avait la poitrine faible. M. Prévère compte la conduire un de ces jours à la ville pour y voir un habile médecin, si le temps se radoucit un peu. Mais tout est neige ou glace; la mare est prise jusqu'au fond : l'on craint pour les vignes. Et voyez, Charles, même en ceci, pendant que la plupart se lamentent pour leurs vignes, ou pour leurs arbres; pendant que les enfans des paysans, retenus dans la maison, s'y chauffent autour du feu, tout mécontens de ne pouvoir courir la campagne, ma pauvre orpheline est aussi gaie que de coutume. Ses vignes, la chère enfant, jamais ne lui donneront du souci, et cette neige la divertit. En allant, en venant, elle y fait l'empreinte de ses sabots, et puis elle compte les clous, et puis mille autres choses dans ce goût. Son gîte, c'est l'étable, où le froid n'entre pas. Quand on trait, elle a sa goutte de lait chaud; quand on mange, elle trouve sa croûte de pain. N'étant à personne, elle est à tout le monde, et chacun l'emploie à mille petits services qu'elle rend de son mieux, sans qu'on l'en remercie, et sans qu'elle s'en prévaille. De cette façon, cette pauvre petite plante s'élève, croît, trouve sa vie : les pluies la visitent, et le soleil ne se cache pas pour elle. En vérité, je ne sache pas qu'elle doive envier le sort de qui que ce soit autour d'elle, et, à dire vrai, elle n'y songe guère. Que le bon Dieu, qui lui a fait ainsi sa petite part, la lui conserve! qu'il la maintienne dans son insouciante activité, dans sa gaie ignorance, et que, moi, sa maîtresse d'école, je m'efforce de ne lui rien apprendre!

Je suis descendue ces jours-ci au hameau pour visiter la fille Piombet ; et si la neige ne m'offre pas les mêmes ressources d'amusement qu'à ma chère orpheline, j'avoue que je ne sympathise pas d'ailleurs avec ceux qui n'y trouvent aucun charme. J'aime fort les quatre saisons : un printemps éternel m'ennuierait. Mais cette vie retirée et domestique de l'hiver me plaît tout particulièrement ; ces chaudes cabanes, éparses dans les champs glacés, me donnent l'impression d'un paisible bien-être, d'un repos gagné par le travail, et embelli par la prévoyance. Je ne puis voir, sans un sentiment de douce gratitude, cette fumée qui sort du chaume, ces fenils tout chargés des sèches dépouilles de l'été ; je n'écoute pas sans plaisir ce mugissement souterrain des vaches chaudement abritées, ces bêlemens des brebis captives jusqu'au renouvellement des prairies. Quand le soleil vient à luire sur cette scène, tout brille, tout étincelle et réjouit ; les champs tapissés de blancheur, les arbres scintillans de givre, les bleues montagnes, vues comme au travers d'une brume argentée, forment un spectacle d'incomparable splendeur. C'est justement ce spectacle que j'ai sous les yeux pendant que je trace ces lignes, et, je vous le jure, en face de ces beautés, à la fois sévères et douces, il ne m'arrive pas de regretter l'été et ses riantes fleurs. Je songe aussi que c'est la saison du travail pour les étudians des villes, et que, au rebours de la fourmi qui accumule pour l'hiver, ils accumulent, eux, pour l'été, temps des vacances, temps des courses dans les campagnes, et des visites à la Cure. C'est pourquoi je finis ce babil de cigale.

Louise.

LETTRE XLVI.

LE CHANTRE A CHARLES.

De la Cure.

Les froidures se prolongeant, M. Prévère, qui devait conduire à la ville la pauvre Piombet, ne peut se mettre en chemin ; d'où je vous écris, par rapport à une emplette dont je comptais le charger. Les routes sont encombrées de neige, et, dans maint endroit, les haies recouvertes de telle façon, qu'on a plus tôt fait d'aller à travers champs, que de vouloir suivre aux sentiers. Avec ça que cette bise d'avant-hier a dépouillé les hauteurs, et comblé les fonds, ce qui fait qu'on craint pour les vignes. L'Almanach annonçait ces rigueurs, mais que faire ? on ne peut mettre les campagnes sous verre, et où c'est la main de Dieu qui prodigue les frimas, l'homme ne peut lutter. Et gare à Brachoz! car dans ces temps glacés, un verre de trop suffit à vous assoupir sur la route, et le réveil ne vient plus. Aussi le retiennent-ils à son foyer, et voici deux semaines qu'il n'a pas hanté le marché, où il ne saurait faire une pache de deux florins, qu'il ne se rafraîchisse de dix-huit sous à compte.

Cette emplette, c'est pour l'étrenne que je veux donner à Louise, à savoir un vêtement chaud, et à la fois du dimanche, aux fins qu'à l'église, où, de ma place, je la sens greloter sous son châle, et trembler au chant, elle soit mieux réchauffée. Pour ceci, il vous faut prendre conseil de ces dames chez qui vous êtes, sans que néanmoins elles s'aillent fourvoyer sur la condition de Louise, à qui ne siéraient ni la mante de bure que porte Marthe, ni ces soies fourrées où Madame de la Cour s'enveloppe. Il y a trois dimanches que je vis sur une dame de la ville, venue pour entendre M. Prévère, une sorte d'accoutrement qui serait à mon idée : c'est un manteau de soie non voyante, et doublée de ouate, ayant la forme des robes de capucin, et, comme elles, un capuchon qui tantôt s'abat sur les épaules, tantôt se relève sur la tête ; avec une agrafe, ou des rubans qui le retiennent au col. J'en aime l'aspect, et aussi la moelleuse ampleur. Pour le prix, j'irais au besoin jusqu'à six ou sept écus neufs, voulant du bon et du fourni, non de l'étriqué qui se déchire ou couvre à peine. Et remerciez bien ces dames, dont ce service m'obligera.

J'en viens à votre lettre, déjà ancienne, et contenant des raisonnemens d'avocat dont j'aime peu le tour. C'est à propos de vos éternelles écritures, lorsque vous voulez me faire accroire que plus vous écrirez de français, plus vous apprendrez de grec. Si je vous eusse répondu sur le temps, m'est avis que vous auriez trouvé mes lignes rudes, n'aimant pas qu'on abuse de la parole. Mais je me suis abstenu jusqu'à ce que je visse, à cette épreuve du premier novembre, où aboutirait votre pratique, à défaut de votre raisonnement qui ne valait rien. Cette épreuve s'étant faite à votre honneur, et Louise m'assurant que vous voici encouragé du bon témoignage de vos professeurs, je ne reviens pas sur l'article; et quant à vos écritures, moyennant que votre travail, et par suite votre profession, n'en souffrent pas, je ne m'en veux soucier.

J'ai plus à dire sur l'autre point, à savoir l'argent que vous gagnez, et à propos duquel vous vous lancez en des châteaux en l'air, qui témoignent combien peu encore votre penchant prodigue s'est amendé, et votre judiciaire, peu soumise à la règle de la sagesse. De ce louis qui est solitaire dans votre tiroir, vous allez de plein saut à un gain assuré de 1248 florins, et de cette somme vous alimentez aussitôt un ménage! Passe encore pour ces allégresses d'inexpérience, que votre âge, et l'entrain d'un premier lucre, excusent, sinon justifient. Mais voici que, doublant la somme, ce qui est pur jeu d'esprit, vous la jetez tout entière en noces et festins, oubliant ce ménage qui devait s'en alimenter! N'est-ce pas déjà dissiper votre bien en herbe; et ces choses, que chez autre on pourrait prendre pour drôleries et gaîtés, ne sont-elles pas en vous projets, intentions, et comme une suite, malgré votre âge, aux folles intempérances de votre enfance? Ainsi, cette partie de votre lettre m'a été peu plaisante, et je vous renouvelle ici mes avis, donnés tant de fois, et que j'aimerais à laisser reposer désormais, comme ayant servi. Je n'ai crainte que jamais vous deveniez thésauriseur : cette pente pourtant me causerait moins de sollicitude que l'autre. Mais j'ai hâte que vous deveniez économe, mesuré, prévoyant de l'avenir, plus avide de mettre en réserve, que de répandre en abondances, et vous souvenant que c'est sur la diligence des jeunes années, que s'économise le repos des vieux jours.

Louise continue à se bien porter, Dieu merci, au milieu de ces rigueurs. Jean-Pierre, que je fis monter hier sur la toiture de l'église pour la décharger de neige, s'est laissé dévaler par la pente, pour tomber de vingt-cinq pieds de haut, sans se faire d'autre mal que la peur, qu'on lui a fait passer avec un verre de vin. Il a fait la chute dans la neige, comme dans du coton. Sur quoi je lui ai dit : Heureux encore que la montagne ne soit pas haute, sans quoi c'était comme ces cinq hommes, dont l'almanach conte qu'ils ont été maltraités par l'avalanche. Ci-joint huit mouchoirs de poche, que M. Prévère vous fait passer en complément de la douzaine coupée sur sa toile ; et veillez à n'en pas égarer comme vous y étiez sujet.

Reybaz.

LETTRE XLVII.

CHARLES A LOUISE.

De Genève.

Quel trésor, Louise, que vos lignes! Que de bonheur pour moi dans ce chiffon de papier! Que vous savez penser, sentir, dire, et remplir mon cœur d'enchantement et d'admiration! Pauvre orpheline! Fille Piombet, neiges, vaches, brebis, et cette fumée qui tournoie sur le chaume, tout me devient cher, aimable, dès que vous m'en avez parlé, parce que vous ne savez parler de rien sans que votre sensible bonté, votre tendre raison, animent ou réchauffent vos paroles. En vous écoutant, je reconnais que je ne sais ni voir ni sentir; que j'étudie, mais que je ne pense pas ; que je babille, mais que je ne sais pas dire. Et moi aussi je suis orphelin ! Ah ! soyez ma maîtresse d'école, et que vos charmantes leçons se multiplient : elles me charment, elles m'enseignent ce que ne m'enseigneront jamais les livres.

Je ne songe plus à M. Ernest, plus à ce portier ; au loin les fantômes ! je n'ai devant les yeux que cet avenir qui vous est cher, dites-vous, comme à moi ; que ce temps heureux où j'aurai conquis, vous m'en donnez l'assurance, l'indulgence de votre bon père, et son cœur, si lent à m'aimer... Ah! ne redoutez, Louise, ni imprudence, ni découragement, ni revers ; et si c'est sur moi que se portent vos craintes, chassez-les sans retour. Quand vous me parlez, je me sens une force, une volonté, une sagesse !... Parlez-moi souvent, c'est ma seule prière, et alors je réponds de moi.

Imaginez-vous, Louise, que quand je ressens ce courage, cette ambition, que vos paroles enflamment, je me demande s'il est bien possible que l'on fasse quelque chose de bon, sans aimer une jeune demoiselle ; et quand je vois quelqu'un de mes camarades en qui l'ambition provoque des efforts un peu saillans, je ne manque pas de me figurer aussitôt qu'il a déjà donné son cœur à quelque jeune personne.

Et puis, c'est vrai que j'en vois peu qui me paraissent être dans ce cas. La plupart vont leur petit chemin, sans laisser voir la moindre étincelle de ce feu dont je parle. Ils viennent aux cours ; entre les leçons, ils mangent des gâteaux ; après les leçons, ils se montrent sur les promenades ; le soir, bien coiffés, bien habillés, ils dansent, ou prennent le thé, ou causent, ou ne causent pas, le tout du même air, avec la même indifférence. On dirait une série d'usages auxquels ils se conforment. Après quelques années passées ainsi, ils se trouvent être, les uns avocats, les autres ministres, les autres simples rentiers ; alors ils se marient, ou on les marie, et tout est fini. Ils pratiquent ce qui est d'usage dans leur position, et, pour peu qu'elle soit douce, ils s'y assoupissent tranquillement.

J'entends quelquefois causer sur ce sujet, mais bien diversement. Il y a des gens qui trouvent cela très-heureux : ils en augurent de la paix, du bonheur, des mœurs ; ils appellent ces gens assoupis, une génération rangée... D'autres déplorent cette apathie qui conduit à une médiocrité générale, et qui ne forme ni hommes à caractère, ni citoyens illustres : deux élémens, selon eux, nécessaires à la prospérité et à l'existence même de notre petite patrie... Ils disent que plusieurs, sans doute, peuvent y trouver le bonheur, mais un bonheur égoïste, qui s'isole du bonheur des autres, qui a sa racine dans les jouissances matérielles, non dans les affections mâles et généreuses.... Ils disent que cette paix qu'on vante est perfide, que c'est le sommeil des passions nobles, sans lesquelles ce n'est la peine ni de s'enorgueillir de quelque chose, ni d'être fier de sa patrie, ni même d'en avoir une... Et je suis toujours de l'avis de ces derniers, surtout quand ils parlent les derniers.

Mais, ces jeunes gens, si vous saviez comment eux-mêmes ils parlent des demoiselles ! Tout comme d'autre chose, Louise; tout comme d'un joli objet, d'une chose élégante, d'une poupée bien parée. « Elle était jolie hier, l'autre jour. Elle danse bien, elle danse mal. J'aime beaucoup la tournure de celle-ci; je préfère cette autre. Je n'ai pas dansé, elles étaient toutes laides. Je n'ai pas causé, ça m'ennuyait. » Ni plus ni moins de façon, de sentiment; tout aussi chevaleresques que je vous le dis là, hormis quelques-uns, bien entendu, mais qui ne font pas nombre. N'est-ce pas bien sot, ou bien singulier?

J'avoue que, quand je vois cela, je m'imagine

quelquefois que la faute en est aux demoiselles elles-mêmes, qui se contentent de trop peu. S'il fallait, pour obtenir leur cœur, s'être distingué de quelque manière, n'est-il pas vrai qu'il s'établirait entre ces jeunes garçons une rivalité noble, un désir de plaire à plus haut prix, un besoin d'être remarqués, d'où naîtraient des efforts et des sentimens tout autres ? Au lieu de cela, tels qu'ils sont, on les recherche, on les flatte, on se tient pour amusées de leur conversation, pour honorées de leur préférence. Eh bien, ils se croient très-aimables, et je ne vois pas trop comment il en serait autrement. Au reste, je crois que je vous en dis du mal, par jalousie ; car c'est vrai qu'à côté d'eux je ne brille pas. Dans les sociétés où je vais, ils ont sur moi tout l'avantage, et je ne puis nier que mon amour-propre n'en souffre quelquefois. Je me demande pourquoi je reste dans mon coin, tandis qu'eux, ils voltigent par le salon ; et plutôt que d'en voir la cause dans ma gaucherie ou dans ma nullité, j'aime mieux trouver les demoiselles niaises, et les messieurs futiles.

N'allez pourtant pas croire que, dans mon coin, je sois humble et envieux ! L'air gauche, c'est vrai, mais par-dessous cet air, l'orgueil, le triomphe, et, au lieu d'envie, pitié, compassion, je vous assure, pour tout ce qui n'est pas moi ! Car je songe à vous, Louise, et, vous comparant à toutes ces jeunes personnes que je vois; comparant mon sort et mon avenir à celui de tous ces jeunes hommes, je frémis de joie dans mon coin, et tel qui, me voyant rougir, l'interpréterait à modestie, se tromperait fort.

Parmi ces jeunes gens, j'en connais qui sont remplis de mérite, et dont l'amitié me flatterait autant qu'elle me serait douce. Et il semble qu'ils me mettent eux-mêmes sur la voie, car ce sont justement ceux qui me paraissent le moins tenir compte de mon infériorité à tant d'égards. Mais alors, je sens trop la distance qui me sépare d'eux, et je réponds à leurs avances avec une réserve qu'ils doivent prendre pour de la froideur. Oh ! qu'ils se trompent, et combien ils seraient surpris s'ils pouvaient lire dans mon cœur !.... Non, rien n'est aimable comme la bonté unie au mérite; et, à voir le monde, je commence à croire que le vrai mérite mène tout seul à la vraie bonté. Là où il ne se rencontre pas, la vanité étouffe bientôt les bons mouvemens, la bienveillance s'efface derrière les petitesses, la raillerie remplace l'esprit, et l'envie de se distinguer se tourne en une fatuité nulle, hautaine et jalouse. Beaucoup des jeunes gens que je vois, sont ainsi. Familiers avec moi aux cours de l'Académie, ils ne me connaissent plus dans les salons ; et je m'aperçois souvent que le campagnard et son histoire, sont l'agréable thème de leurs conversations auprès des demoiselles.

C'est par M. Dervey, et par ces aimables jeunes gens dont je vous parle plus haut, que j'ai été introduit dans plusieurs sociétés. Ces sociétés sont ici disposées par échelons de rang, de classe, de coterie, et jamais ne se confondent ensemble. Mais ce qui devait m'exclure de toutes, est justement ce qui fait que j'y suis toléré. Inconnu et sans famille, on ne peut m'assigner mon rang fixe ; en sorte que, partageant à cet égard les priviléges des étrangers, je me trouve invité un peu partout. Ces coteries sont exclusives, et jalouses les unes des autres ; mais ce qu'il y a de plaisant, c'est que toutes, de la plus basse à la plus élevée, accusent de fierté et d'aristocratie les coteries qui sont au-dessus d'elles, tout en n'ouvrant jamais leurs rangs aux coteries qui sont au-dessous....

Je ne vous ai encore rien dit de ce que je voulais vous dire, et voici la messagère qui refuse d'attendre plus longtemps... Cette femme vient toujours trop tard pour s'en aller toujours trop tôt !....

CHARLES.

LETTRE XLVIII.

LOUISE A CHARLES.

De la Cure.

Puisque je ne vous écris plus de post-scriptum, je vais commencer ma lettre par où je l'aurais finie. Vos témoignages d'attachement me sont doux et chers, Charles, et j'en jouis sans me demander si je suis digne que vous me marquiez une si vive tendresse; mais ces éloges que vous y mêlez, me rendent honteuse et embarrassée. Je les mériterais, qu'il en serait déjà ainsi; à plus forte raison, ceux que vous m'avez écrits me font-ils rougir, et j'en suis presque à me demander ce que j'ai donc pu faire, pour qu'on me traite ainsi qu'on ferait une personne distinguée, et qui se pique de l'être. Voilà ma querelle; de grâce, oublions-la, et accédez à mon désir. Que je ne puisse jamais me croire observée, et encore moins, admirée! ou bien, vous me feriez peur. Je n'oserais vous écrire; ou, si je vous écrivais, ce serait sans liberté et sans abandon.

Du reste, je ne me charge pas de réfuter votre chevaleresque théorie sur les mobiles d'une généreuse ambition. J'en entrevois bien quelques autres, comme l'amour désintéressé du bien, dans les âmes religieuses; le désir de la gloire, l'envie de faire sa maison, ou à défaut, celle ne ne pas mourir de faim; mais je me plais trop à l'idée de cet hommage que fait un jeune homme de ses travaux, de ses veilles, de ses efforts, et surtout de ses succès, à une dame de ses pensées, pour ne pas convenir avec vous que c'est là de tous les mobiles, sinon le plus relevé, au moins le plus de mon goût. Je ne sache rien, en effet, de si flatteur pour notre sexe, que de se croire une part réelle, bien qu'indirecte, dans les travaux et les succès qui honorent le vôtre. Toutefois, soyez indulgent pour ces messieurs qui mangent des gâteaux entre les leçons, en attendant leur diplôme. Qui vous empêche de voir en eux des malheureux qui se consolent comme ils peuvent, de n'avoir point encore rencontré celle à qui ils se proposent d'enchaîner leur vie? des chevaliers non encore pourvus, à qui l'amour, par conséquent, n'ôte pas encore l'appétit?

Quant aux jeunes demoiselles, que vous traitez sévèrement aussi, comment exiger d'elles qu'elles sachent reconnaître le mérite, et qu'après l'avoir reconnu, elles l'encouragent, si du moins, comme je le suppose, elles ne voient ces jeunes gens qu'au bal, ou sur les promenades? Le mérite, Charles, dans un jeune homme, nous flatte, nous séduit, sans doute; mais c'est parce que nous le voyons apprécié, non pas parce que nous en sommes juges. D'ailleurs, soyez équitable, et voyez combien de choses marchent encore à nos yeux avant le mérite, c'est-à-dire, avant de vastes connaissances, ou de beaux écrits, ou le talent des grandes affaires:... la grâce des manières, les qualités du caractère, la sympathie des pensées, la réserve, la modestie, que sais-je? le courage, des procédés empreints de noblesse, ou d'un délicat attrait. Tous les hommes de mérite n'ont pas ces avantages, et sans eux, le plus haut mérite, qu'est-il pour une jeune personne, sinon un beau fruit sur un bel arbre, mais si haut perché qu'elle n'y peut atteindre? Et ne sont-elles pas les plus sages, peut-être, celles qui, sans lever la tête, regardent à leur hauteur, et savent s'accommoder de ce qui est à leur portée? Mais j'admire comment, moi qui ne connais rien de ce monde où vous vivez, je me mêle néanmoins de vous contredire....

Je connais mieux les messieurs et les demoiselles de village; et, en vérité, quelque peu chevaleresques que soient leurs propos et leurs manières, je ne sais pas si, à tout prendre, leur rustique galanterie ne recouvre pas plus de sentiment, que cette galanterie froide et avantageuse dont vous me faites le tableau. Mon père, à mille égards, appartient au village ; s'il est supérieur aux paysans du hameau, c'est par son caractère, et non par ses goûts, par ses habitudes, ou par sa condition. Eh bien, Charles, je ne l'entendis jamais parler de Thérèse, ma mère, qui n'était qu'une simple paysanne de Dardagny, de la façon dont ils se connurent, dont ils s'aimèrent, sans goûter à ces rares propos un charme respectueux et attendrissant à la fois. Encore ces derniers temps, à propos de ce qu'il trouve que nous nous écrivons trop, il me rappelait les mutuelles visites qu'ils se faisaient de mois en mois, le dimanche ; et comment leur tendresse croissait, bien, dit-il, qu'ils fussent sobres en témoignages. « Présens, on s'entendait du regard; absens, on s'entendait encore : chacun portant, elle à ses travaux domestiques, moi à mon labeur des champs, l'aliment du souvenir, et la réjouissance de se bientôt revoir. » Savez-vous, Charles, un sentiment plus profond et plus gracieux, malgré son austérité, que celui dont ces discours donnent l'idée? Trouveriez-vous facile d'imaginer des déclarations, des paroles galantes ou passionnées, qui recouvrent plus de poétique et de délicate affection, que ces pensers durant l'absence, que ces discrets témoignages au jour du revoir? C'était, à la vérité, deux êtres de choix, et formés l'un pour l'autre; mais encore est-il que nos fiancés de village, lorsqu'ils s'aiment, et que ce n'est pas l'intérêt qui les marie, me rappellent ces traits charmans, et je suis persuadée que leur rusticité n'exclut ni les mouvemens, ni les délicatesses d'un sentiment dont les messieurs et les romans sont portés à s'approprier exclusivement la possession. Cette pauvre Piombet! retrouvera-t-elle ces joies du cœur? Vous souvient-il, au printemps passé, les dimanches aussi, toute parée de sa robe neuve, et de sa plus belle coiffe; plus parée encore de sa fraîcheur, de sa jeunesse, de son air ouvert et timide à la fois, comme elle brillait au hameau? Vous souvient-il comme, après le prêche, elle et Paul Redard, se tenant par la main, ils promenaient, sous les yeux de tous, leur bonheur et leur tendresse naïve? Maintenant elle est faible, pâle, et elle pleure quand on lui parle du printemps qui s'approche.

J'aime, sans les connaître, Charles, ces jeunes gens dont vous me parlez, qui vous accueillent, et aux avances desquels je désire tant que vous vous efforciez de répondre. Que c'est vrai, ce que vous dites, que le vrai mérite conduit à la vraie bonté, et que la vanité, sans dégrader, corrompt pourtant, puisque elle enchaîne la bienveillance! Soyez certain que ceci est assez fondé en raison, pour que vous deviez rencontrer des amis plus sûrs encore, parmi ces jeunes gens de mérite, fussent-ils d'une condition élevée, que parmi les jeunes gens médiocres et vains, fussent-ils de la nôtre. C'est l'opinion de M. Prévère, à qui j'ai lu vos réflexions sur ce sujet, et qui les trouve justes. A vrai dire, je m'y attendais; car ce sont les leçons que vous avez reçues de lui, et les exemples qu'il vous a donnés, qui sans doute ont contribué à vous les suggérer.

Voici, Charles, le jour de l'an déjà tout voisin de nous. Je n'aime pas à l'attendre, vous le savez, pour faire mes présens. Vous trouverez donc vos étrennes ci-jointes. C'est une bourse à deux pendans, que je vous ai faite, aussitôt que la nouvelle m'est parvenue, que vous gagniez beaucoup d'argent. D'un côté, l'or; de l'autre, l'argent. Pour quelque temps, je pense, cette bourse pourra contenir votre fortune; au surplus, voici encore un petit coffret dont je me dessaisis en votre faveur, et qui pourra plus tard servir de coffre-fort. En attendant, si tant est que vous n'ayez pas brûlé mes lettres à mesure, j'exprime le vœu que vous les placiez dans ce dit coffret; en ayant soin d'en garder la clé sur vous, après néanmoins que vous l'aurez fermé. De cette façon, je serai délivrée de certaines craintes qui me viennent quelquefois au sujet de ces lettres que vous lisez, que vous mettez ensuite dans votre poche, et que quelquefois peut-être vous n'y mettez pas même, en sorte que d'autres pourraient les relever de terre, et y jeter les yeux. A ce propos, je vous avouerai que je n'ai jamais été parfaitement sûre que, dans le désordre de votre naufrage, quelque papier n'ait pas indiscrètement flotté vers la rive. Veuille alors le ciel qu'il soit tombé entre les mains de quelque orpheline aussi illettrée que ma chère écolière!

Votre affectionnée,
Louise.

LETTRE XLIX.

LE CHANTRE A CHAMPIN.

De la Cure.

Aujourd'hui, tout en mettant en ordre les papiers de l'année, je retrouve ta dernière; et je profite de ce que mon encre n'a pas gelé, pour y faire réponse. M'est avis que les pauvres gens de la ville doivent avoir bien souffert de ces froidures, assiégés dans leurs galetas, par ces bises du nord. Encore, par ici, ont-ils des débris à brûler, sans compter que ce sont les plus indigens qui sont recouverts de chaume; or, du chaume à la tuile, il y a, comme de la laine à la toile. L'indigent des campagnes, moins séparé de la main de Dieu, est riche en comparaison de l'indigent des villes.

Pour en venir à ta lettre, j'y vois que les oisifs de ta rue continuent à causer à l'entour de ma Louise. Qu'y puis-je faire? et puisque la langue, selon ton dire, est la meilleure chose alors qu'elle se tait, la pire dès qu'elle bouge, n'est-ce pas bien mieux que je contienne la mienne? te répétant seulement encore une fois, que celui à qui j'ai engagé ma Louise, c'est celui-là qui l'aura. Après cela, si tes commères se plaisent à inventer une histoire, et toi à en écouter le récit, c'est à moi d'en être chagrin, bien plus que d'y pouvoir mettre obstacle.

Ton portrait de la langue, Champin, où tu laisses ta plume s'espacer en allures superbes, je le trouve vrai de tout point, en tant que tiré d'après ces commères que tu hantes. Car c'est de celles-là qu'on peut dire qu'elles liment, qu'elles trompettent, qu'elles sèment une venimeuse graine, et que, hormis l'heure où le sommeil les engourdit, ce sont des serpens qui dardent sans relâche et au hasard : tantôt contre des rocs, ou contre des rameaux, auxquels ils ne peuvent rien ; tantôt sur une tendre chair, qu'ils glacent et qu'ils empoisonnent. Je ne nie pas que ce ne soit la malice, l'amour de soi, l'envie, et toute la lie du cœur de l'homme, qui fournissent la liqueur à leur aiguillon ; mais je nie qu'à ces commères, il y ait proie qui les rassasie ; quand déjà c'est un triste remède, pour sauver la brebis, que de la jeter aux loups qui rôdent à l'entour du bercail.

Mais, Champin, où ton portrait cloche, c'est qu'il ne montre qu'une face ; et tu fais comme ce portraiteur qui, ayant tiré un nègre, criait aux gens : Voilà comme sont faits les hommes de la terre ! Je m'en tiens, moi, au dicton ; et j'estime que la langue est aussi la chose la meilleure, j'ajoute : si la crainte de Dieu la retient, et que la charité de notre Sauveur la dirige. Des langues? j'en connais de simples, qui ne nuisent non-plus que la langue des agneaux ; j'en sais de sobres qui s'abstiennent, de prudentes qui écartent le mal, de discrètes qui préservent... Des langues? j'en écoute de charitables, dont chaque propos est une semence de soulagement et de bienfésance, dont la colère n'est à craindre qu'au péché. Et, pour te prendre ce tour auquel tu t'élèves, comme dans les batailles, durant que les fanfares menteuses appellent les jeunes hommes à la mort, il y a des prêtres qui sauvent les âmes des mourans, des chirurgiens qui relèvent et qui pansent les blessés, des femmes d'armée qui portent ci et là leur eau-de-vie et leur pitié; ainsi, durant que la langue du méchant sonne ses mensonges et ses vanités, la parole du juste se répand en bienfesans secours, et en salutaires remèdes. Par où tu vois, à ton tour, que je partage ta défiance; mais qu'avant que nous soyons de même bord en ceci, il te reste à ne pas dévier, ainsi que tu fais, du dicton d'Esope. Va, il y a d'autres et de meilleurs sages que les muets.

Au lieu, Champin, de rechercher ce qui n'importe ni à toi, ni à quiconque, et pas même à moi, dont aucun notable n'a alléché, ni fléchi la volonté, je te saurai gré bien plutôt d'arrêter sur la pente ce jeune garçon, si son naturel, ou ces garnemens dont tu parles, venaient à l'y entraîner. Pour l'heure, je n'ai pas lieu de lui être sévère, et j'espère que, sentant de quel néant il est issu, ce lui sera un motif et un frein pour marcher d'une allure sage et rangée, où la confiance puisse s'attacher, à défaut de la fierté et du contentement auxquels sa tare ne laisse pas de prise. Que si il arrive ainsi à sa vocation sans encombre, celle qu'il a choisie le veut racheter de la honte; car, pour être un Lévite du Seigneur, ce n'est pas d'être humble et petit qui empêche. C'est donc à ce port que je l'attends, ainsi qu'on donne rendez-vous sur un rivage.

J'apprends avec plaisir, Champin, ce que tu

me communiques de la tienne, t'estimant plus heureux que tu ne parais content. Car, au travers de ta moquerie, je pronostique dans ton futur gendre un mari que j'estime digne de ta Catherine, de qui j'ai bonne idée, et vrai désir qu'elle soit heureuse. Je ressens dans ce garçon, un honnête; dans cette timidité que tu railles, la réserve qui sied à celui qui courtise pour le bon motif; et dans sa régularité, un garant que, rangé et laborieux, il sera du même coup économe, et apte à en élever autant qu'il en aura. Et là où sont l'honnêteté, le travail et l'affection, qu'est-il besoin que l'un mène l'autre, et encore moins que ce soit la femme, que Dieu n'y a pas destinée, l'ayant faite faible et avec des mamelles pour l'occuper à son nourrisson? Ainsi, Champin, assemble à ta fille cet homme de bien, et plutôt que de moquer, ainsi que ta gaîté t'y incline, ici, bénisle ciel qui te permet, pour ton enfant, un choix riche en espérance et en sécurité; quand déjà il te décharge de cette croix qu'il m'a imposée en m'appelant à pourvoir d'une famille ce garçon à qui il n'en a point donné.

Ton affectionné,
REYBAZ.

LETTRE L.

CHARLES AU CHANTRE.

De Genève.

Je vous envoie aujourd'hui, M. Reybaz, la mante de Louise, pour laquelle je me suis adressé aux demoiselles Dervey, en leur expliquant bien vos intentions. Tout de suite elles ont dit que cette robe de capucin ne pouvait pas aller, et que Louise, pour ne pas se faire remarquer, devait suivre les modes auxquelles elles se conforment elles-mêmes. J'ai été de cet avis, et vous verrez ce qui en est résulté. Seulement, M. Reybaz, il a fallu dépasser de deux écus la somme que vous aviez fixée, mais je suppose que vous ne le trouverez pas mauvais, puisque, sans cela, vous auriez eu de mauvais ouvrage. Je me suis rappelé que vous dites souvent: « Ce qui est bon, n'est cher qu'une fois, » et j'ai été de l'avant. D'ailleurs, le temps pressait.

Je vous demande pardon, M. Reybaz, pour ces raisonnemens d'avocat qui vous ont déplu. Ils ne valaient rien, et je le reconnais aujourd'hui que, bien plus occupé, je me vois obligé de suivre cette règle contre laquelle je regimbais. Mais ne croyez pas, tout mauvais qu'ils fussent, que, sciemment, j'abusais de la parole. Je ne sais comment il se fait que j'étais très-persuadé qu'en écrivant plus souvent, je serais plus souvent libre de préoccupations. Quant à l'autre reproche, M. Reybaz, celui que vous me faites au sujet de mon argent que je dissipe en herbe, je puis vous assurer que vous vous êtes mépris. C'étaient des drôleries et des gaîtés, bien plus que des intentions; une autre fois, je tâcherai de plaisanter plus à propos. Et pour vous montrer que je veux thésauriser autant que possible, je fais, pour les étrennes de Louise, comme font nos paysans lorsqu'ils convertissent tous les cadeaux de noce en un gros collier d'or, qui reste comme une valeur dans le ménage, et une poire pour la soif. J'ai donc mis tout ce que j'ai gagné en une chaîne d'or, et j'ai placé cette chaîne dans le double fond d'un petit coffret à ouvrage, que je joins à la mante, en vous priant de l'offrir à Louise de ma part, et en même temps.

Depuis que je vous ai écrit, M. Reybaz, une

partie de mes drôleries s'est pourtant réalisée. Je donne maintenant quatre leçons tous les jours, et, pour la dernière que j'ai commencée, on me paie à tant la leçon, c'est-à-dire, un quart d'écu par heure! Ce sont des mathématiques, et j'y prends goût en les enseignant, bien plus que je n'ai fait en les apprenant moi-même. Je pourrais avoir d'autres leçons encore, mais si je veux avancer pour mon propre compte, il faut que je me borne là.

Pour la première fois de ma vie, M. Reybaz, je vais passer le jour de l'an loin de la Cure. C'est pour moi une cruelle privation ; j'aurais tant à vous témoigner, tant de vœux, tant de promesses..... à vous tous, mes chers bienfaiteurs! Mon cœur est rempli de l'envie de vous satisfaire, vous surtout, M. Reybaz! Que je voudrais en une heure avoir franchi ces quatre années, tant je suis impatient que vous en ayez la preuve! Cette impatience me trouble. Recevez en même temps que l'expression des vœux ardens que je forme pour votre bonheur, celle de l'affection et de la déférence sans bornes avec lesquelles je suis, M. Reybaz, votre respectueux et à jamais reconnaissant.

Charles.

LETTRE LI.

CHARLES A LOUISE.

De Genève.

Voici ce jour de l'an passé, Louise. Voici close la plus bénie de mes années, l'aurore de ce soleil qui resplendit de toutes parts sur ma destinée ! Que de vœux j'ai formés, que de mouvemens de gratitude ont remué, rempli, attendri mon cœur ! Que j'ai durement senti l'éloignement où j'étais de vous ! Aujourd'hui que cette journée a fui, j'éprouve, en m'avançant dans la nouvelle année, comme si, après avoir franchi un sommet, je descendais le revers opposé, en m'approchant des vallées où finira mon exil et mon voyage.

Encore si, sur ce sommet, j'avais pu m'asseoir solitairement, pour contempler de ces hauteurs et cette route que j'ai faite, et ces vallées où je me rends ; pour savourer cette solennité des grandes journées, où le cœur, comparant un passé pâle et stérile avec un présent tout rempli de félicité, s'inonde de joie, et se répand en délicieux transports ! Mais non, c'est une ingrate journée que le jour de l'an des villes : on s'y agite en visites, on s'y fatigue en complimens, on s'y consume en riens laborieux. Dès onze heures du matin, jusqu'au soir, j'ai employé tout mon temps en choses d'usage, en devoirs de convention. Mme Dervey me gouvernait, je me suis laissé faire. J'ai donc vu vingt personnes qui se passaient bien de moi, quand je me passais encore bien mieux d'elles ; chez bon nombre, j'ai remis des cartes. Figurez-vous cela, Louise ? Ce sont des gens qui m'ont accueilli ou invité : j'en suis reconnaissant ; volontiers je leur serrerais la main, ou je les baiserais sur les deux joues ; mais pas du tout !... je remets entre les mains de leur servante un bout de carte, avec mon nom dessus, et me voilà quitte envers eux. N'est-ce pas impayable, ou plutôt monstrueusement ridicule ? Eh bien, non. C'est l'usage : donc c'est sensé, donc c'est naturel; et ce qui paraîtrait monstrueux, ce serait de ne s'y pas conformer. Ah! l'usage! Quand je serai roi de la terre, je le mènerai bon train, ce stupide-là.

J'ai été chez M. Dumont. Il m'a fait entrer, lui, quand je m'en serais bien passé; car il m'intimide extrêmement. Comme je galopais déjà, après avoir remis ma carte, j'entends qu'on galope après moi. C'était le domestique lancé à ma poursuite. Ce drôle m'attrape, il me prie de remonter : son maître veut me voir. Me voilà introduit, et je pousse mon compliment. « Je voulais, m'a dit gaîment M. Dumont, savoir d'abord où vous en êtes de vos études; et puis vous inviter à dîner mardi chez moi. » J'ai cherché à m'excuser: « Vous prendrez votre temps, mais vous viendrez. Je suis bien aise de vous présenter à quelques amis qui seront pour vous de bonnes connaissances. » Rien que cette perspective me faisait monter le rouge au visage. « Vous avez peur! il faut, mon ami, en finir avec cet enfantillage, et ne pas vous fermer ainsi la société des hommes dont le commerce et l'appui peuvent vous devenir extrêmement utiles. Et peur de qui? De mon ami Bellot! Allez, je vous souhaite, sur votre route, beaucoup de monstres de sa sorte. » Nous avons ensuite parlé de mes études, et il m'a dit des choses bien encourageantes, une pourtant, qui n'ira guère à votre père. C'est quand je lui ai parlé de ces leçons que je donne : — Mauvais ! mauvais ! a-t-il dit, ah ! c'est ce qui les perd tous ! Il faut travailler, mon ami, et puis ensuite ne rien faire, voir du monde, prendre l'air, flâner, parce que c'est ainsi que l'on digère ce qu'on apprend, que l'on observe, qu'on lie la science à la vie. Et combien donnez-vous de leçons ? — Quatre par jour. — Détestable ! Détestable ! — Mais.... — Mais vous deviendrez un âne ! voilà tout. — Il faut bien.... — Quoi ? — ... gagner sa vie.... — Pas du tout ! C'est là la sottise. Alors, quittez les études, et faites-vous maître d'école. Il faut à un jeune homme qui vise un peu haut, du temps pour le travail, et du loisir pour la pensée. On vit ensuite comme on peut. D'ailleurs, vous n'en êtes pas là. Et si vous en étiez là..... Il n'a pas achevé, mais j'ai compris sa pensée, et telle était la franche amitié avec laquelle il me parlait, qu'au lieu d'éprouver de l'humiliation, j'ai pris sa main pour la serrer avec une bien vraie affection.

Je suis sorti de là l'esprit fort tiraillé, car ces conseils s'accordent mal avec ceux de votre père. Moi, j'aimerais assez cette méthode, et si, rien qu'à prendre l'air et à flâner dans la campagne, je savais de gagner ce qui me manque en connaissances et en talens, mais, bon Dieu! je serais à la croix du ciel, et je deviendrais distingué à vue d'œil. Mais je n'ose. Jamais votre père ne comprendra ce genre de travail, sans compter qu'on ne me le paiera pas. Je n'ose ; et bien m'en fâche, car c'est vrai, au fond, ce qu'il dit, M. Dumont. Avec les livres seulement, on risque de devenir bête, bête comme Suidas, sot comme Mme Dacier. On avale, on avale ; on ne digère pas. On ne lie la science qu'à la mémoire. On devient un âne savant, au lieu de demeurer tout bonnement un âne comme un autre, un âne fidèle à sa nature, et par suite, honorable, naturel, modeste, bon à voir, excellent à vivre. Que c'est dommage, Louise, que mon obligation en ceci, ce soit d'obéir au conseil de votre père!

Mme Dervey m'a aussi contraint de faire visite aux locataires de la maison : à un vieux Syndic tout vermoulu, qui loge au troisième ; à deux vieilles demoiselles méthodistes, les maîtresses de ce petit carlin, qu'elles bourrent de sucreries et de liqueurs. Ce sont d'excellentes personnes, à cela près qu'elles chantent constamment des cantiques, et qu'elles insinuent toutes sortes de choses acides sur la religion de ceux qui ne fréquentent pas leur église. Pendant que j'étais là, on a introduit un jeune monsieur qui leur disait : *ma sœur,* et à qui elles disaient : *mon frère,* et ils se sont mis à converser dans un langage mystique, parsemé de passages, et qui leur servait à dire toute sorte de mal du temps présent, de ce bas monde, de ses corruptions et de ses fausses joies, mêlées de tant de misères. C'était à pleurer d'ennui. Et tout cela se disait, Louise, en face d'un élégant plateau, chargé de bonbons, de cristaux, de liqueurs fines ; au milieu du salon le plus coquet, autour du meilleur feu, sur les siéges les plus mollets que j'aie rencontrés de ma vie. Il y a du luxe chez Mme de la Cour, mais l'on y est à cent lieues de l'exquis confortable où vivent ces deux bonnes dames, si dégoûtées de ce monde et de ses fausses joies. Quand je me suis retiré, l'une d'elles m'a mis dans les mains un paquet de brochures, en m'invitant à revenir la voir de temps en temps. Ce sont de petits traités religieux, où je ne sais voir que des dogmes que je connais déjà, mais accompagnés de tristes menaces et de sombres avertissemens ; ou bien des histoires de charpentiers convertis, d'ivrognes réveillés par la grâce, et d'une foule de braves gens, pères de famille, ou jeunes ouvrières, canonisés ou canonisées. Tous, il va bien sans dire, appartiennent à la secte.

Mais je n'ai commencé ce pèlerinage de visites qu'à onze heures. Auparavant j'avais assisté, au milieu de la famille Dervey, à une scène tout autrement agréable. Vers huit heures, on s'est tous réunis au salon, où il y avait des paquets d'étrennes pour tout le monde, et pour moi aussi, qui me suis vu comblé de tous les côtés. Chacun, en entrant, moitié riant, moitié attendri, faisait son compliment bien affectueux, bien senti ; et il y avait dans tous les membres de cette aimable famille, un si vif sentiment de bonheur à se retrouver tous en vie, tous unis, tous se donnant des témoignages de tendre affection, que c'était réellement la plus jolie fête que vous puissiez imaginer. Mme Dervey avait abdiqué l'empire pour se faire toute à tous. M. Dervey était tout gaîté et gratitude. Les deux sœurs allaient de l'un à l'autre de leurs parens, les comblant de caresses; et moi, Louise, je gardais le silence, profondément touché de la bonté avec laquelle on m'avait associé à ces joies de famille. Le déjeuner a suivi, tout fleuri de plaisir, d'union, de vif entretien; puis la porte s'est ouverte aux visites, aux cartes, et les comédies d'usage ont commencé.

Et vous, Louise, me direz-vous comment s'est passée pour vous cette journée ? Ah ! que souvent je pensais aux jours de l'an passés, à la tranquillité de la Cure, à ce calme dont le charme eût été cette fois si vif.... à cet embrassement de M. Prévère, si solennel pour moi, si tendre, si compatissant! cet embrassement qui était ma sauvegarde, qui voilait à mes yeux tout mon isolement, en me faisant sentir à mes côtés amour, protection, indulgence, tout ce que les enfans reçoivent de leur père et de leur mère!... Quand pourrai-je donc me montrer digne d'avoir été l'enfant de ce maître bien-aimé!

J'ai placé ma fortune dans cette bourse travaillée de vos mains, et qui ne me quittera plus. Ce coffret, je l'ai si souvent convoité! Vos lettres sont toutes dedans; quel plus charmant usage aurais-je pu en faire? Je dis *toutes*, Louise, et votre crainte que je ne les laisse s'égarer dans ma chambre, ou se perdre dans mes naufrages, m'offense à bon droit. Apprenez que j'en sais le compte, et qu'il se passe peu de semaines que je ne les relise toutes, non pas sans remarquer combien elles sont clair-semées sur les dates du calendrier. Mais voici une année nouvelle qui s'ouvre, et parmi les vœux que j'ai formés, il y avait celui de voir s'emplir rapidement mon coffret.

CHARLES.

LETTRE LII.

CHAMPIN AU CHANTRE.

De Genève.

Quand tu parles des pauvres gens de la ville, Reybaz, j'entends de ceux qui sont roidis et glacés jusque dans leurs os, je me recommande pour être mis sur la liste. Cette loge est l'antre d'Eole. J'ai beau me ruiner en bois, cette cheminée me souffle plus de bise que de chaleur. Et puis, un carillon d'allans et de venans; je les donne au diable, et ça ne me réchauffe pas. Il n'y a que mon transi qui a toujours chaud : à peine regarde-t-il le feu. Durant que je tâche d'y griller un peu mes pauvres jambes, le drôle se tient vers la fenêtre, auprès de Catherine, qui n'a pas froid non plus. A chacun son tour : dans mon temps, je ne portais pas flanelle, et si j'ai souffert, ce n'est pas d'engelures. Le bois est à si haut prix, qu'on aurait meilleur compte de brûler ses chaises, si ce n'était qu'il faut s'asseoir. Du temps du Maximum, les marchands n'étaient pas si riches, mais les pauvres ne viraient pas l'œil faute d'un fagot, comme il y en a deux qu'on a trouvés gelés dans leur taudis, à la rue du Temple ; et encore que le gouvernement ne s'en vante pas.

J'ai lu ton épître, où tu me voles mes rhétoriques pour les mettre à ta sauce. Si je suis gai, ce n'est pas ta qualité, Reybaz ; volontiers tu prendrais au sérieux un moineau qui javette. As-tu voulu m'apprendre qu'il y a deux faces à tout, Dieu et Satan, le bien et le mal, le blanc et le noir, l'homme et puis la femme, le jour et la nuit? Je m'en doutais, mon vieux, avant ton prêche, qui prouve seulement que tu vois la belle société, tandis que je hante la mauvaise. Mais j'y suis né, et j'y mourrai. Les ânes ne gagnent rien à hanter les palefrois : tout au plus des ruades. Avec ça, pourtant, qu'il y a eu un moment où le monde était bien près de faire la culbute, et de nous montrer en haut ceux qui sont en bas. Ça pourra revenir, mais je n'y serai plus ; et, en attendant, je garde mon trou, où, sans les commères, je serais déjà enterré d'ennui.

Et puis ces commères, Reybaz, bien qu'elles aient la langue affilée un peu, ce sont braves femmes au demeurant. C'est la Jaquemay, fine mouche, habile à en ramasser, et qui vous flaire un oignon sous une meule de foin; mais, avec ça, bonne diablesse, abattant de l'ouvrage comme quatre, et, de son blanchissage, fournissant le pain à cinq enfans, sans compter son idoine de mari, qui a plus soif que faim. C'est la Servet, un drujon du bon temps, qui a l'œil ferme, une parole de reine, et du front pareillement. Avec ça, serviable aux amis, et là où il faut se mettre à la brèche, un vrai grenadier : entre anciens, on l'appelle le *tambour-major*, elle en a la moustache. C'est la Chapelon, fertile en bons contes, grivoise, rieuse, un peu sur l'œil, mais pas plus que telle musquée qui cache mieux son jeu. C'est la Givaudan, la repasseuse; la Grillon, l'épicière; la Dutilleul, la Franchet, toutes des honnêtes, et la fleur du quartier. Presque chacune tu les as connues dans ton jeune temps; et si elles trompetaient moins alors, c'est qu'il est du jeune âge de se suffire à lui-même, comme il est du vieil âge de périr d'ennui s'il ne bavarde, ou au moins s'il ne radote.

Quant à ces langues d'agneaux dont tu parles, j'en connais aussi, et dans les deux sexes. Le bon Dieu les bénisse, et me préserve de ce fiel emmiellé qui est au bout de leur aiguillon! J'en connais qui montent en chaire, et j'en connais qui portent jupons. J'en connais qui grondent bien haut les pécheurs, sans pour cela se brouiller avec le péché; et j'en connais qui, pour nasiller tout le jour des cantiques, ne se frustrent pas du plaisir de médire, et de la joie de damner. C'est chez ces douces brebis que, pour mon compte, j'irais chercher l'amour de soi, la malice, l'orgueil, la lie du cœur, bien avant de m'adresser à ces joyeuses commères dont tu fais des loups garoux. Qu'avec cela, il y ait des justes sur la terre, j'accorde; bien que jadis l'Eternel ait eu peine à s'en procurer, sur dix villes, de quoi frire, et que, dès lors, le monde qui ne valait déjà rien, soit devenu pire encore.

Je suis aise que tu sois satisfait de ton gendre. Comme tu dis, cette robe noire le veut blanchir. Mais pour ce qui est de te le retenir sur la pente, tu m'en demandes trop, l'ancien. Encore passe, si j'étais au fait de ses circonstances; mais, où je ne vois goutte, je ne fourre pas la main, crainte de quelque notable qui pourrait m'aller mettre le pied dessus. Avec cela, prêt à lui rendre service, ainsi qu'à toi, si le cas échéait, et que j'y visse clair. Une chose, Reybaz, c'est que ton gendre est économe : voici le jour de l'an passé, sans que je l'aie vu prodigue en étrennes; et s'il gratifie les autres comme il me rémunère, m'est avis qu'il fera sa maison. Pour bien dire, ces froidures ont resserré les bourses, et, du premier au cinquième, je n'ai encore vu que des ladres. Il n'est rien tel que de prendre de la peine pour n'en rien retirer : ce qu'on fait régulièrement, on vous l'impute à devoir, et on vous paie d'un : Bien obligé, tout au plus de quelques couples d'écus. Puis, viennent à la file les sonneurs, les pompiers, les allumeurs, les balayeurs, et un tas d'inquilins sans nom et sans services, on vous emplit leur tirelire de ce qui m'empêcherait de crever de froid. Pourtant, Reybaz, qu'ai-je pour nouer les deux bouts, que ces quelques picaillons d'étrennes, cette loque de loge, et trois ou quatre patraques à rapistoquer dans l'année? Aussi vais-je donner ma Catherine à ce transi, parce que, les prenant à demeure, sur ses cent louis il me paiera loyer et pension de quoi engraisser mon pot au feu. A cette heure, je parlemente avec lui sur l'objet, durant que son désir le facilite à m'écouter, et aux fins que l'article figure sur le contrat, si faire se peut. On ne tient que ceux qu'on enchaîne. Voilà, Reybaz, où j'en suis avec ton homme de bien. Pour les nourrissons, ils viendront assez tôt, encore que, si c'était l'usage, volontiers l'obligerais-je, par contrat aussi, à n'en avoir qu'un : ma loge n'est pas grande.

Ton affectionné,

CHAMPIN.

LETTRE LIII.

LOUISE A CHARLES.

De la Cure.

Je vois, Charles, à vos malins portraits, que votre gaîté est bien revenue, et j'en suis moi-même si contente, que je ne vous querellerai pas pour la façon dont vous parlez de ces deux bonnes demoiselles qui vous ont fait boire des liqueurs fines. Quelle drôle de chose que ce mélange de bonbons et de cantiques, de sucreries et d'insinuations un peu acides, comme vous dites ! Je me demande toujours comment s'y prennent ces personnes, que je crois, au fond, sincères dans leurs croyances, pour concilier le confortable avec le renoncement, l'aigreur avec la charité, et cet exclusif contentement d'elles-mêmes, avec une chrétienne humilité.

Au surplus, nous connaissons ici les brochures dont ces demoiselles vous ont fait présent. Des colporteurs viennent de temps en temps en offrir à nos paysans, qui ne se ruinent pas à les acheter, bien qu'on les leur passât à bon compte. Ce qu'on se propose, c'est, au fond, de leur ôter la confiance qu'ils ont en leur pasteur; et voilà encore une de ces pratiques, dont le côté évangélique échappe à mes lumières. M. Prévère ne s'est nullement préoccupé de ces tentatives; mais je conçois qu'elles puissent avoir du succès dans les paroisses dont le pasteur est plus indolent, plus tiède, moins vénéré que ne l'est M. Prévère. Pour mon père, qui n'a été frappé que de ce qu'il y a d'offensant dans l'intention, et de tortueux dans les moyens, il était tout près de faire à ces colporteurs un mauvais parti, sans les exhortations de M. Prévère qui l'ont contenu, sans le convaincre.

Je me suis bien amusée de votre visite à M. Dumont, et aussi de votre crainte de devenir ignorant, si, dès aujourd'hui, vous n'allez goûter le frais sous les ormeaux, et travailler à ne rien faire. Du reste, je pense comme vous, comme M. Dumont, et comme mon père aussi;

et j'en conclus que, pour obéir à tous ces conseils ensemble, vous n'avez rien de mieux à faire que de continuer sur le pied où vous voici. Vous avez du travail, vous avez du gain, et vous avez des loisirs, car vous m'écrivez de charmantes lettres, où vous faites, ce me semble, tout justement ce que recommande M. Dumont; puisque vous y mêlez quelquefois la science, témoin Homère et Nausicaa, et toujours la vie, l'observation et le sentiment. Si vous ajoutez à cela quelque commerce avec les hommes distingués, chose qui me semble en effet bien précieuse, quelques bons dîners chez un aussi affectueux amphitryon, et, enfin, quelque séjour à la Cure, quand les beaux jours reviendront, je ne vois pas ce qu'il vous aura manqué pour avoir suivi de point en point les conseils de M. Dumont, sans négliger ceux de mon père.

L'aimable famille, que cette famille Dervey! Vous me faites assister à cette fête, toute d'affections et de joies qui, certes, ne sont pas fausses, celles-là. Auprès de ces scènes charmantes, que voulez-vous que j'apporte qui puisse soutenir le parallèle? Notre jour de l'an, à nous, s'est passé comme les autres, à cette différence près que vous n'y étiez pas. Et cette différence, Charles, elle suffisait à troubler la fête, et à lui ôter ses fleurs. J'ai reçu à votre place l'embrassement de M. Prévère, et vous êtes bien certain qu'il s'adressait à nous deux, à vous bien plus encore qu'à moi. Il était ému, mon père l'était aussi; votre présence eût changé en paroles expansives, les pensées graves que remuent ces jours anniversaires. Après le dîner, nous sommes descendus au hameau, pour y donner et y recevoir des vœux et des poignées de main; le soir, j'ai fait tirer une loterie aux enfans, et quand la journée a été finie, je me suis réjouie de la sentir passée.

J'ai encore une chose à vous dire, c'est à propos de cette chaîne que j'ai trouvée au fond de ce joli coffret.... Pourquoi, Charles, de si belles choses? Et, si vous vous ruinez ainsi, à quoi va vous servir cette bourse que je vous ai faite? Je suis à la fois confuse et touchée... et puis, déjà tout accoutumée à me parer de ce riche collier, auquel j'ai suspendu ma montre que je ne portais jamais. Je pourrais, à ce propos, vous dire mille jolies choses sur ce que les heures me paraissent longues, et sur ce que ma chaîne me paraît légère, mais je veux garder un peu d'esprit pour une autre fois.

Votre Louise.

LETTRE LIV.

CHARLES A LOUISE.

De Genève.

Je sors, Louise, de ce fameux dîner. C'était aujourd'hui, à deux heures. Je m'y suis rendu en toute grande tenue : ce même domestique m'a ouvert. Apparemment ma fugue de l'autre jour lui est revenue à l'esprit, car, en me voyant, il s'est pris à sourire. Ce sourire m'a bouleversé : j'ai cru que c'était, dans mon air, dans ma tenue, quelque chose qui égayait ce drôle, et, comme en cet instant les portes du salon se sont ouvertes devant moi, je m'attendais à voir tous les hommes distingués rire à mon aspect.... Je n'ai rien vu. Eclipse totale, éblouissement complet, pendant lequel M. Dumont me présentait à tout le monde. Après quoi, l'on ma laissé tranquille. Alors je me suis mis à reprendre un peu mes sens.

Il y avait là douze personnes, moi compris. Je cherchais à découvrir la moins distinguée d'entre toutes, afin d'oser m'en approcher, et lui dire quelques mots, ce qui me donnerait l'air de n'être pas muet. J'eus bientôt trouvé mon affaire. C'était, debout, un peu en arrière des autres, un monsieur d'une mise bourgeoise, ayant une canne suspendue à son bras droit qu'il portait comme en écharpe, et, le seul, parmi tous ces convives en frac, qui fût habillé d'une redingote. Tout doucement, je m'approchais de lui, lorsque sa figure s'animant tout à coup du sourire le plus gracieux et le plus amical, il a fait deux pas à ma rencontre, et m'a tendu la main... J'allais de nouveau perdre l'équilibre, croyant qu'il me prenait pour un autre, lorsqu'il m'a dit : « Je sais qui vous êtes. Dumont m'a parlé de vous, et je compte bien que nous nous reverrons. En attendant, causons un peu. » Alors, il s'est appuyé familièrement sur mon bras, car il est estropié, et s'est dirigé vers un sopha, où nous nous sommes assis. Là, avec toute sorte de bonté, ce monsieur m'a fait causer sur ma situation, sur mes études, sur mon avenir, et lui-même m'a parlé avec une autórité de lumières et d'amitié, qui subjuguait à la fois ma volonté et mon cœur. Sa manière de dire est austère, nerveuse, pleine de noblesse et de bonhomie, et tout animée d'un chaud intérêt qui rend son entretien attachant et savoureux.

J'étais donc là fort à mon aise, et tout émerveillé d'être si bien tombé du premier coup, lorsque M. Dumont s'approchant : « Il n'est pas si terrible, n'est-ce pas, mon ami Bellot?... » C'était lui, Louise! c'était le monstre!... Mon embarras a été extrême, mais de telle sorte, cependant, que ma reconnaissante émotion a pu se faire comprendre. Bientôt l'on a passé dans la chambre à manger, où, placé à table entre M. Bellot et un monsieur que je ne connais pas, j'ai mis tous mes soins à me faire oublier, bien plus qu'à plaire; et à ne pas faire de bévues, encore plus qu'à étaler mon usage du monde.

Ce qui est charmant, Louise, à ces tables ainsi composées, c'est d'écouter de son coin ce qui se dit, d'assister en spectateur à ces luttes animées, qui naissent du choc d'esprits supérieurs; à ce brillant assaut de graves raisons, ou de spirituelles saillies, que se livrent entre eux ces convives naturellement aimables, et de plus réjouis par la bonne chère, électrisés par le plaisir de se trouver ensemble, et qui semblent puiser à chacun de ces différens nectars, dont leur verre s'emplit et se vide tour à tour, je ne sais quelle flamme nouvelle, quel fumet délicat, dont leur entretien pétille, se parfume ou se colore. Et c'est M. Dumont, Louise, qu'il faut entendre, qu'il faut voir! Sans perdre un coup de dent, sans oublier un mets, sans jamais confondre un de ses verres avec l'autre, avec une aisance, un naturel, une gaîté admirables, tantôt il dit les choses les plus sérieuses, tantôt les plus piquantes; ou bien il conte, ou bien il lance un trait aimable et malin, ou bien il est secoué d'un rire si franc, si vrai, si puissant, que le branle gagne toute la table, et voilà tous ces hommes graves qui éclatent de rire à qui mieux mieux. Il faut ensuite un grand moment, avant que les derniers flots de cette gaie tempête aient achevé de se calmer. En vérité, il ne me manquait, pour me divertir parfaitement, que de me sentir à mon aise, ou à ma place; que de n'avoir pas peur de mes voisins, peur de M. Dumont, peur du domestique lui-même, dont l'empressement obstiné compliquait encore mes alarmes.

Après le dessert, qui s'est prolongé en vives et joyeuses conversations, M. Dumont s'est levé, et l'on est rentré dans le salon pour y prendre le café. Là, tour à tour, la plupart de ces messieurs se sont approchés de moi, pour me marquer une bienveillante attention, et aussi, je suppose, pour m'encourager à surmonter cette timidité qui me rendait silencieux. Plusieurs m'ont parlé de M. Prévère, et en termes qui me faisaient ressentir bien vivement le bonheur et la gloire de lui appartenir; un moment même la conversation s'est concentrée sur lui, et j'ai osé alors y prendre part. Ah! que n'avez-vous pu, Louise, entendre avec moi ce qui s'est dit sur notre bien-aimé maître; quelle estime, quel respect, quelle vénération sentie! Que n'avez-vous pu entendre ce M. Bellot, dans quelques mots pleins de gravité et de chaleur, rendre à l'homme un digne hommage; tandis que M. Dumont, s'attachant au prédicateur, caractérisait avec une admirable clarté son éloquence forte et insinuante, élevée et en même temps pratique, en rendait sensibles les secrets ressorts, en représentait et les mouvemens et les effets, et, en voulant la peindre, luttait, s'animait, devenait éloquent lui-même! Et M. Dumont, Louise, avant d'être un publiciste, avant d'être l'orateur le plus brillant de notre Conseil, a été jadis un prédicateur distingué.

Voilà comment s'est passé ce dîner. Je suis

encore tout étourdi, tout émerveillé, tout honteux de l'honneur qu'on m'a fait, et qui pourra se répéter, je le crains, car c'est l'usage de M. Dumont que d'attirer ainsi, pour les produire, et les mettre en relation avec ses amis, les jeunes gens qu'il remarque, ou qu'on lui fait remarquer, comme doués de quelque aptitude aux études, ou de quelque ambition de se distinguer. Ce qui me rassure, néanmoins, c'est qu'il me semble que j'ai dû lui paraître aujourd'hui doué d'une ineptie remarquable, et de la seule ambition de boire et de manger, encore, encore!... Car, je vous le jure, ce valet sur mon épaule, ces grands hommes en front et sur les ailes, tout cela ne me laissait guère d'appétit, et je me suis très-petitement régalé. L'occasion était belle pourtant. Tous les plats de l'alphabet! Louise; un désordre de vins, une confusion de sauces! Je tremblais d'aller faire quelque risible quiproquo, et je n'ai su mieux faire que d'imiter en tout M. Bellot, mon voisin, dont l'extrême sobriété m'a servi de modèle.

Je suis, vous le savez, Louise, un peu sujet à m'engouer des gens; j'ai besoin d'un héros pour qui mon cœur batte, et quelquefois, plutôt que d'en manquer, je prends un peu à la légère ce qui me tombe sous la main. Mais aujourd'hui, je crois que, dans ce M. Bellot, j'ai trouvé, et pour longtemps, de quoi estimer, vénérer, aimer à mon aise et à bon droit. J'en avais bien souvent entendu parler, car il est peu d'affaires publiques dont il ne soit l'âme ou le régulateur ; aussi me figurais-je un grave légiste, très-savant, très-habile, mais enfin un légiste, sans plus ni moins. Combien je me trompais! Louise, et, dans cet homme que l'on compte en effet parmi les plus profonds jurisconsultes de notre temps, combien le caractère, par sa beauté, le cœur par sa noblesse, le discours par sa bonhomie, sont encore au-dessus de ces lumières et de cette science que l'on admire en lui! Combien son abord, ses manières, ses paroles, et ce feu de bonté qui brille sur sa figure, pénètrent d'un tout autre sentiment que celui que fait naître la supériorité d'intelligence ou de savoir! Non, il y a là plus qu'un de ces savans qui illustrent la science seulement; il y a un de ces hommes qui honorent leur pays, qui honorent l'humanité, en faisant voir de quelle énergie, de quelle constance elle est capable pour le bon, pour l'utile, pour le beau! Eh! qu'importe que le théâtre soit restreint? Direz-vous que M. Prévère n'honore que la paroisse où il cache ses vertus?

M. Prévère et M. Bellot sont de même âge;

mais, bien plus ! et j'ai appris cette circonstance avec une vive satisfaction, ils ont fait leurs études ensemble; et, par une singulière vicissitude, chacun d'eux se destinait primitivement à la carrière que l'autre a embrassée. Vous le savez, M. Prévère se vouait au barreau, lorsque déjà entré dans la carrière, il n'y trouva ni l'emploi des forces de son cœur, ni le champ qu'il fallait à son ardente charité, à sa vive éloquence; il quitta donc le droit, et se fit ministre du saint Evangile. Eh bien, M. Bellot, déjà auparavant, et tout jeune encore, avait fait l'inverse. Dès le collége, il s'était pris d'un zèle apostolique, il composait des sermons, il les récitait devant ses parens; sa vocation pour la chaire paraissait décidée. Ecoutez ce qui lui advint au milieu de ses triomphes? Un jour, son aïeul, tout fier des précoces talens de son petit-fils, le conduisit chez un curé de ses amis, après lui avoir recommandé de se munir d'un de ses sermons. Arrivé chez le prêtre, le bon vieillard lui apprend que son petit-fils, futur théologien, compose déjà, et il cite en preuve un sermon que l'enfant a dans sa poche. Le curé ne manque pas d'applaudir à cette nouvelle, et il manifeste l'envie d'entendre le sermon. Le petit Bellot se campe alors en Bourdaloue, il débite avec onction, il discute avec force, et, dans sa péroraison, il triomphe; car son discours roulait sur les erreurs de l'Eglise romaine, et il espérait bien obtenir les honneurs de la controverse avec le curé. Quand ce fut fini, celui-ci, souriant avec bonté, lui frappa doucement sur l'épaule, en disant : « Bien, bien, mon petit ami; » puis, appelant sa servante : « Jeanette! apporte des pommes pour ce bon petit garçon! » — N'est-elle pas charmante, l'histoire? Je voudrais que vous eussiez entendu M. Bellot nous la conter lui-même à dîner, et convenir que jamais pommes ne lui parurent si amères.

Cette mortification ne changea rien aux projets du jeune écolier; mais, plus tard, quand il se connut mieux, son intelligence forte et positive, son aptitude toute spéciale aux choses de discussion et de raisonnement, sa soif d'ordre et de lucidité, le firent dériver par degrés, de cette carrière de la chaire, où ces facultés ne sont ni les seules, ni les premières en importance, vers l'étude du droit où elles assurent le succès et la prééminence. Entré dès lors dans sa véritable carrière, il s'y est livré sans relâche aux plus laborieux et aux plus difficiles travaux : conquérant, à l'aide d'une opiniâtre persévérance, bien plus que par le bienfait d'une conception rapide, cette suprématie qu'on lui reconnaît dans le domaine du droit et de la législation. Pendant quelques années il a plaidé au barreau, perdant peu de causes, parce qu'il n'en acceptait pas de mauvaises. Ensuite, devenu un jurisconsulte éminent, il a préparé et discuté toutes nos lois importantes, et par sa haute raison, par cette autorité de l'intelligence et du savoir, unis à la probité et au civisme, il est aujourd'hui l'oracle de nos Conseils, et l'honneur d'un pays qui le vénère. Mais ce qui est triste, Louise, c'est que cet homme, dont la vie est tellement confondue avec la chose publique, qu'il semblerait que celle-ci ne puisse se passer de lui; cet homme, il est estropié, infirme; il est si faible dans toute la partie droite de son corps, qu'il fait de fréquentes et dangereuses chutes, qu'à peine il peut marcher seul, qu'il ne peut écrire que de la main gauche. Sa seule énergie le soutient, et son unique passion aussi, celle du bien public.

Ces choses, je les savais en partie, mais comme, après avoir vu l'homme, ma curiosité était vivement excitée, j'ai fait causer M. Dumont qui, se complaisant dans cet entretien, m'a peint son ami sous toutes ses faces. Ce M. Bellot, Louise, tout infirme qu'il est, et bien qu'aujourd'hui sa fortune soit assurée, est logé depuis longues années à un second étage, dans une chambre chétivement meublée, la même qui lui servit autrefois de cabinet d'avocat. C'est là que, dès l'âge de vingt ans, il a contracté l'habitude de se lever à quatre heures du matin pour s'assurer, pendant ces veilles matinales, le silence et l'isolement nécessaires à ses travaux, sans retrancher rien des heures où son expérience et ses lumières sont au service de ses concitoyens. Sans cesse des gens de tout rang, de tout âge, des hommes instruits et des hommes ignorans, hantent ce modeste cabinet. Il les accueille avec affabilité; il les écoute avec patience; il réfléchit sur leurs petites affaires, avec ce scrupule qu'il apporte aux plus graves : ils s'en vont satisfaits de ses conseils, flattés de sa réception. Cette vie laborieuse ne laisse place, comme vous pouvez croire, ni au luxe, ni à l'oisiveté; aussi ses mœurs sont-elles austères, sa tempérance stricte, ses habitudes empreintes d'une simplicité antique qui contraste, sans qu'il s'en aperçoive, avec le faste et la mollesse qui règnent autour de lui. A peine assiste-t-il à quelques repas chez son ami Dumont, bien rarement ailleurs, et il n'apporte à ces réunions que gaîté et bonne humeur : toute pédanterie, toute affectation lui sont parfaitement étrangères. Ses parens, qu'il possède encore, ont été ruinés, sa famille a été frappée de revers : il a tout adouci, tout réparé, et il semble n'avoir renoncé au mariage que pour être le père généreux de tous les siens. Ses sœurs, ses neveux, ses nièces, tous regardent à lui, tandis que le filial respect, la simple et tendre affection de ce fils parvenu à une considération si haute, font la gloire et le bonheur de ses vieux parens. Quelle carrière! Louise; et ces traits de la vie privée, que la renommée laisse dans l'ombre, pour publier des succès de savoir ou d'éloquence, combien ils rehaussent et complètent le mérite d'un homme supérieur! comme ils font prévaloir, même chez celui-ci, la mâle et attachante grandeur de l'homme et du citoyen, par-dessus la célébrité du légiste !

Et si vous saviez, combien sa noble figure, ses yeux pleins de feu, son front majestueux, son sourire aimant, combien sa mise simple, son attitude, sa belle voix, correspondent à tout ce qu'on a entendu dire de son caractère et de sa vie! Chacun assure que son visage ressemble de tout point à celui de Bonaparte, et je vois les gens se complaire à ce puéril rapprochement. J'éprouvais, en l'écoutant faire, un sentiment pénible : c'est dire trop, ou trop peu. C'est provoquer, à propos d'une fortuite ressemblance entre les traits d'un conquérant qui a rempli le monde de son nom, et ceux d'un citoyen à peine célèbre, un parallèle qui écrase ce dernier, et qui l'écrase injustement. C'est risquer de faire surgir le ridicule, là où le ridicule serait une profanation, puisqu'il s'attaquerait à ce qui est plus haut, plus grand, plus sacré, que ne peuvent l'être le pouvoir, la renommée et la gloire, aux vertus fortes et modestes, au civisme constant et dévoué, à tout ce qu'ont de vénérable l'âme, la pensée et le caractère.

Je me suis étendu avec complaisance, Louise, sur un sujet dont je suis si préoccupé, qu'en vérité je n'aurais su aujourd'hui vous parler d'autre chose. Avant même d'être sorti de chez M. Dumont, j'étais impatient de venir causer avec vous; de vous avoir communiqué cette admiration, ce respect, dont mon cœur était rempli; d'avoir conquis à cet homme vertueux votre hommage, dont il est digne. Le mettrez-vous, comme moi, dans votre estime, sur le rang où vous mettez M. Prévère? Aurez-vous vu, comme moi, dans ces deux condisciples qui échangent entre eux la carrière qu'ils avaient d'abord choisie, deux vaillans soldats qui, pour mieux combattre, changent entre eux de place et d'armure; deux hommes qui, par des routes diverses, tendent au même but, et dont la vie tout entière, asservie à l'unique passion d'être bienfaisant et utile, n'est qu'un tissu serré de vertus et de services? Dites-moi ce que vous pensez; et si vous trouvez que je fais erreur, ramenez-moi bien vite à cette exclusive estime pour notre bien-aimé maître, dont je me reproche déjà de m'être départi quelques instans.

CHARLES.

LETTRE LV.

LOUISE A CHARLES.

De la Cure.

Je n'ai pu m'empêcher, Charles, de lire à M. Prévère une bonne partie de votre lettre; il s'est réjoui de ce que votre engouement est si bien tombé. En me confirmant tous les détails que vous me donnez, il m'en a raconté d'autres non moins intéressans : « M. Bellot, a-t-il ajouté, a plus de talens et de savoir qu'il n'en faut pour être célèbre, et il a trop de modestie, d'ingénuité, de vrai mérite, pour l'être jamais. C'est un de ces citoyens voués au labeur, non à la gloire; et dont on apprend l'infinie valeur bien moins par l'éclat qu'ils jettent, que par le vide qu'ils laissent après eux. Dites à Charles que je suis heureux qu'il ait compris ce caractère. Il est d'un prix inestimable, pour un jeune homme, d'avoir vu de pareils exemples assez tôt pour ne pouvoir plus jamais, au milieu des misères de ce monde, douter de la vertu. Et qu'il soit plein de reconnaissance pour M. Dumont qui lui a procuré cet avantage. »

Après ceci, que répondrai-je à vos questions? Charles. Je suis bien obligée d'accéder à votre jugement, et de mettre comme vous ce M. Bellot, sinon dans mon affection, du moins dans mon estime, sur la même ligne que notre bien-aimé maître. J'ai épousé votre admiration, votre enthousiasme; et je ne puis nier, quand même de tout mon pouvoir je voudrais avantager M. Prévère, que ces deux hommes, avec des talens différens, et dans une sphère autre, se comportent de la façon la plus semblable, qu'ils sont partis du même point, pour arriver au même terme. Alors, par quel étroit sentiment de gloriole ou de sot amour-propre, refuserais-je de leur apporter à chacun mon humble mais égal hommage? N'est-il pas encourageant, réjouissant pour le cœur, de voir s'étendre le cercle de ces créatures qui, en rendant la vertu comme visible, la font chérir avec délices; qui en propagent le doux empire, et font tressaillir au milieu de leur engourdissement, jusqu'aux âmes vulgaires? J'accède donc, Charles. Sur ce point délicat, je n'ai pas consulté M. Prévère, comme vous le pensez bien; mais je lisais assez dans ses discours, sur son visage, qu'il se place bien loin au-dessous de son ancien condisciple, et que sa modestie seule aurait à souffrir, s'il pouvait lire nos lettres.

Votre heureuse bévue, vos angoisses, votre sobriété aussi, m'ont paru bien plaisantes. J'aurais donné tout au monde d'avoir, pour vous considérer d'ici, cette magique lunette des Mille et une nuits. Au surplus, vous faites un si séduisant tableau du spectacle auquel vous avez assisté, qu'en vérité je puis vous porter envie, bien mieux encore que vous plaindre. Ce qui m'a frappée d'étonnement, c'est combien la chère des hommes distingués est distinguée aussi; je croyais qu'il n'y eût que les sots qui mangeassent si bien, et, dès ce jour, je réforme l'idée où j'étais qu'il y a incompatibilité entre ce gourmand appétit, et ces jeux délicats de l'esprit dont vous parlez.

Pendant que vous vous plongez ainsi dans toutes les mollesses de la vie civilisée, nous autres sauvages nous nous battons avec les loups. Imaginez-vous que, mardi soir, j'étais sortie au crépuscule pour me rendre chez les Piombet, lorsque j'ai vu, à cent pas de moi, dans le pré d'Olivet, un animal accroupi que j'ai pris pour un chien. Dourak aboyait sans rien voir, mais en flairant une trace, qui l'a bientôt conduit droit sur ce compère loup. Alors s'est engagé un combat effrayant. J'ai appelé; Antoine est accouru, et mon père, et bientôt tout le village. Quand on a crié : C'est le loup! j'ai eu peur comme si j'eusse été dévorée, et je me suis enfuie à la Cure. A l'approche des gens, cet animal a pris la fuite, et s'est allé jeter devant les deux Paulet qui revenaient de la chasse. Tous deux l'ont ajusté en même temps, mais la bête est tombée frappée d'une seule balle; et la grande question qui agite à cette heure le hameau, c'est à savoir lequel des Paulet a l'honneur du coup. Je trouve, moi, que c'est Dourak; car c'est lui qui, après avoir maltraité ce loup, l'a ensuite poursuivi et jeté, tout boiteux déjà, sur le passage des Paulet, qui n'ont fait entre eux deux que l'achever.

Quoi qu'il en soit, je ne sors plus au crépuscule, et jusqu'à ce que les neiges, en se retirant, nous aient délivrés des visites de ces hôtes affamés, je ne ferai plus un pas sans Dourak. Pour lui, cette aventure l'a singulièrement réjoui, bien qu'il y ait laissé son reste d'oreille. Dès que je parle, il me regarde fixement, d'un air tout attentif, comme si je ne parlais plus que de loups; et, à chaque instant, il sort pour aller flairer de tous côtés, lors même que je lui dis qu'on n'a pas de ces plaisirs-là tous les jours. D'autre part, mon père a recueilli une foule d'histoires de loups dont il m'entretient : si ce vent continue de souffler, je ne saurai plus où me mettre pour n'avoir pas peur. Les Paulet ont empaillé leur bête, et ils comptent la porter demain en trophée à Genève, où, sûrement, elle passera sous vos yeux.

Il est onze heures du soir : tout le monde est couché, Dourak aboie, et je vous quitte pour tâcher de m'endormir le plus tôt possible.

Votre Louise.

LETTRE LVI.

CHAMPIN AU CHANTRE.

De Genève.

Celle-ci est pour t'avertir, si bon te semble, que ton notable ne se tient pas pour battu, à preuve que, sa mère cherchant à le marier, il ne s'apprivoise à aucune de ces petites de par là-haut, notamment à une qu'on lui pousse au-devant, et que bien des cavaliers attendraient de pied ferme. C'est une fillette de dix-huit ans, toute de lys et de roses, comme dit la chanson ; ayant un port de nymphe, et qui est cet hiver la reine de leurs bals, tant de figure que d'attifement, sans compter cette fleur de joie et ce lustre de l'œil, que donne aux belles le triomphe. Les parens sont d'accord ; la petite, sans être encore éprise, ne dit pas non ; mais M. Ernest, le cœur déjà percé pour la tienne, laisse dire, laisse faire, et ne se soucie de cette rose qu'on lui met sous le nez, non plus qu'un coq ne reluque une caille.

Cette fillette, c'est une demoiselle Dupuech. M. Dervey l'a instruite. J'ai connu le grand-père, qui était marchand de fer à Coutance : un gaillard de ceux-là, qui, comme on dit, ne se poudrent pas quand il fait la bise. A force vendre ses faucilles, et vivre de coquilles de noix, il a amassé un million de bien, avec quoi son fils a spéculé si à propos, qu'il est aujourd'hui un de nos richards, menant gros train, ayant hôtel et livrée, et ne se souvenant guère de cette boutique de clous d'où il est sorti. A l'exemple de nos gros, il ne s'est donné que deux enfans, afin de n'éparpiller pas ses millions, et que la famille, au lieu de redescendre vers la boutique, monte vers le Syndicat. Pour y aider un peu, il a fait du *Dupuech* de l'écriteau de son père, un beau et bon *du Puech*, gravé sur sa porte, et griffonné sur ses cartes de visite que j'ai tenues. Encore dix ans, Reybaz, nous aurons nos comtes et nos barons, et l'égalité, qui est déjà morte, sera enterrée.

Tant il y a que le bonhomme donnerait volontiers sa fille à l'héritier des de la Cour, vu que cette alliance décrasserait lui et les siens de leur reste de limaille. Mais voici que l'héritier des de la Cour lâche des ruades à quiconque lui parle de ce mariage, et il a, avec sa mère, des prises où il tempête et envoie au diable cette pimbêche et les autres, parmi lesquelles on lui offre de se choisir une moitié ; disant que pas une ne va à la semelle de ta Louise, et que s'il ne peut l'avoir, il restera garçon. En attendant, au bal, il affiche de faire l'épaule à toutes celles dont sa mère lui a parlé, ou dont il se doute qu'elle lui parlera; fesant walser des laiderons et des tordues, plutôt que telles de qui on pourrait dire qu'il les courtise. Comme tu peux croire, ces pauvres filles qui n'ont pas tourné depuis longtemps, bien volontiers quittent leur banquette, et se font aimables et légères que c'est à crever de rire. Son dire à lui, c'est que ton projet ne tiendra pas, ne peut tenir, et que, s'il est vrai que tu aies un moment songé à ce Charles, c'est une lubie que la réflexion veut dissiper ; qu'en face de ce champion-là, il n'en est pas à se croire défait d'une première. En attendant, il veut, dès le printemps, retourner à la Cure, contre l'avis de sa mère qui voudrait l'emmener au bout du monde. Tiens-toi donc pour averti, et en même temps conviens que les langues sont bonnes à quelque chose ; puisque, tout ceci, je le tiens, partie de la Jaquemay qui blanchit les de la Cour, partie de la Chapelon, par le fait de son homme qui sert dans les bals.

Bien que dans tes lettres, Reybaz, tu appuies sur ceci que « ce qui est fait est fait, » tu feras bien, je m'imagine, de voir plutôt si « ce qui est fait est bien fait. » Je te le redis : en matière d'hyménée, où se joue la vie d'un enfant, c'est l'unique point auquel on se doive attacher, sans s'aller embarrasser de propos, ni de promesses, qui n'ont de valeur, on le sait bien, qu'après le paraphe de l'Officier civil. Sois certain, Reybaz, que ce de la Cour, pour se comporter ainsi qu'il fait, sans d'ailleurs être un novice en fait de femmes, et bien que placé pour choisir à son gré, parmi nos belles de par là-haut, doit être enflammé bien avant. L'obstacle qui décourage les tièdes, irrite les passionnés; et cette fraîcheur simplette de nos filles, quand elle a été ressentie d'un de ces blasés, toujours entourés de ces poupées à falbalas, leur est comme un charme dont leur fantaisie se veut à tout prix rassasier. Attends-toi donc à ce que celui-ci veut rôder à l'entour de cet appât qui le fascine, et, de ses mouvemens, effrayer ta Louise, ou culbuter ce Charles ; et, dans cette prévoyance, considère, pendant que le temps t'en est laissé, si tu dois bien dès aujourd'hui amarrer le sort de ta fille à cet enfant trouvé, plutôt que de gouverner doucement sa destinée vers ce port d'une bonne maison, où un riche et beau cavalier, qui, du seuil lui tend les bras, s'honorerait de l'abriter. C'est à l'embranchement de deux chemins qu'il convient de choisir le bon, crainte d'aller s'engager dans les ronces et les épines, d'où il est malaisé ensuite de se sortir. Tâche donc, l'ancien, d'y voir clair ; et sois certain que mon avis provient de ce qu'ayant vécu cinquante-six ans dans cette bicoque de ville, j'ai eu l'occasion d'apprendre un peu mieux que toi le train de ce monde, que tu n'entrevois, des champs où tu vis, qu'au travers des ombrages, ou du fond de ta sacristie.

Pour ce qui est de ton gendre, Reybaz, je lui fais réparation : ce n'est pas au garnement qu'il tourne, c'est au beau monde. Le voilà qui se gorge de bons dîners, et qui tranche du mirliflor, ni plus ni moins qu'un légitime à vingt-quatre carats. Du vol qu'il prend, le voudrais-je, je ne pourrais plus le suivre, n'ayant pas l'entrée de ces olympes où il table avec les dieux. Dans les premiers temps, avec sa veste de campagnard, on savait par quel bout le prendre ; aujourd'hui il ne me reste qu'à tirer mon chapeau devant son feutre lustré, et ses poignets à manchettes. N'est-ce pas pitié, que de voir ce garçon, relevé de terre, qui se galonne ainsi de drap fin et de linge plissé! Tu vas voir, Reybaz, que tout à l'heure il sera trop beau pour ta sacristie, si déjà il ne te trouve bien honoré de l'avoir. C'est sur nous autres qu'il s'essaie, mais ton tour viendra; le tout est d'attendre. Je t'ai dit comment, pour satisfaire à ses tailleurs et parfumeurs, et à tous les rôdeurs qui montent l'escalier, il me frustre de mon étrenne. C'est apparemment afin de s'en libérer encore mieux, qu'il a pris un quidam pour lui cirer ses bottes et brosser ses habits. Tu peux penser si cet inquilin me va. Aussi je lui en fais, sans avoir l'air. Je le laisse en bas frapper des heures : c'est que je suis dur d'oreille. Sitôt qu'il brosse ses habits sur le palier, je balaie: c'est mon droit. Du talon je lui renverse son pot de cirage: pardon, je ne voyais pas. A tant et à tant, qu'il faudra qu'il décampe, ou je ne m'appelle pas Jean-Marc!

A propos, sais-tu, mon vieux, que j'ai aussi les miennes, avec ce transi? Voici que, poussé secrètement par ma doucette de Catherine, il se rebelle, et n'entend pas venir nicher dans ma loge. Sur quoi je lui ai dit : « Déloge, et bon voyage! » et à elle : « Passe-toi d'homme, puisqu'aussi bien ton maître d'école écoute de mauvais conseils. » C'était pour leur faire peur. Dès le lendemain, ils venaient à composition, niant d'avoir voulu se rebeller, et offrant de me payer pension, à raison de ce que Catherine m'étant ôtée, il me faudra prendre une servante à sa place; mais d'ailleurs, refusant de venir habiter ma loge qu'ils disent trop petite, tant mes drôles sont impatiens d'avoir toute une école d'enfans de leur fabrique. Je n'ai pas encore consenti ; en attendant, je tolère qu'ils se voient, sans toutefois les laisser seuls ensemble, depuis que s'est éventé leur petit accord de méfiance à mon égard. Et vois, Reybaz, comme l'esprit vient à ces fillettes ! Ma Catherine est une douce, je n'ai pas, Dieu merci, laissé sa volonté croître..... et la voilà, qui, du premier coup, enlace ce transi, et s'en fait un levier pour culbuter tout doucement son père! Qu'y faire? Depuis Eve, c'est ainsi. La force est aux hommes, mais la ruse est aux femmes; et tandis que la force terrasse à l'occasion, la ruse règne à la durée. Une chose m'en plaît toutefois, c'est que ce benêt qui a tant régenté les marmots du carrefour, apprendra à son tour ce que c'est que d'être régenté par cette doucette, qui ne l'épouse qu'après lui avoir déjà limé les dents et rogné les ongles.

JEAN-MARC, l'ancien.

LETTRE LVII.

CHARLES A LOUISE.

De Genève.

Les Paulet sortent d'ici avec leur bête. Je les ai fait entrer au salon, où se trouvaient les demoiselles Dervey. Elles ont toutes deux poussé un grand cri, et beaucoup ri ensuite de leur frayeur. L'idée nous est venue alors de faire jouir tout le voisinage de la vue du monstre, et nous avons adressé les Paulet aux deux vieilles et à leur Carlin. Ces bonnes dames, croyant voir la bête de l'Apocalypse, sont demeurées muettes de stupeur, tandis que le carlin s'éclipsait dans les ténèbres d'une alcôve. Revenues bientôt de leur frayeur, elles ont mis les Paulet à la porte, insulté le loup, morigéné leur servante, tancé le portier, et contracté beaucoup d'aigreur contre tout le genre humain. Voyant cela, le roquet a quitté son alcôve, et s'est mis à japper ; il jappe aux passans, il jappe aux bruits de porte, il jappe quand même, il jappera tant que ses maîtresses n'auront pas pardonné au genre humain. C'est la manière de ce détestable petit courtisan, que je méprise de toute l'estime que je porte à Dourak. Brave Dourak! En vérité, j'éprouve un vif besoin de le voir. Tâchez, Louise, à me l'envoyer : voici le dégel ; les loups ne vous visiteront plus.

Mais c'est de bien autre chose que je viens vous parler. J'ai revu M. Ernest! L'entrevue a eu lieu hier, chez Mme Domergue. Il ne s'attendait pas à m'y voir, je ne l'y cherchais pas, on ne s'est rien dit.... c'est pour le mieux, ce me semble. Voici, du reste, comment la chose s'est passée.

C'était un bal. Il est arrivé un peu tard, pendant qu'on dansait une contredanse où je figurais. A sa vue, j'ai éprouvé une forte émotion, mais j'étais déjà remis de mon trouble quand il m'a aperçu. Après la contredanse, j'ai reconduit ma danseuse à sa place : c'était tout près de lui. Il n'a pas fait mine de m'apercevoir. J'en ai conclu qu'il n'était pas en train de me reconnaître ; et, comme ce n'était pas à moi d'aller lui dire mon nom, l'entretien en est resté là. Nous avons continué pendant toute la soirée de rôder l'un autour de l'autre, en nous regardant sans nous voir. Vingt fois pourtant nos yeux se sont rencontrés ; et s'il a pu surprendre sur ma figure quelque rougeur, j'ai pu lire sur la sienne un hautain dépit. Qu'il soit hautain, je ne lui en veux pas ; qu'il ne me reconnaisse plus, qu'il nous oublie à jamais, loin que je m'en afflige, il aura fait la seule chose que je désire de lui. Et s'il pouvait ajouter à cette grâce celle d'épouser Mlle du Puech, une fort belle et riche personne, avec qui on le marie dans le public, j'irais je crois lui rendre visite pour lui marquer ma satisfaction et les vœux que je forme pour sa parfaite félicité. Malheureusement, à voir la façon dont il se comporte avec cette demoiselle, il me paraît que le public se trompe.

Mme de la Cour était là, qui ne nous a pas perdus de vue un seul instant. Je ne savais trop si, après l'accueil que m'a fait monsieur son fils, je devais oser m'approcher d'elle, pour lui faire le salut d'usage. Toutefois, pour n'éprouver pas la gêne de fuir son voisinage pendant toute la soirée, en passant devant elle je me suis incliné respectueusement, et je n'ai eu qu'à m'applaudir d'avoir écouté cette inspiration. Accueil excellent, Louise, bonne grâce,..... charmée de me rencontrer, charmée d'avoir des nouvelles de la Cure, mille choses aimables sur Mlle Louise, et encore sur Mlle Louise. En vérité, je crois que si nous eussions été seuls, elle m'eût ouvertement félicité, et que moi je n'aurais pu m'empêcher de lui sauter au cou. Mme de la Cour, vous le savez, dit tout avec grâce et facilité, elle caresse, insinue, pique, sans avoir l'air; et c'est de cette façon que, sans seulement paraître y songer, elle me disait en présence des dames assises auprès d'elle : « Je suis charmée de voir, Monsieur Charles, que, tout occupé et *préoccupé* que l'on vous dise, vous savez donner quelques momens aux plaisirs. » J'ai rougi jusqu'au blanc des yeux, en balbutiant je ne sais quelle sotte répartie. Bon Dieu ! que j'aimerais, Louise, acquérir cet usage du monde dont, au fond, je fais peu d'estime, mais qui, au fond aussi, me semble si commode, si nécessaire, dès qu'on met le pied dans un salon. Que l'on est vite niais, en présence de ces personnes dont le monde avec ses conventions, ses réticences, ses formules, semble être l'élément naturel ; qui jouent avec aisance, qui marchent avec grâce et légèreté, sur ce sol où sans cesse je perds l'équilibre, bien heureux encore quand je ne tombe pas lourdement! A vrai dire, j'ai fort peu gagné en ceci, malgré beaucoup de bonne volonté. Dès que je veux affecter quelque aplomb, je me semble à moi-même impudent; je me fais honte, et je retombe plus bas que je n'étais auparavant. Je n'ai donc trouvé de refuge que dans la timidité qui peut avoir ses bons côtés à l'occasion, mais qui, dans un salon, a plus des désagrémens d'un supplice que des charmes d'une vertu.

En attendant, Louise, je suis sorti de chez Mme Domergue bien soulagé et bien content. Le tort même qu'a eu M. Ernest de me dédaigner, m'est agréable ; si je pouvais seulement être certain qu'il vous enveloppe dans ma disgrâce, combien je l'aimerais ce bon jeune homme! Il a, lui, beaucoup de cette aisance que je n'ai pas, et aussi un mérite assez rare, celui de faire danser des demoiselles qui, sans lui, ne danseraient guère. Ce mérite doit lui gagner le cœur de bien des mères, sans compter celui de la dame qui donne le bal. Cette demoiselle du Puech, avec qui on le marie, elle était là ; mais il n'a pas dansé avec elle, et à peine paraissait-il la remarquer. C'est une fort belle personne, dont les danseurs se disputent la préférence, et qui a l'air de s'enivrer avec délices de tous ces hommages, sans trop se soucier de celui que M. Ernest lui refuse. Elle a causé deux ou trois fois avec Mme de la Cour, qui lui parlait avec cette bonne grâce qu'elle a pour tous ceux qui l'abordent, mais sans rien de plus, à ce qu'il m'a semblé.

Avant cette entrevue, Louise, il y avait encore de temps en temps quelques apparitions des fantômes que vous savez; je crois bien que cette fois ils sont en fuite pour tout de bon. Mais il fallait pour cela que j'eusse revu M. Ernest, que j'eusse parlé avec Mme de la Cour, que cette dame m'eût laissé entendre qu'elle sait que vous m'êtes promise, et qu'elle en est charmée pour son compte et pour le mien; car c'est justement pendant que ses propos me faisaient rougir d'embarras, que je sentais les fantômes s'en aller au grand galop. Pour être parfaitement tranquille, il ne me reste plus qu'à éviter l'entretien de ce maudit portier, dont les propos, quels qu'ils soient, ont toujours le pouvoir de m'attrister. Déjà je le tiens à distance, et je compte l'amener à ce qu'il soit obligé, pour converser avec moi, d'attendre que je lui parle. Alors il attendra longtemps. C'est un homme méchant, soyez-en sûre, Louise, toujours occupé d'intriguer ou de médire. Sa loge est un repaire de malignes commères : c'est un supplice que de passer sous le regard, et ensuite sous la langue de ces femmes. Dans la maison, on le hait et on le craint; il semble qu'on l'y tolère parce qu'on n'ose s'exposer, en le chassant, aux vengeances qu'il exercerait avec ses calomnieux propos. Ah! que je fusse le maître! ce mauvais Cerbère ne serait pas là pour une heure de temps, et ensuite, je me moquerais bien de ses propos, quand il les tiendrait loin de moi.

Mon projet est maintenant, Louise, de me retirer du monde. Je renonce aux fêtes pour cette fin d'hiver. Voici les dégels, voici tout à l'heure les premiers signes du printemps, et c'est au printemps qu'il me faudra rendre compte; il est temps que je me mette sérieusement au travail. J'aurais déjà pris ce parti, sans le désir que j'éprouvais d'avoir rencontré M. Ernest. A présent que je sais sur quel pied nous voici désormais, je n'ai que faire ni des bals, ni de lui. Je vais donc me retirer dans ma chambrette, et y vivre en studieux ermite. Ce projet me réjouit. Rien du monde extérieur, rien que vos lettres qui m'arriveront, aussi nécessaires, bien autrement savoureuses, que le pain au prisonnier : tâchez que ce pain soit quotidien. J'ai arrangé ma chambre, disposé ma table, caché mes pincettes, enfermé ce coffret, pour ne le visiter qu'aux heures de récréation : tout ici respire l'ordre et l'étude. Adieu donc banquets, danses, fêtes ; adieu folles et ingrates distractions, stériles plaisirs, vains bruits de joie, où j'ai perdu tant d'heures que je pouvais passer ici dans l'aimable compagnie de mon cœur, tout plein de Louise, et tout riche de bonheur.

Charles.

LETTRE LVIII.

LOUISE A CHARLES.

De la Cure.

J'ose à peine, Charles, venir interrompre ces méditations auxquelles vous vous livrez dans votre ermitage. Voici aujourd'hui cinq jours écoulés, depuis que vous avez renoncé au monde. Veuillez me dire, je vous prie, si, à la date d'aujourd'hui, vos pincettes sont encore cachées dans l'armoire. Deux mots vous suffiront pour m'en instruire, et je jugerai alors si votre conversion est sincère.

Pourquoi donc avez-vous éprouvé une si forte émotion en revoyant M. Ernest, et pourquoi vous trouvez-vous si tranquillisé après l'avoir vu? En vérité, je ne vous entends plus très-bien sur ce point, et votre imagination passe par des chemins où la mienne ne sait pas la suivre. De tout ceci, la seule chose qui me surprend et m'afflige, c'est son impolitesse à votre égard; elle ne lui est pas naturelle, et il est trop haut placé pour qu'on puisse lui supposer la petitesse de ne vouloir pas paraître connu de vous. Au surplus, il ne m'appartient pas de rechercher quel mystère recouvrent les caprices de M. de la Cour, et, avec vous, je suis tout à fait d'avis que nous n'avons à nous affliger ni de ses dédains, ni de son oubli.

J'ai mieux reconnu Mme de la Cour dans l'accueil qu'elle vous a fait. Cette dame, malgré sa condition, a toujours été bonne et gracieuse avec nous, et ce n'est pas sa manière que d'être hautaine ou impolie avec qui que ce soit. Pour ma part, je suis très-sensible à son souvenir, et je lui pardonne de grand cœur son indiscrète remarque, en faveur du bien que vous en avez retiré. Que de fois j'ai admiré en elle cette aisance à la fois élégante et négligée, cette vivacité tantôt gracieuse, tantôt piquante, qui rendent aimable son entretien, alors même qu'il roule sur des riens! Vous appelez cela usage du monde, mais c'est plus et mieux, je crois, et bien des personnes fort civiles, fort entendues à toutes les conventions de salon, petites et grandes, n'ont pas cet agrément qui semble provenir des dons naturels de l'esprit, bien plus que de l'éducation du monde. C'est en ce sens, du moins, que je partage l'envie que vous fait cette amabilité facile et attrayante, sans toutefois médire avec vous de la timidité, qui n'est ni une vertu ni un supplice, ainsi que vous le dites, mais bien, pour un jeune homme, comme pour une jeune personne, le véritable usage du monde, celui qu'ils devraient l'un et l'autre contrefaire s'il ne leur était naturel.

Mais où je trouve que M. de la Cour s'entend en vraie politesse, c'est quand il fait danser ces demoiselles, dont leur peu de figure éloigne le commun des danseurs. Je sens qu'à la place de ces pauvres demoiselles je le distinguerais entre tous, comme un homme aimable, et que, si j'étais la maîtresse de la maison, je lui trouverais plus d'usage du monde qu'à qui que ce soit. Que je suis donc heureuse de vivre aux champs, et de n'être point assujettie à aller dans le monde! Que ce doit être triste d'être invitée au bal pour n'y bouger pas de sa chaise! de voir ses compagnes briller, s'animer, danser, et de demeurer délaissée! d'être à la fois dédaignée des messieurs, et plainte des mamans qui vous entourent! Comment donc se fait-il qu'on aille au bal lorsqu'on n'est pas pleine de grâces, et belle comme le jour!

Je persiste à croire, Charles, que votre méfiance envers M. Champin est exagérée. Vous vous en êtes fait un odieux fantôme, quand je suis certaine que, s'il était ce que vous dites, mon père n'aurait avec lui aucune relation. Ce n'est pas qu'il ne lui sache des défauts, et en particulier celui d'aimer à médire : il m'en a justement parlé ces jours-ci dans ce sens; mais il le dit un brave homme, un *ancien*, léger en paroles, ayant toujours le mot pour rire, et qui vaut mieux qu'il ne paraît, et qu'il ne se montre. Au surplus, même avec l'opinion que vous avez de lui, Charles, vous devriez, ce me semble, le ménager plutôt que lui déplaire, et ne pas risquer d'irriter un homme que vous croyez dangereux. C'est, dites-vous, ce que font les habitans de la maison; pourquoi vous croiriez-vous plus qu'eux à l'abri des intrigues ou des médisances de M. Champin? Et n'êtes-vous pas intéressé au contraire à ce qu'il vous apprécie et vous aime, puisqu'il se trouve être l'ami et le correspondant de mon père? Excusez donc en lui des défauts qui sont ceux de sa condition, plus peut-être que de son caractère; et, pour me faire plaisir, vivez bien avec lui, et ne l'irritez par aucun de vos procédés.

Je vous écris, les fenêtres toutes grandes ouvertes. Que dites-vous, dans ce mois-ci, de ce vent d'été qui règne depuis trois jours? Quel contraste entre cette tiédeur humide, et ces froids secs qui engourdissaient les campagnes! Tout est ici fonte et dégel; la route est un ruisseau. Arbres, toitures, murailles : tout dégoutte, tout est trempé de froides sueurs. Ce n'est pas le beau moment pour admirer la nature, et toutefois je trouve que ce moment ramène de vives impressions, qu'il éveille et remue de doux pressentimens. Chacune de ces chaudes bouffées annonce la vie, présage les feuilles, les fleurs, les beaux jours et leurs réjouissances; chacune me fait songer que ces routes inondées seront sèches bientôt, que ces arbres dépouillés seront verdoyans, et que l'ermite quittera sa grotte pour faire un pèlerinage à la Cure.

En parlant de grotte, ces chaudes bouffées m'ont fait un larcin. Le froid avait dessiné sur les vitres de ma fenêtre les paysages les plus charmans : j'ai passé des heures à les contempler, je les ai fait voir à M. Prévère. Chaque matin j'y trouvais sur le penchant du mont quelque nouvel arbre qui avait, pendant la nuit, étendu ses délicats rameaux ; un tronc scintillant de petites mousses pendantes, jeté comme un pont sur le ravin ; de petites fleurs qui avaient crû, des rocailles qui avaient roulé ; enfin, chose merveilleuse ! une petite grotte, sans pincettes, où loger un anachorète studieux. J'ai quatre vitres, c'étaient quatre domaines : où sont-ils ?

Où sont les neiges d'antan ?

dit la ballade. C'est triste. Tous nos biens sont passagers. Nos domaines nous quittent, ou nous quittons nos domaines ; tout finit, rien ne demeure, et il faut dire sans cesse :

Où sont les neiges d'antan ?

Votre Louise.

LETTRE LIX.

LE CHANTRE A CHARLES.

De la Cure.

La veuve Crozat est ruinée. Il lui reste son potager, et les quatre murs de sa maison, sans plus. Le feu a dévoré tout, et son fils Louis. On le retire à présent des décombres. Que Dieu soutienne cette malheureuse, ainsi éprouvée jusque dans ses entrailles !

C'est cette nuit, vers une heure, que le feu a éclaté. Comme je dormais, Antoine frappe à ma porte. En ouvrant les yeux, je vois la lueur du feu qui illumine la paroi et les solives du plancher, et d'un saut je suis à la fenêtre, d'où je connais que c'est chez la Crozat ; Louise était levée, et M. Prévère déjà sur les lieux : j'y cours, moitié vêtu. Au moment où j'arrive, tout était déjà en braise : quelques meubles et une vache à l'écart ; on cherchait le fils, et Brachoz s'aventure sur une poutraison toute charbonnée. Ensuite il redescend du côté où était l'auge, et, par là, pénètre dans l'intérieur, d'où il revient droit vers M. Prévère à qui il cause à l'oreille, et M. Prévère s'achemine chez les Bouvet qui avaient recueilli la Crozat. Brachoz venait d'entrevoir le corps du pauvre Louis, gisant sous les décombres. La nouvelle s'en est aussitôt répandue, et chacun a ressenti une catastrophe si grande, tombant sur une veuve déjà mutilée dans ses affections. M. Prévère y est encore, enfermé seul avec elle, et l'on ne sait pas comment la pauvre femme a supporté ce coup.

Le feu a pris par la grange. Ils disent que deux rôdeurs s'y étaient introduits pour y passer la nuit, et que c'est de leur pipe que le mal est venu. Olivet, le jeune, venu des premiers, a trouvé l'échelle des Legrand, dont ces rôdeurs s'étaient servis pour monter, encore appliquée contre le mur du midi ; et, vers minuit, Redard, réveillé par sa cavale qui, s'étant détachée, tempêtait dans l'écurie, a vu deux hommes s'enfuyant par le chemin des prés. Ce sont les mêmes qui auront frappé, et crié à ceux de la Boverie que le feu était au hameau. Ils sont accourus des premiers. Olivet et les Redard étaient allés chercher la pompe des de la Cour; mais la flamme ne les a pas attendus pour dévorer le dedans jusqu'au comble, où, rencontrant le chaume sec en dessous, et, en dessus, tout baigné de ce dégel, elle a mis du temps pour le percer et s'espacer au dehors. C'est durant que le haut brûlait que Brachoz s'est jeté dans l'étable, déjà tout envahie de fumée, pour en retirer la vache qui y mugissait sans vouloir bouger de place. A la fin, il l'a eue, et est ressorti l'amenant par les cornes. De là, avec Louis Crozat, il a pénétré, par la cuisine, dans la chambre qui est derrière, où il s'est saisi des valeurs de la Crozat : notamment de son collier de noces, en or fin, de sa montre, et d'une créance de cent quatre-vingt florins sur les Mélaz. Pendant qu'il fesait paquet de tout, ils ont crié du dehors : « Sortez ! sortez ! » Louis Crozat s'est enfui; mais comme il venait de franchir le seuil, le plancher de la cuisine a croulé, et Brachoz s'est trouvé pris dans l'arrière-chambre, où voici la flamme qui se lance par la porte comme les dix langues d'une bête d'enfer. Alors Brachoz, avec une bêche qu'on lui a tendue par le derrière de la maison, a forcé un barreau de la fenêtre, et il a sauté dans le potager : les charbons du comble lui pleuvaient dessus. Au même instant, Louis Crozat, qui était rentré par le côté de l'auge pour sauver le porc, a péri, écrasé par la poutraison de l'étable, lui, et l'animal !

Cette maison, elle a déjà brûlé en quatre-vingt-trois, par rapport à ce qu'étant isolée, et surmontée alors d'un pigeonnier dont la pointe agaçait le feu du ciel, elle fut frappée de la foudre, et trois vaches y périrent. Voici que, rebâtie, elle est détruite à nouveau : c'est un avertissement pour construire ailleurs. Il y a des terrains où le sort s'acharne ; témoin au Couvet, où la maison des Chevin a brûlé trois fois dans le siècle. Passe encore pour les Chevin qui sont moyennés, tant d'acquis que de patrimoine ; mais pour la Crozat, cette maison, y compris ce qu'a sauvé Brachoz, fesait tout son avoir, avec les bras de son Louis qu'elle n'a plus. C'est le cas où il se faut entr'aider, et c'est à ces fins que je vous écris pour avoir votre offrande.

REYBAZ.

LETTRE LX.

CHARLES AU CHANTRE.

De Genève.

Je vous envoie, Monsieur Reybaz, tout ce que j'ai, et mardi prochain vous recevrez mes rentrées de ce mois. Pauvre Louis! quel épouvantable malheur! Et Brachoz, qui a failli partager le même sort! Il y a peu de cœurs courageux et dévoués comme Brachoz, M. Reybaz. Vous ne me dites rien de Louise; j'attends une lettre d'elle avec impatience.

Les Dervey partagent notre consternation. Ils ont fait entre eux une quête : c'est cinquante-trois florins, que je joins à mon offrande. Ce sera un plaisir pour moi que de donner des leçons, tant qu'on voudra, pour cette pauvre veuve. Dites-le lui, et que je pleure avec elle. Louis Crozat était de mon âge, et mon meilleur camarade là-bas; je le regrette de cœur.

Votre affectionné,
CHARLES.

LETTRE LXI.

LOUISE A CHARLES.

De la Cure.

Vous savez tout. Quel malheur! La vue de cette pauvre femme me déchire le cœur. Elle se croit abandonnée de Dieu; à peine elle écoute M. Prévère, et mes soins ni mes caresses ne lui sont d'aucun secours.

Je voulais qu'elle vînt habiter à la Cure, jusqu'à ce qu'elle ait pu prendre un parti. Mais elle préfère rester chez les Bouvet, en face de ces décombres sur lesquels ses yeux demeurent fixés. Elle ne s'est occupée ni de son deuil, ni de l'enterrement de son enfant : quelquefois je serais tentée de croire que sa raison est altérée, et puis, quand on lui parle, elle répond avec sens et simplicité. J'ai cherché à la retirer de cet état de stupeur, en lui parlant de sa situation, et de la nécessité de pourvoir à ses besoins à venir. Elle m'a répondu : « Que me faut-il tant? Je filerai pour le monde. » En moins de trois ans, avoir perdu son mari, ses fils, et tout ce qu'elle possède! Quel courage peut-il lui rester? quel intérêt à vivre?...

C'est mon père qui a le plus d'empire sur elle. Il lui a toujours marqué une affection singulière; d'ailleurs, son langage est mieux à l'unisson du sien. L'avis de mon père est que, du prix de la vache et du collier, auquel on joindra la valeur d'une créance sur les Melaz, et quelque argent recueilli ci et là, la Crozat rebâtisse à l'autre bout de son potager une maisonnette, où elle vivra de son rouet. La Crozat le laisse faire, et il prend toutes ses mesures pour commencer cette bâtisse au premier printemps. Mme de la Cour a envoyé à M. Prévère une somme de quatre cents florins, qui facilitera beaucoup ce projet. Remerciez, je vous en prie, la famille Dervey. Je suis si attristée, que je remets à une autre fois le plaisir de vous écrire plus longuement.

Votre LOUISE.

LETTRE LXII.

LE CHANTRE A CHAMPIN.

De la Cure.

Je t'envoie, Champin, le devis inclus d'une bâtisse. Tout y est : les mesures et les matériaux. Tu y verras que, moyennant trois mille quatre cent nonante-trois florins, cinq sous, six deniers, Lamèche s'offre à rebâtir, pour cette pauvre Crozat, une maisonnette fondée sur maçonnerie, et couverte en tuiles plates. Ce que je veux de toi, c'est que tu fasses voir ce devis à un de confiance, pour qu'il dise si Lamèche a surfait, ou si, ayant estimé au plus bas, c'est superflu qu'on s'adresse ailleurs. Sitôt ta commission remplie, tu me retournes ce papier, pour que je donne réponse à l'autre, avant qu'il se dégoûte, ou qu'il recule parce qu'on se méfie. Je crois Lamèche bien intentionné, et qu'il entend ne pas gagner trop sur l'article; toutefois, ici où il s'agit du denier de la veuve, je veux pouvoir rendre bon compte de l'emploi que j'en aurai fait.

Ta dernière m'est parvenue où tu en dévides sur ce notable, pour ensuite m'apostropher de tes conseils, m'invitant à méditer avant que d'agir. Agir, c'est déjà fait, Champin; et pour ce qui est de méditer, j'y passe ma vie, qu'ai-je besoin que tu m'y invites? Ce n'est pas de mon choix, ni pour mon plaisir, que j'ai amarré à ce Charles le sort de ma Louise; mais c'est bien de mon choix, et par ma volonté libre et réfléchie, que j'ai éconduit un notable. Que les blasés restent à leurs poupées! Que les libertins respectent une chaste! L'opulence, une fois souillée, ne me reluit plus; justement parce que j'y vois clair, et non parce que je suis aveugle. D'accord que tu as plus vu que moi le train du monde, mais j'ai mieux vu que toi le train de ce jeune homme, et, pour n'en pas vouloir, il n'est besoin que d'être fidèle à ses droites répugnances. La seule façon dont tu en parles, m'éloignerait de lui, si c'était à faire.... Ma Louise, et sa chaste fraîcheur, servir au rassasiement de la fantaisie d'un blasé! Champin! tu te méprends, et, si tu veux que je t'écoute, parle autrement à l'entour du fruit de ma Thérèse.

Pour ce qui est de Charles, et de ces plaintes que tu m'en fais, il en est une dont je tiens compte, pour lui en parler aussitôt que sera un peu renflée sa bourse qu'il a vidée l'autre jour pour la Crozat. Il n'est pas ladre de nature, ainsi que tu le crois, mais sans cesse il est forcé de le paraître, n'ayant rien pour le jour d'aujourd'hui, parce qu'il a tout prodigué la veille. Depuis qu'il gagne, s'il avait de la règle, il aurait pu suffire à toutes les choses séantes, et avoir, selon mon calcul, une économie de quatre à cinq cents florins; au lieu de cela, il s'est vidé à fond déjà deux à trois fois, et il en est, pour compléter cette aumône, à attendre sa rentrée prochaine. De là à s'endetter, la distance n'est pas grande; qu'il se garde néanmoins de la franchir! Il a déjà promis toute cette rentrée à la Crozat, mais j'aurai soin qu'il en soustraie ton étrenne. L'aumône n'est qu'un désordre, si elle est dérobée sur le salaire des laborieux.

Quant à l'autre reproche que tu lui fais, de se lancer au beau monde, et d'avoir changé de tenue, je le ressens, Champin, mais sans m'y associer. En songeant d'où cet enfant est issu, et comment sa condition le tire en bas pour l'approcher des vauriens, je suis aise de le voir tendre en haut pour s'approcher des honnêtes; et j'y vois une garantie que, au lieu de couler à fond, il se maintiendra à la surface, soutenu par des amis ou des patrons qu'il se sera faits. Pour bien dire, c'est à le voir ainsi toléré dans ces dîners et ces assemblées, et qu'il s'y comporte, non pas en sauvage, mais en bien élevé, que j'ai commencé à goûter quelque confiance en son naturel, et quelque garantie qu'il pourra accomplir cette profession de ministre qui est le port où je l'attends. C'est y tendre que d'approcher des gros, sans pour cela dédaigner les petits; et quand j'avais la crainte que, dès l'abord, ce garçon, par ses pétulances et ses instincts, ne tombât dans les eaux des violens et des tapageurs, ce m'est une sécurité que de le voir, une fois introduit dans les bonnes compagnies, s'y soutenir et s'y plaire. Passe-lui donc ces airs, puisque, de deux écueils, tout au moins a-t-il évité le pire.

Te dirai-je aussi, Champin, que j'ai blâmé tes façons de faire avec ce maître d'école qui te demande à marier ta Catherine; trouvant que tes vouloirs empiètent sur ce qui est du droit des enfans. Passe encore ces brusqueries de caporal dont tu les épouvantes pour semblant; mais quand tu les obliges à venir habiter ta loge, à s'aimer sous ton regard, à confondre avec la tienne leur vie domestique, à ne goûter pas cette solitude du foyer qui est la retraite aimée des jeunes époux, et l'abri de leurs caresses, tu demandes ce qui est injuste, et ce qui ne peut plaire aux honnêtes. C'est le naturel instinct, non la ruse, qui rebelle ta Catherine et son homme; et leur méfiance, tu dois t'en imputer la cause première. Après cela qu'ils s'aiment, ce peut t'être amer, car cette affection neuve ébranle et surpasse la filiale qui nous était acquise; mais tu n'y peux trouver à redire, ayant passé par là, et devant d'ailleurs ployer sous la volonté de Dieu qui a voulu, pour bonnes raisons, que l'amour des époux prévalût sur tout autre. Laisse donc libres ces enfans, et là où tu ne peux rien, seconde; pour qu'au moins la reconnaissance leur demeure, et qu'elle reluise sur tes vieux jours.

Ton affectionné,
Reybaz.

LETTRE LXIII.

CHARLES A LOUISE.

De Genève.

Je vous adresse, Louise, le produit d'une quête qui a merveilleusement réussi. C'est ce matin, à l'Auditoire, que l'idée m'en est venue, en voyant mes camarades et moi tout charmés, tout émus, par la lecture qu'on a faite au cours de littérature, d'une fort belle pièce de vers, dans laquelle un poëte s'apitoie avec un grand talent, et beaucoup de sensibilité, sur les infortunes inventées d'une personne imaginaire. J'étais ému comme les autres, lorsque, venant à me rappeler la Crozat, ces beaux vers m'ont aussitôt paru misérables ; ce poëte, un comédien. J'ai écrit en grosses lettres sur une page de mon cahier :

Vous avez entendu la poésie, voici maintenant la prose !

La femme Crozat a perdu son mari il y a deux ans, son fils cadet un an après. Il lui restait une maison pour s'abriter, et un fils pour la nourrir ; l'incendie de cette semaine a dévoré l'un et l'autre. Il s'agit de lui bâtir une maisonnette. Les offrandes seront reçues avec reconnaissance.... et j'ai signé au bas. Dès que la leçon a été finie, j'ai affiché ma page contre la porte. La foule s'y est portée, les cœurs se sont émus, les bourses se sont ouvertes ; et, pendant que je racontais l'histoire en détail, plusieurs, qui avaient déjà donné, donnaient de nouveau ; quelques-uns, qui avaient peu ou point d'argent sur eux, sont allés jusque chez eux pour en chercher. Et voilà de la poésie ! Voilà du charme, du contentement ! Enfoncé le poëte et ses rimes ! Enfoncés Pégase, et l'Hippocrène, et la fontaine de Castalie, et toutes ces fades eaux qui ne valent pas un verre de bonne piquette ! !

Après-demain, vous aurez deux ou trois louis que j'attends avec une impatience extrême. Car, figurez-vous, Louise, que, ce matin, de tout ce monde qui donnait à l'envi, j'étais le seul qui n'eût pas un liard à mettre dans l'écuelle ; j'empochais, j'empochais, comme un ladre que je suis forcé d'être. Si je faisais naufrage, c'est ma bourse, non vos lettres, qui flotterait sur l'onde. J'ai eu l'idée d'emprunter, mais pour trois jours ce n'est guère la peine.

Cette pauvre femme, qui veut filer pour le monde! Cela veut dire, Louise, que si on la laisse périr de faim, à la garde de Dieu! qu'elle aime autant ainsi qu'ainsi. Pauvre créature! Ah! mais avant qu'elle meure de faim; avant qu'elle n'ait pas le pain, l'abri, le chauffage, et tout ce qu'on pourra de douceurs, il faudra que je n'aie plus un grain d'algèbre dans la tête, plus une seule bribe de mauvais grec à vendre!

Du reste, Louise, je travaille du matin au soir. La peur m'a pris, comme ce jour où je tombai dans l'eau, et, sans me reposer, je nage, je nage vers le rocher. Une fois dessus, vais-je triompher, cabrioler, et ne rien faire que me sentir vivre! M. Dumont sera content, allez; et votre père pas mécontent, j'espère, si j'ai réussi. C'est les premiers jours d'avril que je parais devant mes juges. De grâce, ne me parlez pas de ces bouffées, de ces feuillages, de cette vie qui revient aux fleurs; rien que ces images me font chanceler, ces bouffées m'attiédissent, ces herbes, ces fleurs, mes yeux s'y attachent, et ce ne sont pas mes cahiers qui peuvent les en distraire. Aidez-moi bien plutôt à défendre ma cage contre l'assaut de ces rayons printaniers, dont la douceur et l'éclat fondent mon courage, et risquent d'envoyer mes plus fortes résolutions là où sont vos quatre domaines, là où sont les neiges d'antan....

Quant aux pincettes.... Mais quelle maligne question, Louise, et comme vous persiflez tout doucement votre ermite infortuné !... Eh bien, oui ; une heure après le départ de ma lettre, n'y pouvant plus tenir, j'ai ouvert l'armoire et repris les pincettes. Mais, écoutez : c'est que je venais de m'apercevoir que je ne peux pas méditer si je ne tisonne, et que je ne peux pas tisonner que je ne médite. D'ailleurs ces bouffées sont venues, mon feu s'est éteint, et ma conversion dès lors a été entière et sans rechute.

Tous vos désirs sont les miens, Louise, et puisque vous demandez que je ménage ce portier, je vais m'y appliquer. Pour ce qui est de lui plaire, j'y tâcherai, mais je sais à l'avance que c'est la chose impossible. A la répugnance que j'éprouve pour lui, je sens qu'il doit me haïr. Il me méprise et me jalouse. Il m'envie tout ce que j'ai de plus que ce que ma naissance m'avait donné,... mais je le ménagerai, je lui complairai, Louise, si, en y tâchant, je vous fais plaisir.

Votre CHARLES.

LETTRE LXIV.

CHAMPIN A REYBAZ.

Genève.

Voilà ton devis qui te retourne, mon vieux, approuvé et parafé par les experts. Je l'ai montré au père Ledrey, qui trouve que le château n'est pas cher comme ça; seulement il te recommande de veiller à la bâtisse, crainte que Lamèche n'économise sur l'ouvrage, et qu'on ne trouve un beau matin la châtelaine enterrée sous ses tuiles plates. Ton gendre t'a envoyé hier un rouleau, on dit que les de la Cour ont donné mille florins; puisque l'argent abonde, fais au moins une maison qui ferme, et où ta Crozat n'en soit pas à greboler ainsi que moi, comme une chandelle éteinte dans une lanterne sans vitres.

La pauvre femme est bien misérable, ayant perdu là son garçon; mais, pour ce qui est du reste, qu'elle ne s'inquiète pas. Dans ce pays-ci, il n'est rien tel qu'un désastre pour vous mettre à l'aise. Ayez quatre sous, et tirez le diable par la queue, nul ne s'enquerra de vous; n'êtes-vous pas vivant, tant que vous n'êtes pas mort de faim? Mais que le ciel vous envoie une bonne catastrophe, ou seulement un malheur qui fasse bruit, voici aussitôt les galions qui arrivent des quatre coins du Canton, et, tout à l'heure, renversant la chanson, vous pourrez dire :

> « J'étais bien plus malheureux
> Du temps que j'étais heureux ! »

Qu'ainsi la Crozat ait bon espoir. D'ailleurs, les étudians s'en mêlent, et, bien que ces messieurs ne m'aient pas remboursé mes cinq florins de vitres, ce n'est pas que l'argent leur manque, Dieu merci ! Ils ne sont ladres qu'avec ceux à qui ils doivent. C'est le tien qui les a fourrés dans cette affaire, au moyen d'une affiche lamentable qu'il a plaquée sur la porte de leur salle. Pour ce qui est de son étrenne, elle m'est venue ce matin, d'où j'ai conclu que tu lui as fait un aplomb, puisque, du même coup, il a renvoyé son inquilin et posé ses airs lustrés, pour me causer familièrement. J'ai vu par là que ton gendre est comme mon transi : tant que la noce n'est pas faite, il a peur du beau-père. On l'a du reste accueilli ni bien ni mal, puisque son étrenne, comme sa bonne grâce, ne viennent pas de lui, et que c'est à toi que j'en dois rapporter l'aubaine.

Je t'envoie aussi mon rouleau pour la Crozat; c'est un quart d'écu que j'ai extorqué là-haut à ces deux vieilles..... Il leur reste de quoi vivre, pas vrai ? Je leur en ai dit pourtant de quoi apitoyer une borne ; mais, vois-tu, ta Crozat n'est pas de la secte, et elles se réservent pour leurs mômons ; sitôt qu'un ivrogne se met à triniter, et dit qu'il se sent la grâce, le bonhomme peut boire à sa soif. Eh! ta Crozat! avec trois propos et un grain de savoir-faire, châtiée qu'elle est par le bon Dieu, et affublée de sa robe d'encre, leur tirerait-elle des carottes de quoi se faire le paradis sur la terre ! Elle n'aurait qu'à se dire pécheresse en Adam (c'est ce qu'ils aiment); elle n'aurait qu'à planter là son pasteur (c'est ce qu'ils chérissent), et puis s'aller joindre à eux pour bêler dans leur gamme..... Ah! la bonne brebis alors! Ah! la pauvre brebis! la chère brebis! toujours pécheresse en Adam, bien entendu, mais admirable en Israël, sainte en Israël, ayant déjà sa loge toute préparée dans la Jérusalem céleste, et sûre, dès ici-bas, d'être canonisée dans leurs petits livres, comme ils font toutes les luronnes qui enraient, et tous les diables qui se font ermites !

Mais écoute ceci. Il y a parmi eux une catégorie qui s'adonne à répandre la Bible ; et je m'imagine qu'ils y sont encouragés par les imprimeurs et libraires : ces drôles aiment assez le règne de Dieu, en tant qu'il sert à les faire vivre et riboter. Ces bibliques-là, vous jettent des Testamens à la tête, qui que vous soyez, Arabe ou charcutier, Tongouze ou feseur de bas ; ils ne dorment, ils ne vivent, que si leurs Testamens se dépensent, que si leurs trente-six mille comités leur rapportent, comme quoi le genre humain, après avoir avalé dans l'année des Testamens par ballots, par cargaisons, par montagnes, a encore soif et tire la langue. Alors ces bons bibliques délient à nouveau les cordons de leur bourse, et vous lui en fourrent, dans tous les formats : en veux-tu ? en voilà. Le genre humain se laisse faire, et ils se frottent les mains, eux, disant que le règne de Dieu est tout proche. En attendant les convertis vendent leur Bible, et s'en passent l'argent au travers du corps : témoin la Roulier, qui prête sur gages. L'an passé, on fit une descente dans son petit établissement ; l'arrière-chambre était encombrée de saintes Écritures qui étaient là en panne, durant que mes gaillards fesaient le règne de Dieu au cabaret.

Mais je m'éloigne de ta lettre, à laquelle je veux répondre. Voilà pour le devis. Mes conseils t'ont déplu ? l'ancien. Plante-les là. Mes termes ne te vont pas ? Mettons que je n'aie rien dit. Ta Louise est une chaste ? Va bien. Mais finalement, si un chien regarde un évêque, un cavalier peut bien reluquer une chaste. Tu lui veux pour mari un novice ? Allume ta lanterne, mon vieux. Cherche, cherche. Fais ta tournée. Mets tes besicles... Je crains que ta chaste ne soit fanée avant que tu en trouves un sans fredaines. Ce que ton notable avait de mieux qu'un autre, c'est que, les siennes, on les sait, et on les compte, d'où l'on voit que, pour sa condition, c'est bagatelle.

Voilà pour ton second point. Pour le troisième, à savoir ton gendre qui se lance dans les par là-haut, bien libre que tu es d'y prendre plaisir. D'ailleurs, il n'est pas le seul qui grimpe : s'il y met plus d'ardeur, c'est qu'il grimpe de plus bas ; s'il se lustre davantage, c'est qu'il a plus à couvrir. Mais, Reybaz, ne t'y méprends pas ! ce n'est pas lui, c'est son habit qui se frotte à ces gros. Badigeonné qu'il est de toilette, et à condition qu'il cache bien cette boue ramassée dans ta cour, ils le tolèrent, comme tu dis ; mais qu'il voulût un peu frotter sa peau d'enfant trouvé à leur chair de matadors, et tu verrais bien ce que vaut l'aune de cette surface où tu prétends le maintenir. La surface bonne aux pierres, Reybaz, c'est le fond de l'eau. Le rang bon aux enfans trouvés, c'est après tous les légitimes, jusqu'au dernier ; et nul n'y peut rien, ni ami, ni patron, ni dieux, ni Olympe !

Reste un article, c'est celui de mon transi à qui tu veux que je ménage la solitude du foyer pour caresser ma Catherine. Qu'à cela ne tienne ; je viens de condescendre et de signer les articles. Le drôle aura son foyer, sa chambrette, où il en fera des siennes sans que j'y regarde ; et, pour ce qui est de la reconnaissance, je l'en tiens quitte. Qu'ils me paient pension, et qu'ils roucoulent à leur aise !... L'affection filiale ? fumée, Reybaz. Va bien, tant que le morveux tette, tant que l'adolescent affamé hurle pour du pain ; va encore, tant que l'oiseau n'a point de nid où se retirer le soir ; mais vienne le jour de s'entre-béqueter et de se suffire, adieu père et mère : le filial oiseau fuit à tire d'aile, et l'on voit que, toute cette affection, c'était comédie. Tu dis vrai, cette heure est amère... même aux mieux préparés. Une fille qui vous est volée corps et âme par ce pirate! Une créature qui peuplait votre demeure; qui distrayait votre vieil âge! Ce rameau arraché, que va-t-il rester de l'arbre, qu'une souche ébranchée, qu'un triste bois? Dieu a voulu qu'il en fût ainsi? à la bonne heure.

Ton affectionné,

CHAMPIN.

LETTRE LXV.

LOUISE A CHARLES.

De la Cure.

Votre rouleau, Charles, conquis d'une si vive et si heureuse façon, m'est arrivé; et, d'autre part, quelques autres offrandes : la somme totale est maintenant suffisante pour les frais de construction, même sans vendre le collier de noces. Ainsi, la Crozat sera abritée, logée. Mais que c'est peu pour son chagrin, et combien tous les efforts de la pitié et de la bienfaisance sont impuissans pour adoucir une affliction de ce genre! Cette femme sait toutes ces choses : elle voit arriver cet argent, elle voit mon père s'occuper activement de ses affaires; mais elle assiste à tout avec indifférence, et à peine quelques mots s'échappent-ils de sa bouche, pour marquer sa reconnaissance envers tant de secourables personnes, qui ne lui font d'ailleurs aucun bien. M. Prévère lui-même, qui lui apporte des consolations d'un autre genre, est peu écouté. Il semble que cette pauvre créature si religieuse, si bonne, à force d'être frappée, ait perdu sa confiance en Dieu, et que tout ce qu'on lui dit de sa bonté et de sa justice, ne soit que comme un vain bruit qui frappe son oreille sans pénétrer jusqu'à son cœur. Elle ne pleure pas, elle ne se lamente pas, elle ne refuse ni ne demande rien; mais elle a l'air comme isolée au milieu de l'univers, sans semblables et sans Providence. On lui a prêté un rouet, et elle s'est mise aussitôt à filer. Quand je lui ai parlé de vous, elle m'a dit tranquillement : « Louis l'aimait! » et elle s'est tue, me laissant poursuivre sans plus m'interrompre. Ah! que vous avez eu un sentiment juste et vrai, Charles, quand vous éprouviez ce refroidissement, ce dégoût pour ces douleurs rimées, qui se parent, qui s'étalent, qui sont tout au plus bonnes pour procurer au cœur quelque vain chatouillement d'émotion! Que de faux dans la poésie, et que d'éloquence dans la réalité! dans cette pauvre paysanne, qui file sans rien dire, blessée au cœur, déchirée dans ses entrailles, et, selon son idée, livrée aux assauts d'une malfaisante fatalité ! Que ce muet spectacle fait souffrir, et que cette impuissance à consoler est cruelle !

Mais je ne veux ni vous distraire, ni vous préoccuper surtout. Dieu, et le cours du temps, rendront la paix à cette pauvre affligée. Je goûte bien du contentement à vous savoir si animé d'ardeur et de résolution dans vos travaux. Ainsi, vous atteindrez au rocher, et si vous triomphez, je triompherai ! Nos cœurs s'entendent, Charles, nos âmes s'unissent, je le ressens avec une infinie douceur, et chaque jour davantage.... et quand, pour me faire plaisir, vous me faites, à l'égard de cet ami de mon père, le sacrifice de vos préventions, je sens s'accroître ma tendresse pour vous, de tout le charme si doux de la reconnaissance !

Votre Louise.

LETTRE LXVI.

MONSIEUR PRÉVÈRE A MONSIEUR DERVEY.

De la Cure.

J'ai recours à vous, mon cher collègue, pour que vous me procuriez une information à laquelle j'attacherais quelque prix. Savez-vous, ou pourriez-vous savoir, par le moyen de vos relations, et sans que personne se doutât du motif de votre curiosité, si les de la Cour se proposent de revenir cet été à la Cure, ou si au contraire ils ont, comme on le dit, l'intention de faire un voyage dans les Cantons, et de séjourner à Interlaken? C'est afin que, d'après ce que vous m'aurez appris, je puisse fixer moi-même l'époque à laquelle je veux faire venir Charles à la

Cure, en choisissant pour cela, celle où Mme de la Cour ne s'y trouvera pas. Je sais bien qu'à Genève ils sont exposés à se rencontrer, mais ce ne peut être que bien rarement, et dans des circonstances où rien ne provoque entre eux ni rivalité, ni collision. Mais ici, je n'aurais pas la même sécurité, si je les y voyais ensemble, tous les deux oisifs, tous les deux préoccupés du même objet, sous le regard des paysans, et sous l'influence de leurs propos.

Je sais d'une manière certaine que M. Ernest n'a pas renoncé à l'espoir d'obtenir la main de Louise, et qu'il se persuade que le temps est en sa faveur; surtout tant que M. Reybaz s'en tient à une promesse verbale, et qui, n'étant pas connue du public, peut paraître facilement révocable. C'est ce qui me portera peut-être, malgré l'inconvénient que j'y trouve, à hâter l'époque des annonces. Alors la situation de Charles et de Louise sera clairement établie, et cette vague inquiétude qu'entretient l'opiniâtreté de M. Ernest, aura, j'espère, son terme. Il faut, du reste, qu'il connaisse bien mal Louise, pour nourrir le moindre espoir. Elle peut n'appartenir pas à Charles, mais je ne me figure pas qu'elle pût appartenir à un autre, et surtout à lui. Une chose que Charles ne sait pas, et qu'il convient de lui laisser ignorer, c'est que M. Ernest a paru deux fois ici, dans cette dernière quinzaine. Il y est venu à cheval, comme en se promenant, et il a affecté auprès de M. Reybaz, qu'il a rencontré à dessein ou par hasard, beaucoup de bonne grâce, sans faire d'ailleurs aucune allusion à ce qui s'est passé. Il a vu, et tout particulièrement accueilli ceux de nos paysans qui sont le plus en rapport avec M. Reybaz, et il a fait déposer entre mes mains (outre une largesse précédente de 400 florins adressée par sa mère) une somme de six cents florins, destinée en son nom pour la pauvre Crozat. Il se peut que toutes ces démarches ne recouvrent pas d'arrière-pensée, mais je n'ose l'espérer, et je redoute tout, tant que je sais Charles capable d'imprudences, et M. Reybaz si disposé à le juger avec rigueur.

Veuillez donc, mon bien cher collègue, ne pas perdre de vue ma prière, et m'écrire deux mots lorsque vous aurez appris quelque chose de certain.

Votre affectionné,
Prévère.

LETTRE LXVII.

CHAMPIN A REYBAZ.

De Genève.

Je t'ai quitté, l'ancien, la larme à l'œil. On s'est remis. Après tout, la vie est courte, et, pleurer de ce que la terre tourne, c'est perdre son temps. Cette amertume, je l'ai avalée, et puis c'est fini. Qu'ils s'aiment, qu'ils croissent, qu'ils multiplient; je serai, s'ils veulent, parrain de leur quinzième! Finalement, ce transi, croisé avec du Champin, ça veut faire un amalgame des meilleurs : comme qui dirait du limousin avec du normand. Et vogue la galère!

D'ailleurs, tu ne sais pas? Voici que, les affaires conclues, et la pension stipulée, je découvre que mon transi est un bon diable. C'est la peur qui le rendait bête. Aujourd'hui qu'il est sûr de son affaire, le drôle devient jovial à vue d'œil, et il s'émancipe déjà à me frapper sur l'épaule, en m'appelant papa beau-père! tandis qu'auprès de ma Catherine, il s'émoustille si bien, que j'en suis à lui dire : « Halte-là! papa beau-fils... et à quand la noce ? » Il en veut une à tout rompre : bal et gala! flacons et clarinettes! et qu'au prochain jubilé on en parle encore dans le quartier. J'aime ça, moi!

> Hélas! c'est un point arrêté,
> Que durant cette pauvre vie,
> A moins de perdre sa moitié,
> Pas deux fois on ne se marie.
> Ainsi, noçons, noçons!
> Noçons bien, je vous prie;
> Noçons!
> Carillonnons, carillonnons!
> Qu'on vide ces flacons,
> Que tous ces cotillons
> Dansent aux violons!

Hem! de quelle vigueur on vous détachait ce refrain, à celle de Dénériaz! On y serait encore, je crois, sans ces diables d'époux, toujours pressés d'ôter la nappe, et de congédier la musique. Moi, je dis que la noce est pour les convives. Parce que deux veulent aller dormir, faudra-t-il que trente s'en aillent, qui n'ont pas sommeil? Aux noces de Cana, notre Seigneur changea l'eau en vin, afin qu'on pût nocer plus longtemps.

Mais depuis Cana, depuis nous, Reybaz, le monde s'est alangui; les traditions se perdent. Il y a encore quelques noces du bon genre, mais plus de remollions. Et le remollion! c'est mieux que la noce. C'est le reste des viandes, mais c'est le choix des noceurs. On reprend sa chaise de la veille, mais on apporte ses couplets du jour, plus vifs, plus guillerets, à raison de ce que, cette fois, on est tous de la confrérie. Fallait voir à celle de Lamboteau, comme le remollion enfonça la noce! De trente-cinq, on n'était plus que quinze, mais, tout du fin, du trié, de l'intime: vers cinq heures on tablait encore, si bien que Gambard fit ce couplet de clôture :

> Voici l'aurore, la voici!
> Qui déjà succède à la lune,
> Et de sa lumière importune
> Eclaire ce charmant réduit....
> Oui, tenez, le diable m'emporte!
> La jalouse se sera dit :
> Ne pouvant les mettre au lit,
> Je m'en vais les mettre à la porte.

Joliment tourné ça, pour de l'impromptu fait sur le temps! Là-dessus, on se leva en carillonnant ce refrain, jusque bien avant dans la rue, et une heure après, chacun était à ses ouvrages.

Tant il y a que, le mois qui vient, je les unis au souffle des premiers zéphirs. L'époque est bonne : c'est la printanière. Je veux un petit-fils pour mes étrennes. Ce qui manque encore, c'est un local pour nocer. Ils doutent, eux, entre Grange-Canal et Plainpalais. Aux deux endroits la salle est grande ; moi, j'incline pour Plainpalais, qui est plus proche d'un chacun des conviés. D'ailleurs, c'est sur le bord du cimetière : ces refrains vont ragaillardir tous ces poudreux qui bâillent là dans leur fosse. Plus qu'un, Reybaz ; cette diable de noce me fait surgir les refrains, comme la pluie des champignons :

> Quand je serai dans ma bière,
> Vais-je donc m'ennuyer assez !
> Dans votre linceul, ma commère,
> Quelle grimace vous ferez !
> Croyez-m'en, pendant que l'herbette
> Nous offre encor ses doux tapis,
> Permettons-nous quelqu'amusette :
> Autant de pris !
> Autant de pris !

J'en viens à l'article maintenant. Il n'y a pas de noce sans toi, mon vieux. On te dira le jour ; apprête-toi, et surtout pas d'excuse ni de refus, ou je te renie. C'est ma Catherine et son régent qui te font l'invitation, mais c'est moi qui l'apostille. Ote ton rabat, laisse ton psaume chez toi, et viens-t'en porter bonheur à ce transi qui te plaît, et à ma Catherine que tu affectionnes.

CHAMPIN, Jean-Marc.

LETTRE LXVIII.

MONSIEUR DERVEY A MONSIEUR PRÉVÈRE.

De Genève.

J'ai le regret, mon cher confrère, de ne pouvoir, tout bien informé que je suis, vous transmettre des renseignemens satisfaisans sur le point qui vous intéresserait à connaître. Le fait est que Mme de la Cour désire emmener son fils; mais celui-ci, décidé à revenir à la Cure dès le printemps, se déclare contre tout projet de séjour à la ville, ou de voyage dans les Cantons. Il est difficile, comme vous le voyez, de pressentir qui l'emportera, de la mère ou du fils. En temps ordinaire, ce serait certainement ce dernier; mais ici, où Mme de la Cour a un intérêt bien positif, peut-être sera-t-elle moins faible qu'à l'ordinaire. Je ne doute pas que les démarches de M. Ernest, et son apparition à la Cure, ne recouvrent une arrière-pensée. Il veut faire oublier le passé, et préparer l'avenir. Aussi, je ne serais pas trop surpris que, dans ce système, il se décidât à la fin à accompagner sa mère dans une course de peu de durée. C'est un jeune homme de tout temps livré à ses passions, et qui, s'il n'a aucune énergie pour les dompter, est très-capable d'employer le calcul et les détours pour les satisfaire.

Vous avez vu bien juste, je crois, mon cher confrère, lorsque vous avez caractérisé le sentiment que lui a inspiré la fille de M. Reybaz. Les charmes de cette jeune personne sont grands, sans doute, mais il semble qu'ils brillent d'un éclat plus vif dans cette condition modeste : ce jeune homme, en les découvrant tout à coup au sortir de ses désordres, s'est vu irrésistiblement subjugué par cette pure beauté, et entraîné par l'espoir d'un succès que sa position lui faisait regarder comme assuré. Il paraît être d'autant plus épris, qu'il est lui-même moins considéré, et Mlle Louise plus respectée ; l'orgueil d'atteindre jusqu'à elle, l'humiliation de se voir préférer Charles, irritent encore sa passion, et toutes ces circonstances, dont j'ai connaissance par mes rapports avec la famille du Puech, justifient vos craintes et vos prudentes mesures. Il n'a été question qu'un moment de son alliance avec cette famille ; ses manières auprès de Mlle du Puech ont bientôt arrêté toute démarche ultérieure.

Hâtez donc la publication des annonces, et que la situation de Charles se dessine clairement. Malgré le secret gardé, l'on se doute de l'engagement de M. Reybaz ; son ami, notre portier, qui n'est pas la discrétion même, en est, je crois, instruit ; c'est une position fausse qui ne convient ni à ce jeune homme, ni à Mlle Louise. Au surplus, il est bien évident que si quelque circonstance peut encourager l'espoir de M. Ernest, et amener quelque collision entre les deux jeunes gens, c'est le mystère qui plane encore sur les intentions de M. Reybaz, et surtout sur l'assentiment qui y est donné par Mlle Louise. Une fois ces intentions mises au grand jour, quel prétexte au monde resterait-il à M. Ernest de persister dans ses prétentions de rivalité, si absurdes dès à présent aux yeux de ceux qui connaissent l'état réel des choses ? M. Reybaz doit le sentir lui-même, et si sa résolution est bien sincère, accéder à votre désir.

Notre jeune homme est, dans ce moment,

fort occupé; il apporte à son travail cette généreuse ardeur qui donne tant de charme à son caractère. Il en résulte que nous le voyons moins; c'est pour nous une privation sensible, car sa présence met infiniment de vie dans notre famille, qui, réduite à elle-même, est assez calme. J'ai su qu'ils se sont rencontrés il y a quelque temps, chez Mme Domergue : ils ne s'y sont rien dit; mais Mme de la Cour a bien accueilli Charles. J'ai lieu de croire que celui-ci ignore entièrement les nouvelles allures de M. Ernest, et ses visites à la Cure, et vous pouvez penser qu'il ne tiendra pas à moi qu'il ne les ignore toujours. Du reste, je serai au fait des projets de Mme de la Cour dès qu'ils seront arrêtés, et je m'empresserai de vous les faire connaître aussitôt. Recevez, mon cher confrère, les amitiés de votre affectionné.

Dervey.

LETTRE LXIX.

LOUISE A CHARLES.

De la Cure.

Osé-je frapper à votre porte, M. l'ermite ? C'est pour savoir des nouvelles de votre santé ; c'est pour vous dire aussi que si l'on admire votre studieuse ardeur, l'on s'accommode malaisément de votre silence. Ces deux semaines m'ont paru bien longues. Mais je n'ai garde de me plaindre ; mon père, d'ailleurs, trouve que vous avez rencontré tout juste cette proportion d'*écritures* qu'il désire.

A propos, votre voisin marie sa fille (vous ne m'en aviez rien dit), et il invite mon père à la noce. Il est possible qu'il vous invite aussi, et, dans ce cas, peut-être devrez-vous accepter ; ne fût-ce que par égard pour mon père, et pour ne pas paraître dédaigner une société qui, pour n'être pas celle où vous êtes lancé, n'en est pas moins la nôtre. Vous refuseriez à cause de votre antipathie pour M. Champin, mais lui ne manquerait pas de se croire et de se dire méprisé de vous, et sûrement vous seriez fâché de lui en avoir fourni le prétexte. Je vous moralise, Charles ; imaginez-vous que je m'inquiète moi-même, en voyant combien j'y suis encline. C'est, dit-on, un défaut sujet à empirer, et qui finit par rendre les femmes insupportables. Il faudra que je m'observe sérieusement, et que vous me tanciez à l'occasion, s'il vous plaît. C'est le seul moyen, d'ailleurs, que nous soyons quittes.

Mon père vous prie d'aller chez l'orfévre, dont je vous envoie l'adresse ci-incluse. Vous lui commanderez, pour le prix de soixante florins, un couvert d'argent tout semblable à celui qu'il a déjà livré à mon père, il y a cinq ans, au mariage de sa filleule. Il devra le marquer aux initiales de *Catherine Champin.* Mon père recommande que l'ouvrage soit bon : plutôt massif et ramassé, qu'étendu en surface. Vous irez plus tard retirer ce couvert, et vous aurez la bonté de l'enfermer dans votre armoire (en ôtant la clef de l'armoire), jusqu'à ce que le moment soit venu d'en disposer.

La pauvre Crozat est à peu près dans le même état. On va commencer à bâtir : déjà l'on a déblayé la place, et creusé pour les fondemens. Ce qui me fait un vif plaisir, c'est qu'un homme enlève la masure contre le prix des matériaux : bientôt auront disparu ces sinistres décombres. Du reste, il est arrivé de nouvelles offrandes, en sorte que, même sans vendre la vache, on aura de quoi payer la maison. Mon père vous invite en conséquence à vous en tenir à votre don précédent, et à garder vos rentrées pour une autre occasion.

J'ai tout dit, M. l'ermite, et je referme doucement la porte, non sans vous faire une révérence bien respectueuse.

Louise.

LETTRE LXX.

LE CHANTRE A CHAMPIN.

De la Cure.

Ce n'est pas le monde qui s'est alangui, Champin, c'est nous qui avons pris de l'âge. Ces jeunes qui t'entourent, sont ce que nous avons été, pour arriver là où nous en sommes; hormis que Dieu les préserve d'être arrachés l'un à l'autre, pour vieillir dans le veuvage!

Pour toi, Champin, tu es mon aîné sans qu'il y paraisse: les traditions te restent, et avec, la gaîté. Ta tête est encore remplie de ces gaillardises des banquets passés, et, pour chaque chose, tu as un refrain conforme. M'est avis que tu deviendras vieux; car, ce qui abrége les jours, c'est la lourdeur de l'âme, et ces brumes où la tristesse l'enveloppe. La tienne est légère, toute en dehors, et comme illuminée des clairs rayons du soleil : tout pleur y sèche bientôt. Le ciel t'a bien partagé, Champin, et mieux encore que s'il t'avait donné cette opulence que tu envies.

J'ai regret, l'ancien, de n'être pas à l'unisson, et cette allégresse où tu me convies, je m'en veux de n'y être plus propre. Mais voici vingt-un ans tout à l'heure que je ne noce plus, quand d'ailleurs mon penchant, à partir de la mort de Thérèse, m'a éloigné de ces banquets d'hyménée. Le spectacle de ceux qui s'unissent m'est cher, de loin, et j'apporte à ta Catherine qui se marie mon offrande de contentement; mais, de près, j'y trouve matière à des ressouvenirs dont l'amertume abat toute gaîté, et, fût-ce pour ma Louise, si le cas échéait d'une noce allègre et nombreuse en convives, j'ai songé plus d'une fois que je n'y paraîtrais pas. Je n'irai donc pas, mon vieux, m'asseoir à ta joyeuse table, et, au lieu de m'en vouloir, tu me sauras gré de n'y aller assombrir ni autrui ni moi-même.

J'ai en outre à faire plus que de coutume, et, découcher d'ici en ce moment, ne m'irait guère. Ils sont après cette maisonnette, et pour que l'argent qu'on y met profite, il faut inspecter sans cesse, sans cesse aiguillonner ces manœuvres, toujours enclins à poser la truelle pour s'aller rafraîchir. De là dépend peut-être que la Crozat puisse garder sa vache, qui lui serait de bon secours. La pauvre femme n'est guère pour suivre ce conseil où tu t'égares, à propos de ces mômiers. Sa religion est de cœur, non de paroles et de professions; seulement ai-je cette crainte, à la voir, que, frappée si fort, elle ne s'abandonne au murmure intérieur. Toutefois, avant de rien avancer sur ce point, il faut l'avoir sortie de ce coin où elle est entreposée, et qu'elle se soit vue maîtresse, et distraite en soins domestiques, dans cette maisonnette qui se dresse pour la recevoir dès l'automne. Dans quinze jours, ils poseront la toiture.

Ne sachant quand j'irai à la ville pour complimenter ta Catherine, je lui écris ici (à charge pour toi de lui en donner lecture), les vœux qu'on forme, de cœur, pour sa prospérité. Je lui souhaite la concorde, la fidélité et l'affection communes, et sans crainte, qu'avec ces biens, les autres ne lui manquent, où qu'elle ne sache s'en passer. Je lui souhaite des enfans, puisque sans cela l'hyménée est sans saveur, et qu'elle les élève dans la crainte de Dieu, pour les marier quand le temps sera venu ; sans me prendre, comme tu vois, à tes tirades contre le pirate, ni à tes amertumes d'un moment contre l'affection filiale. Ta fille t'aime comme ci-devant, Champin, mais d'autre manière ; et si elle ne t'aimait pas, les siens un jour la délaisseraient. Jamais fille mauvaise ne sera mère chérie.

REYBAZ.

LETTRE LXXI.

CHARLES A LOUISE.

De Genève.

Louise, je ne puis rien faire ! Ces chaudes haleines, ce resplendissant soleil, m'ôtent tout courage ; mille ressouvenirs des printemps passés assiégent mon esprit, et je ne puis le fixer sur rien de ce qui vous est étranger. A côté des délices où s'abreuve mon cœur en songeant à vous, tout me paraît odieux, et je repousse avec dégoût ce sot grimoire qu'on appelle études. Aussi, les jours s'écoulent dans une molle torpeur, et la honte que j'en ressens, est le seul aiguillon qui me tienne encore un peu en haleine.

Ah ! plaignez-moi, Louise !... Que me font, à

moi, les systèmes des philosophes, les vérités des géomètres, les classifications des botanistes? Que me font les poëtes eux-mêmes, à moins qu'ils ne peignent ce sentiment qui est le mien, et qu'ils le peignent en traits véritables? Quoi! lorsque je ne respire que tendresse; lorsque, séparé de vous, je pourrais du moins vous rejoindre par la pensée, et passer mes heures où vous êtes, il faudra que je lie de force cette pensée à mon cahier, que j'échange contre ce qui m'intéresse si peu, la seule chose qui soit la consolation de mon exil et le charme de ma vie!

Aussi, quelquefois, toute ambition s'éteint en moi, le livre me tombe des mains, j'oublie qui je suis, où je tends; je me plonge tout entier dans ces chères rêveries. Comme le prisonnier dans son cachot, je rêve la lumière et la liberté, je brise toutes les entraves, et volant sur quelque rive fleurie, je m'assieds auprès de vous, je m'enivre de votre vue, et mes heures coulent plus douces, plus rapides que le ruisseau qui coule à nos pieds. Tout alors me paraît aimable, l'éclat du ciel, le parfum des fleurs, le mystère des ombrages, et je goûte la félicité suprême!

De cet empyrée, comment redescendre sur la terre? comment reprendre ces entraves dont je me suis affranchi? comment revenir à l'amère réalité, à ces travaux sans charme, sans agrément, sans but prochain?.... Il le faut pourtant, car le jour fatal approche! Alors, revenu à moi-même, et me trouvant placé ainsi entre ces travaux que j'ai négligés, et ces chimères que je caresse, le regret et le reproche s'unissent pour m'accabler, et je demeure triste et découragé.

Comme je vous l'ai dit, la honte alors m'aiguillonne, je veux me vaincre, je veux réparer les heures perdues, je bouge, je me prépare, j'ouvre à l'endroit.... Mais aucune de mes pensées n'est présente, il me faut les aller chercher sur cette rive où elles sont restées; il me faut, à force de soins, d'efforts, de vigilance, empêcher qu'elles n'y retournent à l'instant même; il me faut leur barrer les passages, jusqu'à ce que, par le seul sentier que je leur laisse ouvert, elles viennent déboucher sur mon cahier de philosophie. Figurez-vous des moutons qui tendent aux pâturages verts, et que la gaule force à déboucher sur un vilain pavé.

Riez, Louise, mais plaignez-moi. La philosophie! savez-vous ce que c'est? Un chaos de principes, d'abstractions, de déductions, de syllogismes.... Quelle pâture pour mes pauvres moutons! Bientôt ils n'en veulent plus.

Je les mets à l'herbe. C'est la botanique. Ici : bractées, stomates, spongioles, anthère, ovaire, cotylédons...... Vous demandez ce que c'est? Ce sont des fleurs. Voilà comme ils les arrangent. Ah! je regarde ma bouture en gémissant. Est-il donc vrai que cette rose charmante, plantée par la main de Louise, ne soit que le scientifique assemblage de ces grotesques ingrédiens? Où donc est l'herbe des prés, sa saveur et ses parfums? Pour celle-ci, mes moutons s'en détournent, et n'y veulent brouter.

Alors je les mène au tableau. C'est une planche noire, où, traçant avec de la craie des signes et des figures, je les régale du binôme de Newton, ou des douceurs de l'hypothénuse. Pendant que je trace et retrace, un s'échappe, puis deux, puis tous les autres à la file, je cours après...... Depuis une heure ils étaient autour de leur jeune bergère.

Voilà, Louise, l'histoire fidèle de mes journées : un long supplice, je vous l'assure. Les champs m'attirent; les arbres, les fleurs, les prés m'appellent; et je me débats tristement contre les barreaux de cette cage qu'il vous plaît d'appeler un ermitage!

Le portier ne m'a pas invité à sa noce. J'aurais accepté pour vous complaire, mais je suis bien joyeux de ce qu'il me laisse en paix. J'ai fait la commission de votre père, et le couvert est déjà entre mes mains, et *sous clef.* Quant à mes rentrées, elles étaient destinées à l'avance à la pauvre Crozat, et votre père ne peut pas trouver mauvais que j'en dispose ainsi que je me l'étais promis : ce sont deux louis que vous trouverez inclus.

Votre Charles.

LETTRE LXXII.

CHARLES A LOUISE.

De Genève.

Enfin, Louise, le jour fatal est arrivé : j'ai passé mes examens. C'était hier; je vous l'avais caché. Me voici hors de cette corvée, et, si j'ai réussi, prenez-vous-en à l'indulgence des juges, autant qu'au peu de difficulté de la matière. Mais j'ai passé par d'étranges émotions.

Je vous assure que, pour la première fois du moins, cette cérémonie-là n'est point gaie : je veux vous la décrire. Mon rang était venu, on me fit chercher. Des camarades envahissent ma chambre : « C'est à vous, c'est à vous ; » me crient-ils tous à la fois, et ils m'étourdissent d'avis pour l'heure superflus : Tel morceau a été demandé, vous aurez tel autre : les gaz, les sections coniques, Bentham, les systèmes incomplets, les quadrumanes, l'angle facial.... » et imaginez-vous bien, que je sentais tous ces ingrédiens se mêler dans ma tête et y former une bouillie monstrueuse, ce qui me causait un trouble infini. C'est sûr, pensais-je, tout en courant ; je vais mêler les gaz avec les systèmes, et les quadrumanes avec les sections coniques. Et j'arrive essoufflé dans le vestibule rempli de jeunes gens, les uns délivrés, les autres dans l'attente, tous parlant à la fois.

Au milieu de ce brouhaha, une cloche sonne. Cette cloche-là, Louise.... Au reste, toutes les cloches me font tressaillir, depuis celle qui me réveilla dans l'église. La porte s'ouvre, et j'entre avec la foule dans une grande salle, où je ne vis rien d'abord, tant j'avais peur. J'allai m'asseoir sur la sellette. A peine assis, je vois parmi le public un gros monsieur, qui me fait un signe d'encouragement : c'était M. Dumont. Je n'en eus que plus peur de mêler Bentham avec les quadrumanes.

Cette salle est toute tendue d'étoffe verte, ce qui m'a un peu dégoûté de la verdure des champs; d'ailleurs, obscure, à cause de grands arbres et des tours du temple de Saint-Pierre, qui interceptent la lumière du ciel. J'avais, en face de moi, mes juges : c'est l'Académie. Figurez-vous une douzaine de messieurs habillés de noir, à figures graves, dont les uns sommeillent, d'autres prennent du tabac, quelques-uns chuchotent; dont chacun me faisait l'effet de Minos aux enfers, lorsqu'il juge les ombres, en grand costume. Du reste, quand on est épouvanté, tout devient sinistre. Au-dessus du Recteur et de son fauteuil, pend à la muraille un antique portrait de Calvin; Calvin maigre, à l'œil perçant, en toque noire, en robe noire, l'index levé, levé sur moi, sans nul doute...... me désignant aux regards, à l'excommunication, à l'enfer! s'il m'arrivait de faire des quiproquo, comme j'en avais tant de frayeur.

La scène a commencé. Un professeur s'est interrompu tout juste pour m'adresser une question. Je ne m'y attendais pas, quand même j'aurais dû ne m'attendre qu'à cela ; de façon que je suis resté stupéfait, absolument incapable de trouver la moindre réponse à faire ;... silence complet, Calvin menaçant. J'étais si mal à mon aise, si embarrassé, si près de saisir une contenance quelconque, à la place de celle où je me trouvais, qu'il me passa par la tête d'éclater de rire, ou de fondre en larmes, pour me tirer de là.

« Monsieur, me dit mon professeur, il me paraît... »
A peine il a dit ces mots, que je pars comme une sonnerie. Il s'arrête, et je pérore à fil, comme une machine, comme une sonnerie, vous dis-je, qui sonne tous ses coups, jusqu'au dernier, en dépit de tout le monde, bien qu'elle ennuie, bien qu'on la maudisse, et puis je m'arrête net.

J'étais très-honteux de mon succès; mais, du moins, ayant perdu une grande partie de mon trouble, je devenais plus capable de réfléchir sur mes paroles, et de me faire valoir autrement que comme un perroquet. Aussi je rassemblais toutes mes forces pour l'épreuve suivante, et quand la seconde question me parvint, accompagnée d'un regard amical de M. Dumont, j'étais prêt à la recevoir. Notez qu'il s'agissait des Utilitaires, de cette école, dont Bentham est le chef, M. Dumont l'apôtre, notre professeur l'adversaire. Situation piquante, n'est-ce pas, Louise? Ah! mais j'avais dans ce moment une audace très-grande, et Calvin ne m'épouvantait ni plus ni moins que la pendule. J'exposai le système, nettement, à la satisfaction de l'un et de l'autre, de M. Dumont, et du professeur. Et puis, il restait à le juger. Ici, je ne pouvais plus plaire à l'un, sans déplaire à l'autre; je me décidai pour ma conviction, je l'attaquai de mon mieux, aussi fort que je pouvais, et avec les armes que me fournissaient mes cahiers, et avec celles que je me forgeais à l'instant même, entraîné par l'intérêt de la question, mais surtout par l'attention qui m'était prêtée. Et voyez comme je fis bien! mon professeur ne se sentait pas d'aise, et M. Dumont, faisant abstraction du fond qui était évidemment hors de ma portée, m'encourageait du regard le plus flatteur et le plus bienveillant, content de me voir oser, de me voir déployer les ailes, et répondre en quelque degré à l'opinion qu'il avait bien voulu concevoir de moi. Après cet effort d'éloquence, le reste n'était rien; je m'en suis tiré, sinon brillamment, du moins avec aisance et au milieu de la faveur. Au sortir, j'ai accompagné M. Dumont chez lui, et croyez bien que je buvais comme nectar du ciel ses moindres mots d'encouragement. Il est sûr, Louise, que j'ai un amour-propre épouvantable; j'ai honte de vous le laisser voir ainsi à nu, mais, par amour-propre encore, je n'y veux rien changer.

Et puis attendez. Hélas! Je n'en suis pas encore remis. Du faîte de la gloire, des sommités du quatrième ciel, je suis redescendu en un instant à ras terre. Je suis entré chez M. Dumont grand philosophe, adversaire de Bentham, puissance avec qui l'on traite ; j'en suis sorti écolier, écolier confus, mouche bourdonnante, rien! moins que rien! Oh! que j'étais froissé, humilié; loin, bien loin de mes jours de triomphe de tout à l'heure! persuadé, horriblement persuadé, qu'un bon examen, approuvé en règle, et par les experts, prouve peu de chose encore!

M. Dumont m'a fait asseoir : « Bravo! mon ami, j'ai été content (je trouvais l'expression mince). Il y a eu dans votre attaque, de la chaleur (j'attendais du feu, du feu ardent), quelque idée de la question (oh! oh!), peu de gaucheries (insoutenable!), peu de logique aussi, beaucoup de lieux communs, mille fois réfutés (insolent!); mais, comme thèse d'écolier (ah bien oui!), il y avait du bon (bien heureux vraiment!). »

Voilà son discours et mes réflexions. Il a poursuivi : « Travaillez, mon ami, et vous pourrez une fois aborder ces questions intéressantes. Quand vous les aurez comprises (avez-vous l'idée de si peu de fard dans l'expression), vous verrez qu'elles se lient à tout ce qui intéresse le plus l'humanité. Il m'a paru, à vous entendre, que les sciences morales sont celles qui vous attirent; ce m'est de bon augure pour la carrière que vous entreprenez. Courage, voici une bibliothèque tout entière à votre disposition (plus de mille volumes, Louise! A cette vue, je sentais sortir de moi, tout mon goût pour les sciences morales), je vous offre mes services, mon amitié, et ma table tous les quinze jours : c'est le mardi. » Je me suis confondu en remercîmens, avec assez d'aisance, car ils étaient sincères ; et je suis sorti avec quelques volumes sous le bras.

Ce qu'il y a de sûr, c'est que c'est fort agréable de n'avoir plus d'examen en perspective ; je me sens allégé de plus de poids encore que je n'en portais avant cette corvée : tout me rit, tout me paraît récréation, plaisir, et je suis maintenant libre et seul avec votre image. Avec elle, je me promène ; avec elle, je cherche la campagne, les bois, l'ombrage ; et partout j'éprouve une plénitude de bonheur qui m'était inconnue. Oh! non, Louise, je ne regrette pas mon enfance ; je jouis mieux aujourd'hui des biens absens, qu'alors de ceux au milieu desquels je coulais mes jours ; l'enfance est toute au présent, mais l'amour rend aimable le passé, le présent, et le temps qui n'est pas encore. Vous, partout! vous, sans cesse! vous, le charme de tout ce qui m'occupe, de tout ce que je vois, de tout ce que je rêve! Quelquefois je tâche à m'attrister, à me soucier, pour rester dans la réalité, et me croire un des mortels ; impossible : j'ai beau vouloir refouler le bonheur, il déborde de toutes parts....

Je ne suis plus retenu ici que pendant quelques jours, car on n'entend pas, je suppose, que je doive sacrifier à ces quelques leçons que je donne, le bonheur si longtemps attendu de vous voir... Vous voir!... cette pensée m'enivre!... Dois-je écrire, demander?.... dois-je attendre l'ordre de M. Prévère, l'invitation de votre père?... dois-je partir sur l'heure?... En vérité, le bonheur me trouble l'esprit; veuillez guider un pauvre malheureux que la joie rend fou.

Au revoir donc, au prochain revoir, Louise, ma bien-aimée!.. Au revoir, Louise, ma sœur d'autrefois, ma fiancée désormais, ma providence en tout temps!... Ah! quand j'approcherai; quand je verrai le hameau d'abord, puis la cure, le clocher, les peupliers, la mare!... quand j'entrerai dans la cour, quand je franchirai ce seuil, quand j'entendrai résonner sous mes pas cet escalier de bois... Fortuné voyage! toute la journée je le fais par la pensée: je vous rencontre tantôt au bas du pré, tantôt à la fontaine, tantôt seule, tantôt avec M. Prévère... et c'est ainsi que je supporte d'être encore séparé de vous.

CHARLES.

LETTRE LXXIII.

MONSIEUR DERVEY A MONSIEUR PRÉVÈRE.

De Genève.

Je vous fais savoir à la hâte, mon cher confrère, que les de la Cour retournent à la Cure. Après une longue lutte, et des scènes très-vives, c'est le jeune homme qui l'a emporté. Déjà ils préparent leurs bagages, et demain, ou après-demain, ils seront au Château. Ce départ est le sujet de beaucoup de conversations, qui tendent à ébruiter ce que vous voudriez tenir caché. Dans un certain monde, on prononce le nom de Mlle Louise avec un malicieux dédain, et la rivalité des deux jeunes gens n'est déjà plus un mystère. Seulement, comme on ne sait rien de positif sur les engagemens de M. Reybaz, l'opinion est qu'il ne résistera pas aux avantages d'une alliance si magnifique pour sa fille. Hâtez donc la publication des annonces; c'est, je pense, le seul parti qu'il y ait à prendre. Après cela, tout sera dit; et M. Ernest n'aura rien de mieux à faire que d'aller visiter les Cantons.

Notre jeune ami vient de subir ses examens d'une façon brillante. J'ai reçu à ce sujet les plus flatteuses félicitations. Mon ami Dumont, qui y a assisté, augure très-favorablement du jeune homme. Du reste, ce succès a mis Charles en vue. Il est déjà connu ici sous le nom de l'orphelin de M. Prévère; M. Prévère est l'ami de M. Reybaz; M. Reybaz a une fille aussi distinguée par ses vertus, que par les grâces de sa figure... tout autant de raisons pour hâter ces annonces, qui lèveront un voile dont la transparence dérobe à peine ce qu'on prétend cacher derrière.

Quant à Charles, il ne songe ni à ses succès, ni à M. Ernest, ni à ces propos dont il est l'objet. Pour l'heure, il n'a qu'une seule et unique pensée, c'est celle de retourner à la Cure. Il nous en entretient tous les jours, à chaque instant, et, quel que soit notre regret de le voir s'éloigner, nous faisons chorus avec lui sur la justice, sur la nécessité, sur l'urgence de ce charmant départ. Je pense que vous allez remplir son vœu. J'abrége, pour ne pas retarder le départ de ce billet que l'on attend.

Votre affectionné,
Dervey.

LETTRE LXXIV.

LOUISE A CHARLES.

De la Cure.

C'est le cas ou jamais que la dame de vos pensées vous témoigne toute sa joie ! De ce jour fatal, comme vous l'appelez, vous avez fait un beau jour de fête : je suis radieuse, M. Prévère est bien heureux, et mon père me charge de vous témoigner sa satisfaction.

Votre lettre est charmante. Mais elle m'a intéressée, bien plus encore que divertie. Je compatissais trop à vos alarmes, pour goûter ce qu'elles ont de plaisant. Quant aux paroles de M. Dumont, qui ont bien égayé M. Prévère, elles m'ont paru, ne vous déplaise, fort encourageantes, et des plus propres à enflammer votre zèle. Soyez certain que cette amitié seule, que vous témoigne un homme aussi distingué, équivaut à la plus honorable opinion de vos talens.

Et puis, vous me parlez là de toute sorte de choses, que je ne comprends pas. Ces termes dont vous vous servez, me sont inconnus. Que vous êtes heureux, vous, jeunes hommes! on vous apprend tout, on promène votre esprit sur mille connaissances curieuses, variées ; on enrichit votre intelligence, et l'on s'assure encore qu'elle s'enrichit. Et nous... nous? Charles, rien! Nous sommes négligées ; indignes, sans doute, de nous abreuver de ces sources. Je suis humiliée, car j'ai mon amour-propre aussi, de voir que vous devenez instruit, sans que j'apprenne rien, moi, très-curieuse, vous savez, et un peu jalouse. Mais, en vérité, vous ne saurez que me dire, moi, que vous répondre ; nos causeries vont tarir faute de points communs où nous puissions nous comprendre... Je suis en guerre contre les institutions, contre les choses ainsi établies, et un peu contre vous. Puisqu'on nous interdit tout savoir, je suis presque fâchée qu'il y ait du savoir sur la terre. Ce qui me fâche aussi, c'est de voir que M. Prévère trouve cela bien. Savez-vous ce qu'il m'a dit? car je lui ai fait part de mon humeur : « Ce serait grand dommage qu'une femme fût occupée de ces choses. Elle y perdrait en grâces, ce qu'elle y gagnerait en médiocres connaissances dont elle n'a que faire. D'ailleurs, il y a des devoirs plus importans qui la réclament. » Voilà donc notre lot ! Plaignez-vous à présent de M. Dumont. Au moins, s'il vous montrait une route difficile, il ne vous en barrait pas l'entrée.

Ce sont là mes sujets de dépit, d'autant plus réels, qu'au fond je me doute qu'il a raison, M. Prévère. Mais alors, pourquoi m'avoir appris à aimer l'instruction, la lecture? pourquoi m'avoir admise à l'entendre, à l'entendre avec transport, moi profane, moi destinée à ne pas apprendre, à ne rien connaître? pourquoi avoir cultivé mon intelligence? pourquoi m'avoir appris à lire, à écrire? C'est me faire voir les eaux vives, et m'empêcher de m'y désaltérer : je trouve ce procédé cruel. Je le lui ai dit, car nous avons disputé là-dessus, et puis, il m'a expliqué que c'était pour le mieux. Ce qu'il y a de drôle, c'est que mon père était là qui soutenait, lui, que je suis déjà trop savante : « Car enfin, disait-il, elle lit dans les livres. »

Je conclus à ce qu'on aurait dû m'élever à garder les moutons. Le métier de bergère s'accommode de cette ignorance où l'on nous tient, mieux que celui de demoiselle. Encore est-ce un métier bien gâté depuis l'âge d'or, ou seulement depuis les bergères de Florian. Vous souvient-il d'Estelle? Vous souvient-il quand nous dévorions ces pages toutes pleines de faux pour les grandes personnes, toutes vivantes de vérité pour nos imaginations d'alors? Avez-vous oublié cette ivresse avec laquelle nous parcourions ce monde pastoral? Aimables bergères, au teint si blanc, malgré le soleil; à la robe si propre, malgré l'étable; au langage si élégant, sans écoles, sans Lancasters! Mais, dites, Charles, quel dommage qu'il n'y en ait plus! Pourquoi le monde n'est-il pas fait ainsi? Que tout est devenu manant; et que les moutons, quand ils y songent, doivent regretter cet âge fortuné de leur histoire!

Le livre m'est tombé sous la main l'autre jour. Vous le dirai-je, je n'y prenais plus de plaisir! Il me rappelait nos lectures, voilà tout; mais plus d'ivresse. J'en ai pleuré presque. Est-ce que tout ce qui nous charme doit ainsi disparaître? est-ce que l'imagination meurt avec les premiers ans? avançons-nous sans cesse vers de plus ingrates rives, vers des réalités nues et sans prestige? Oh! que je voudrais retenir ces illusions enchantées ! ressentir l'attrait si plein que nous goûtions à ces puériles histoires ! Non, Charles, je ne puis avec vous médire de l'enfance. Ces plaisirs étaient purs, vifs, aimables ; ils suffisaient à parer le présent des plus douces, des plus riantes couleurs. Perte réelle, immense ! Pour moi, si j'aime le présent, je regrette le passé ; et pour l'avenir, je ne sais trop qu'en dire. Chaque jour il arrive, apportant peu, enlevant quelque chose ; et je lui sais moins de gré de ses dons, que je ne lui en veux de ses larcins.

Florian ne m'allant plus, j'ai repris Paul et Virginie. Mon père qui n'aime pas les histoires tristes, avait fait disparaître le livre ; mais Marthe me l'a retrouvé, et, lundi, j'ai porté mon petit volume sous les chênes de Chevron. Ici, je l'avoue, le charme ne s'est pas usé, comme pour les pastorales de Florian : ce monde est à la fois tout autrement poétique, et tout autrement vrai. Je ne parle pas de cette belle Ile-de-France que j'ignore, et que pourtant je crois avoir vue ; je parle de ces scènes de sentiment, si pures, si vraies ; je parle de ces fraîches couleurs, de ce style qui pénètre mollement le cœur, jusqu'à ce qu'il l'ait comme inondé d'une tristesse douce. La fin, je ne la relis plus : elle est trop poignante ; mais je retourne sans cesse au commencement, dont elle embellit l'innocence comme d'un voile de mélancolie. Je jouis mieux des belles journées de ces deux enfans, alors que je pressens le sort qui leur est réservé. Un jour Mme de la Cour, voyant mon engouement pour ce petit poëme, m'envoya *Atala*. « C'est dans le genre, disait-elle, mieux écrit, et plus moderne. » Je n'ai pas comparé, n'étant point à même de le faire, mais je ne puis comprendre qu'on les compare. L'avez-vous lu?

Qu'est-ce donc qu'entendent les gens instruits, par bien écrit, mal écrit? car c'est le jugement que j'entends toujours prononcer par Mme de la Cour, sur les nouveautés qu'elle reçoit. Je me figure tantôt qu'il s'agit de l'élégance des phrases, tantôt il me paraît qu'elle parle du fond, de la pensée, de ce qui plaît ou ennuie, et, parmi tant de sens divers, je ne sais auquel me fixer. Bien écrire, c'est-à-dire, écrire des choses comme celles-là, des choses qui attirent tous les cœurs, qui captivent tant de monde, que ce me semble devoir être un plaisir céleste! Que de gloire, mais, avant cela, que de momens charmans passés à créer ces aimables personnes, à vivre au milieu de ces fictions attrayantes! Je n'y vois qu'un mauvais côté, c'est qu'au sortir de cette ivresse, on doit trouver le monde bien triste et bien morne.

Louise.

P.S. Voici bien du babil, Charles, et je n'ai pas encore répondu aux questions par lesquelles vous terminez votre lettre... C'est que je voulais essayer de vous raccommoder avec les post-scriptum. Sachez donc que notre vie d'autrefois va renaître ; c'est M. Prévère qui l'a décidé ainsi, mais c'est moi qui ai voulu vous en donner l'annonce. Il trouve que vous avez mérité, par vos fatigues de cet hiver, quelques semaines de repos.... et je le trouve aussi. Il se reproche que depuis que nous sommes heureux, nous n'ayons pas été encore réunis pour jouir ensemble de la concorde et de la félicité communes... et je me le reproche aussi... Il assure que votre présence sera pour moi une vive joie, pour mon cœur une longue fête, pour mes journées et mes semaines un cher et doux aliment.... et je n'ai garde de contredire. Ne suis-je pas une docile écolière ? Ah ! Charles ; je vous dis quelque part que je ne sais pas être heureuse. Effacez cette ligne ; jetez au feu ce mensonge... Que tout est changé ! Il me faudrait plus d'effort maintenant pour vous cacher ces émotions de bonheur, qu'autrefois il ne m'en fallait pour vous dérober ce trouble dont j'étais agitée... La joie, la sécurité, la tendresse qui rend tout aimable, sont aujourd'hui les seuls sentimens qui se partagent mes heures ; et quand je songe à ces semaines qui vont venir, je suis tout près de médire avec vous de ce passé que je regrettais tout à l'heure encore.

Le jour où vous viendrez n'est pas encore fixé, c'est M. Prévère qui vous le fera connaître prochainement.

Votre Louise.

LETTRE LXXV.

MONSIEUR PRÉVÈRE A MONSIEUR DERVEY.

De la Cure.

Je vous remercie de votre avis, mon cher confrère, bien qu'il me jette dans une grande perplexité. Ce retour vient justement contrarier le projet que j'avais formé de faire venir Charles ici, pour y passer l'été. Je lui avais fait dire, avant la réception de votre billet, que, dans peu, je fixerais le jour où il devrait se rendre auprès de nous. Le voilà qui compte maintenant sur cette promesse, au moment où je voudrais bien ne l'avoir pas faite.

Je pense, comme vous, que le meilleur moyen de nous tirer de cette situation aussi singulière que difficile, c'est de publier prochainement les annonces, et si la chose dépendait de moi, elle serait déjà faite; mais j'ai beaucoup de peine à y déterminer M. Reybaz. Il m'objecte des motifs très-sensés, et sur lesquels nous étions d'accord il n'y a pas longtemps; sans que je puisse lui découvrir les véritables raisons qui m'ont fait changer d'avis, ni risquer, en insistant trop, de lui faire croire que je me défie de sa fidélité à tenir ses promesses. Toutefois, j'espère encore pouvoir obtenir son consentement, et mon plus grand embarras, c'est de maintenir ce pauvre Charles à la ville, jusqu'à ce que j'y sois parvenu. Dites-lui, je vous prie, que nous nous disposons à le recevoir, et que, dans peu de jours, il recevra la lettre par laquelle je l'appellerai auprès de nous.

Il n'est plus douteux maintenant que la conduite et les démarches de M. Ernest ne recouvrent une arrière-pensée, et qu'il n'espère encore parvenir à ses fins en gagnant du temps, et en se montrant sous ses côtés favorables. Ils arrivèrent au Château avant-hier. Ce matin déjà il s'est présenté à la Cure, comme si rien ne s'était passé. Ses manières étaient convenables et polies; il s'est montré, auprès de Louise, amical sans trop d'empressement; néanmoins il paraissait avoir besoin de s'observer beaucoup, pour que rien dans son langage, ni dans ses expressions, ne laissât percer le sentiment dont il est possédé, et que trahissaient sa réserve même, et son regard constamment attaché sur Louise. L'incendie de la Crozat a été le texte de leurs entretiens ; c'est aussi à propos de la situation de cette pauvre femme, qu'il s'est mis en rapport avec moi et avec M. Reybaz, sans négliger de se ménager un prétexte à d'autres visites. Louise, qui n'a connaissance ni de ses dernières démarches, ni de ses vues actuelles, l'a accueilli à son ordinaire, et il a poussé l'hypocrisie jusqu'à lui demander des nouvelles de Charles, mais sans s'appesantir sur ce sujet, comme vous pouvez croire. Quant à Mme de la Cour, elle n'a pas paru encore, et je suis déterminé, si je ne puis obtenir de M. Reybaz la prochaine publication des annonces, à me rendre auprès d'elle, à lui faire connaître les engagemens de M. Reybaz, et à faire savoir à son fils, par son entremise, et en mon nom, que le rôle qu'il joue est aussi inutile à ses vues, que honteux pour son caractère.

Le bruit s'était répandu ici que les de la Cour ne viendraient pas cet été, aussi leur soudaine arrivée a-t-elle produit la surprise, et excité la curiosité. Il paraît que M. Ernest lui-même n'aurait pas craint de donner à ce sentiment quelque équivoque pâture, puisque, sans cause connue, sans aucune démarche de qui que ce soit d'entre nous, il s'est manifesté dans le hameau quelques mouvemens, il s'y est fait entendre certains propos qui indiquent, de la part de ceux qui les ont tenus, l'intention d'agir indirectement sur les dispositions de M. Reybaz. Heureusement celui-ci, outre qu'il est aimé et considéré de tous nos paysans, qui l'approuveront et le soutiendront dès qu'il aura manifesté publiquement ses intentions, n'offre aucune prise à ces sourdes menées, et poursuit inébranlablement son droit chemin, sans regarder à autre chose qu'à Charles. Si Charles, qui a gagné cette année dans son esprit, continue à lui inspirer de la sécurité, avant un an M. Reybaz aura oublié la tache de sa naissance, et il verra enfin dans cet enfant, ce qu'il a tant de peine à y voir, un naturel excellent, un cœur droit et bien placé, et les qualités de caractère les plus propres, entre bien d'autres, à assurer le bonheur de sa Louise. Que Dieu le protége !

Vous prenez un si sincère intérêt à ce jeune homme, mon cher confrère, que je me livre avec complaisance au besoin de m'en entretenir avec vous, bien sûr que vous m'écoutez avec patience, et peut-être avec plaisir. Agréez, je vous prie, l'expression de ma gratitude et de mon amitié.

PRÉVÈRE.

LETTRE LXXVI.

CHARLES A LOUISE.

De Genève.

Détrompez-vous, Louise, vous ne m'avez pas du tout raccommodé avec les postscriptum. La dernière phrase du vôtre me cloue ici. Le terme de mon exil n'est donc pas encore venu, et quand j'avais fait toutes mes dispositions pour prendre mon vol ce soir ou demain, voici qu'il faut attendre jusqu'à ce qu'on ait fixé le jour.... Fixé le jour! Mais, bon Dieu! tout jour n'est-il pas bon pour que, sur mes deux pieds, je gagne la Cure? Y a-t-on vendu mon lit, démoli ma chambre? Qu'à cela ne tienne! en comparaison de cette cage-ci, la grange me sera un palais, et le foin de la grange, un royal édredon.

Mais non, je chéris les postscriptum. Le vôtre ne contient-il pas des lignes adorables?... Ah! Louise, l'espoir, la joie, quelque bonheur aussi, vous visitent! le trouble a fui, le présent vous rit, l'avenir est serein.... paroles qui ajoutent à ma félicité la seule, l'unique chose qui pût encore y manquer! Que je ne me plaigne donc pas, que j'attende avec patience, et qu'en attendant je vive avec vous par la pensée. Tout mon temps est à moi, je vais vous écrire des volumes; mais aurez-vous bien le temps et l'envie de les lire? Je réponds d'abord à votre lettre, où vous tenez des propos qui m'ont indigné.

Comment, Louise, vous, plus savante, vous, autre que vous n'êtes? A Dieu ne plaise!... Et puis, vous vous ignorez donc vous-même? Savante? vous l'êtes, en tout ce qu'il est aimable, charmant de savoir. Savante? vous l'êtes en grâces, en sentiment. Savante? vous l'êtes infiniment plus que votre serviteur, tout grand philosophe qu'il a été un quart d'heure durant. Il admire vos lignes, il est tout au plus à même de vous bien comprendre, et vos questions l'embarrassent fort. Que je vous dise ce qu'ils entendent par bien écrit, mal écrit? Mais pour qui donc me prenez-vous? A vous plutôt de me l'apprendre. Bien écrit, c'est comme vous écrivez, je n'en sais pas davantage.

Attendez pourtant. C'est vrai que j'ai fait ma rhétorique. Mais en rhétorique ce sont toujours des harangues qu'on est censé devoir écrire. Il s'agit là de démonstratif, de délibératif, de judiciaire ; il s'agit de synecdoque et de métalepse... C'est vrai que je suis savant! Voilà des mots que je vous défie bien de comprendre, et que je n'ai garde de vous expliquer : d'abord, parce que je prétends conserver ma supériorité; ensuite, parce que vous ririez de voir qu'ils signifient des choses...... Figurez-vous qu'on appelle des carottes, *Daucus staphilinus*. Beau! savant! docte! Ce sont pourtant des carottes, rien autre. Ainsi pour ma *métalepse*. Croyez, Louise, que beaucoup de gens sont savans de ce savoir-là, qui ne sont pas savans du vôtre.

Ecrirai-je des harangues? je ne sais; mais le fait est que j'ai là ma recette toute prête pour haranguer dans les règles. Donnez-moi une assemblée populaire, un millier d'hommes seulement à qui parler, des Romains si possible, et je vais les admonester le mieux du monde, selon Cicéron et Quintilien ; c'est ce qu'on m'a appris en fait de style et de composition : la rhétorique n'est que cela. Mais donnez-moi le moindre sujet à traiter, un billet à écrire, je n'y suis plus. Je ne sais que faire de mon délibératif, et je trouve que ma métalepse ne m'aide pas beaucoup. Je sens qu'ici l'exorde n'est plus de saison, que la narration serait décidément hors de propos, et je retombe sur mes propres lumières toutes seules, très-humilié de voir qu'elles ne m'éclairent pas du tout. Et vous, Louise, vous qui savez si bien dire, vous, pour qui la plume est si docile et se promène avec tant de grâce et de liberté, vous voudriez être plus savante? vous vous adressez à moi pour le devenir? Tout au moins tâchez de m'interroger sur la synecdoque.

Dans les sciences morales (c'est mon fort, vous savez) je suis tout aussi avancé. Je sais le nom des systèmes, le nom de leurs auteurs : Descartes, Leibnitz, Platon, ne me sont pas inconnus, j'ai vu ces figures-là quelque part ; voilà le plus gros de ma pacotille, en fait de sciences morales. Pour leurs idées, je m'y embrouille ; la portée de ces idées, je m'y perds ; une conviction en faveur de l'un ou de l'autre de ces systèmes, pas plus que ce qui se passe dans la lune : somme toute, je m'y entends, comme en alchimie. Avec cela, prêt à soutenir, l'un, l'autre, à votre choix; prêt à vous redire de mémoire l'objection et la réfutation, comme tel qui dit la messe sans la comprendre; prêt en un mot à faire un examen, à le faire bien, à gagner mon diplôme.

Parmi ce que je sais, la seule chose que je m'imagine savoir, ce sont les quelques bribes de mathématiques que j'ai attrapées cette année. Ici, il me semble bien qu'il n'y a pas deux manières de savoir. Ces vérités-là n'ont qu'une face : on la voit, ou on ne la voit pas; l'eau est trouble, ou elle est limpide. C'est le plaisir de cette étude d'ailleurs si ingrate; j'entends, si ingrate pour moi, car pour d'autres elle a ses charmes, *si je puis m'exprimer ainsi*. Bien plus, elle a sa *poésie;* je tiens ceci d'un mathématicien. A la bonne heure, mais j'aurais voulu qu'on ne se servît pas du même mot pour cette poésie-là, que pour l'autre.

Vos lignes sur Florian m'ont rajeuni de dix années; et c'est vrai que rajeunir, c'est-à-dire s'apercevoir qu'on a vieilli, ce n'est pas une sensation agréable. Mais pourvu que je vieillisse en vous adorant, moi, je ferai bon marché de l'ancien âge d'or, âge d'inconcevable misère, en comparaison de celui où je vis quand je songe à vous, quand je me crois quelque peu aimé de vous, quand seulement je reçois une de vos lettres, quand seulement je l'attends, quand seulement je me doute que vous l'écrivez! Age de perles et d'émeraudes, âge d'aurore et de pourpre, âge que Némorin n'a pas connu, ni Florian, ni personne! Pour l'autre, pour Paul, je ne dis pas.

A propos de bergères, c'est au théâtre qu'il faut les voir, si vous tenez à en perdre le goût pour toujours. Ah! Louise, c'est qu'à vrai dire le théâtre est la plus étrange chose pour un paysan comme moi. On y voit des personnages qui ont la prétention d'être des gens de campagne; rien ne me paraît plus comique que leur jeu, leur costume, et l'assurance avec laquelle ils se donnent pour des gens de campagne. Pour les bergères, les Estelles, figurez-vous des poupées mignonnes : mousseline, rubans, bouquets, escarpins; et puis, fardées jusqu'aux yeux, et les mains dans des poches à liserets; le langage, les manières et la naïveté sont de même aloi. Du reste, convenu, parfaitement convenu, que ce sont là des gardeuses de moutons; nul n'y contredit, et je m'imagine qu'une bonne partie des gens qui regardent, se représentent des pays où il en est ainsi. Je voudrais bien voir ce que dirait un des moutons de la Cure, en face de ces bergères à falbalas.

Ceci n'empêche pas que le théâtre ne soit une

récréation fort de mon goût, et ces jours-ci, ne sachant que devenir, j'y ai passé mes soirées. Malheureusement, ici les bons acteurs sont rares, et les bonnes pièces plus rares encore. Ce sont des drames lamentables, ou des vaudevilles, quelquefois spirituels, quelquefois gais, souvent détestables, presque toujours licencieux. Au sortir de mes tragédies grecques, toujours graves, solennelles, religieuses, j'ai trouvé le saut brusque. Toutefois je n'ignorais pas que la comédie *châtie les mœurs en riant*. J'ai donc ri avec tout le monde, mais en trouvant pourtant qu'il serait plus vrai de dire de la comédie qu'elle *corrompt les mœurs en riant*. A chaque instant, en effet, ces pièces dont je parle, choquent la pudeur, pervertissent le bon sens, jettent du mépris sur ce que les hommes doivent respecter; le tout en riant, en riant beaucoup, et c'est ce que j'y vois de plus triste. A force rire de cette façon-là, on doit finir par ne plus rien prendre au sérieux, et par voir dans le monde réel une comédie, tout comme on croit bientôt voir dans ces comédies le monde tel qu'il est.

Je vous parle là des mauvaises pièces, mais elles sont nombreuses, et les moins fâcheuses ne sont pas, je vous assure, celles qui ont la prétention d'être morales. Car alors, il y a si peu de conviction chez l'auteur, il est si gauchement honnête, les sentimens sont si outrés, les situations si fausses, qu'on voit bien que la morale ne saurait avoir de plus maladroits apôtres. Pas de petites vertus, pas de médiocres vices : des héros et des scélérats ; le vice puni, très-puni ; la vertu récompensée, beaucoup trop ; et tout cela passe par-dessus la tête de ces bourgeois, trop modestes pour aspirer au sublime, trop honnêtes pour descendre au forfait.

Mais ce qui m'a bien surpris, c'est de voir là, étalées aux loges, des dames de la ville, avec leurs filles, avec ces mêmes demoiselles si réservées, que je rencontre quelquefois dans le monde. Je ne pense pas, certes, qu'elles s'y *corrompent en riant;* mais ce qu'il y a de sûr, c'est qu'elles y viennent entendre et voir une foule de choses pour lesquelles on se ferait chasser de toute société un peu honnête. De plus, elles ne rient pas, je veux dire qu'elles sont fort sérieuses, toutes les fois que de gros rires, des huées indécentes, ne manquent pas de signaler à l'attention ce que la pudeur la moins scrupuleuse voudrait voiler encore.

Une autre chose m'a chagriné, Louise. Après tout, ce théâtre est français, ces acteurs sont français ; tout cela nous est, ou devrait nous être étranger. Quand on ne peut pas se composer ses pièces, il faudrait savoir se passer de celles d'autrui, et faire ce sacrifice à l'intérêt comme à la dignité de sa nation. Celles-ci, en effet, composées pour un autre peuple, effacent, par leur insensible action, la physionomie du nôtre. Elles lui inculquent les passions, les préjugés, les haines et les sympathies d'un public français ; elles transforment pendant trois heures de temps, et quatre fois par semaine, ces citoyens de Genève, en bourgeois de Dôle ou de Dijon. Ils applaudissent à Bonaparte qui leur prit leur pays, ils hurlent contre tels qui le leur rendirent, ils battent des mains au couplet sur la conquête, au couplet sur le chevalier français, sur le grenadier français...... Les premières fois je ne comprenais rien à ces acclamations, et aujourd'hui, tout ce que j'y comprends, c'est que ce peuple, fait par son passé, par son intelligence, par son civisme et par ses mœurs, pour se suffire à lui-même, et qui d'ailleurs est fier de sa modeste patrie, se réduit pourtant à n'être sur son propre théâtre, que l'écho de cette tourbe déjà si niaise, qui, sur les théâtres de France, trépigne ou applaudit, au gré des vaudevillistes et des histrions.

Et puis, il est des jours, Louise, où ce même

peuple se présente sous un aspect tout autrement intéressant. Mardi, il y avait une revue des milices. Dès six heures du matin, les bataillons se répandaient hors des murs, dans cette vaste plaine de Plainpalais, dont une foule immense formait le pourtour. La beauté du temps, le tambour et la musique militaire, animaient cette vivante scène ; et déjà, ce qui n'était qu'une revue, semblait une fête magnifique.

Peu blasé sur ces émotions patriotiques, je sentis bientôt mon cœur remué par ce spectacle. Je me promenais de groupe en groupe, parmi cette foule de spectateurs, rencontrant de toutes parts ce sentiment de fraternité qui naît si vite de celui de patrie. On causait ensemble sans se connaître, l'on prenait part ensemble aux incidens de la revue ; chez tous le langage était cordial, et les manières affectueuses. Après avoir erré ainsi pendant quelque temps, je finis par demeurer en place, retenu, ainsi que d'autres, par les saillies d'un vieil horloger. « Je suis une patraque, disait cet homme d'un ton fort sérieux, mais j'en ai deux là-bas qui défilent ! — Encore bien vert ! papa Lebrun, lui a dit quelqu'un. — Bah ! les huiles sont figées : à vieille pièce il n'y a rhabilleur qui fasse !... Et puis, a-t-il ajouté en se redressant d'un air martial.... si jamais !... Vous m'entendez bien. » J'écoutais ce brave homme avec respect. Comme d'autres, autour de moi, j'avais pris un petit garçon sur mes épaules, afin qu'il pût voir la revue. Les joyeuses clameurs de ces enfans se mêlaient aux propos de ces vieillards, et, à chaque fois que je me retournais, je rencontrais le regard reconnaissant de la jeune mère de mon marmot.

Cependant nos magistrats étaient entrés dans la plaine. Après qu'ils eurent défilé entre les rangs, ils vinrent se placer sous une tente, et les manœuvres commencèrent. Pendant que le canon grondait, et que de toute la ligne jaillissaient le bruit et la fumée, je me sentais peu à peu jeté dans une sorte d'ivresse, dont le charme grave et plein m'était inconnu. C'est que la patrie était là tout entière, unie, heureuse, modeste, sans sommités fastueuses, sans populace misérable, tirant son unique lustre du bonheur et de la concorde de ses enfans! C'est que l'armée était là, petite, mais citoyenne, mais nôtre; composée des pères, des époux de ces femmes qui circulaient dans la foule! C'est que notre bannière flottait dans les airs, et que, la réunissant par la pensée à ces vingt et une bannières qui flottent glorieuses dans l'ombre des vallées, et sur la crête des montagnes, ce faisceau me représentait la commune patrie, grande de trophées, de bonheur et de liberté!

Et si cette simple revue, si ce simulacre de manœuvres, si cette foule, ces femmes, ces vieillards, suffisent à donner de si vives émotions, Louise, qu'est-ce donc lorsque le danger appelle aux armes, lorsque ce sol, ces mères, cette patrie, sont à défendre, et qu'une sainte cause ralliant les cœurs, les volontés et les bras, pousse au combat ces phalanges!.... Mais je m'arrête, car je me sens en veine de tirades, et il nous faut encore rentrer à la ville.

Déjà pendant les feux et les dernières évolutions, les remparts s'étaient couverts de monde; partout, aux fenêtres, sur les arbres, sur les chariots que le hasard amenait, des groupes animés embellissaient cette scène riante, tandis que les soldats, harangués par leurs chefs, faisaient retentir l'air de leurs acclamations. Ils défilèrent ensuite. Quelques-uns laissaient porter leur fusil à leurs petits garçons, et ceux-ci, sous cette glorieuse charge, marchaient triomphans et ravis de joie. D'autres, avec cette bonté qui n'appartient qu'à des soldats citoyens, cherchaient à ménager cette foule qui se pressait autour d'eux; parfois de gais accidens faisaient circuler le rire de rang en rang, et de groupe en groupe. Arrivés bientôt à leurs places d'armes, tous ces soldats furent licenciés, et de toutes parts on les voyait se rendre par pelotons dans quelque agreste verger, sous quelque fraîche treille où les attendait un petit banquet, joyeux terme de leurs fatigues et de leurs sueurs. Bien tard encore dans la soirée, on entendait ci et là, dans les environs, des coups de fusil et de gais refrains.

Je veux, Louise, demeurer sur cette impression. Le peuple du théâtre, et le peuple de Plainpalais ne se ressemblent guère : c'est de ce dernier que je suis, et que je veux être!

Votre Charles.

LETTRE LXXVII.

LOUISE A CHARLES.

De la Cure.

J'ai lu, Charles, votre lettre avec un extrême plaisir. Non pas qu'elle ne m'apprenne certaines choses tristes, dont je ne me doutais pas même ; mais à cause du charme que j'éprouve à voir avec vous, et par les mêmes yeux que vous. Ces pensées, ces sentimens que vous faites naître en moi pour la première fois, il me semble comme si je les avais toujours eus ; et quand je pourrais m'expliquer d'une façon bien plus modeste cette sympathie d'opinions et de jugemens, je m'amuse à en jouir comme d'un signe que nos esprits s'entendent, et que nos cœurs sont faits l'un pour l'autre.

Il y a un point pourtant, sur lequel je me suis promis de vous faire une querelle : ce sont vos remarques sur ces jeunes demoiselles, dont vous vous faites le juge un peu sévère, lorsque, à votre âge, un peu de chevaleresque réserve aurait dû vous rendre muet, sinon indulgent. Au surplus, blâmez les mères, pères, tuteurs, parrains, la société si vous voulez, la nature des choses encore, mais ne blâmez pas ces pauvres demoiselles..... car je grille d'envie d'aller au théâtre, et j'avais fait promettre à mon père qu'il m'y conduirait la première fois que nous irons à la ville. Comment voulez-vous que j'ose m'y présenter maintenant? que j'aille risquer de vous paraître une citoyenne de Dôle ou de Dijon?... Ne voilà-t-il pas un beau résultat de vos indiscrètes remarques? M. Prévère est beaucoup plus accommodant que vous : il savait notre projet, qui ne l'a en aucune façon scandalisé.

Voilà mes griefs. A présent, faisons la paix, et que je vous dise combien j'ai été émue avec vous par le spectacle de cette revue. Vos lignes me faisaient belliqueuse à vue d'œil. C'est vrai que le sentiment de patrie grandit, réchauffe, ennoblit toutes choses. Comment n'en serait-il pas ainsi? Souvenirs d'enfance, affections, famille, tout s'y résume : c'est lui qui, en confondant les sentimens de chacun dans les sentimens de tous, exalte au plus haut point l'invincible force de la concorde et de la fraternité.... A cette occasion j'ai relu, dans ce petit volume dépareillé que vous savez, les triomphes de Morgarten, de Sempach, de Morat, et je tressaillais de joie, de gloire aussi, Charles ; car, à cette juste cause, à cette sainte vaillance de ces hommes antiques, on s'associe, on prend parti, on combat à leurs côtés, et, lorsque Dieu leur a donné la victoire, le cœur entonne avec eux les actions de grâces et l'hymne de gloire !

Vous voyez que, sur vos traces, je m'abreuve à ces hautes sources. L'onde m'en est salutaire, car, d'ailleurs, c'est vrai que je hais les tambours, les fusils, la guerre, et, tout particulièrement, ces guerriers, qui, les jours de revue, nous reviennent ici le soir, avinés et chancelans; apparemment au sortir de ces banquets dont vous faites un charmant tableau. Mais depuis que j'ai lu votre lettre, je fais tous mes efforts pour me réconcilier avec ces petits inconvéniens de la vie militaire. Je vais jusqu'à tâcher de me persuader qu'après tout, les guerriers de Grandson et de Morat aimaient aussi à se *rafraîchir*, et qu'il leur arrivait souventes fois, dans les jours paisibles, de perdre, disséminés autour des bouteilles, cet admirable aplomb avec lequel leur phalange broyait les lignes bourguignonnes. Que je saurais gré à un historien de faire quelques recherches à ce sujet, aux fins que je pusse, m'encourager à voir dans Brachoz ou Redard, *rafraîchis,* de vrais Suisses, fidèles aux traditions de leurs pères, et, comme eux, ne perdant l'aplomb qu'au cabaret!

Ces deux, dont je vous parle, ont bien égayé le village. Ils sont arrivés vers sept heures. Brachoz n'avait plus son fusil, et des malins avaient rempli d'herbe la giberne de Redard. Malgré cela, ils revenaient en répétant, à eux deux, toutes les manœuvres du matin. Brachoz, grave, solennel, et adressant tous ses commandemens au *bataillon* ou à la *colonne;* Redard, les yeux mourans, et se laissant faire. A l'entrée du hameau, Brachoz a commandé à la colonne de marquer le pas; et cette pauvre colonne, qui ne se soutenait en équilibre qu'au moyen d'une marche en zigzag, dès qu'elle a voulu se tenir en place, est tombée dans le fossé, où Brachoz, pensant la retenir, a roulé avec elle. Jugez des éclats de rire. Brachoz et Redard, relevés à grand' peine, s'en sont pris de leur chute l'un à l'autre, et, après s'être querellés, ils s'en allaient signer la paix au cabaret, lorsque mon père est survenu, qui les a fait rentrer chacun chez soi. Vous voyez, Charles, que cette belle plaine de Plainpalais, c'est le théâtre où se joue la pièce, tandis que nos communes de campagne, ce sont les coulisses d'où partent et où reviennent les acteurs. Voilà pourquoi je n'étais pas sous le charme avant que vous m'y eussiez mise.

Mais, à propos, vous laissez revenir ici les de la Cour sans m'en donner avis! Où sont donc vos fantômes? Je m'attendais, je l'avoue, à recevoir de vous une lettre bien orageuse, et puis... rien! Il faut que M. Ernest vienne lui-même à la Cure, pour me dire qu'il est de retour!

Ils sont arrivés jeudi, et c'est hier que nous avons reçu sa visite, à l'issue du dîner : nous étions tous réunis. Il s'est présenté avec beaucoup d'aisance, et de politesse aussi; mais en homme qui, s'il n'en est pas honteux, a du moins oublié tout à fait certaine velléité qui le porta autrefois à demander la main d'une campagnarde. C'était un caprice pastoral dont il paraît être bien revenu. Il a rapporté de la ville un air, des manières, un ton fort distingués, mais des moins champêtres. La pauvre Crozat a été le texte de l'entretien; tout au plus s'est-il dit quelques paroles sur la rudesse de l'hiver, sur la précocité du printemps, et il m'a courtoisement demandé de vos nouvelles. Soyez vrai ; vous ne vous attendiez pas à cette attention de sa part? J'ai répondu que vous vous portez à merveille, et que, dans peu de jours, vous serez des nôtres. Cette nouvelle ne l'a ni réjoui ni troublé, et il m'a été impossible d'apercevoir dans son air le plus petit fantôme. Lorsque à mon tour je lui ai demandé des nouvelles de sa mère, il m'a dit que, sans une migraine qui s'est déclarée le matin même, elle l'aurait accompagné ; et il a ensuite parlé d'elle avec un air de bonne grâce et de respectueuse affection, dont je lui ai su gré, sans savoir bien pourquoi, car enfin, c'est fort naturel. Ce que je trouve, au fond, c'est que M. Ernest a pris de l'aménité, du sérieux, une réserve qui lui sied bien, et qu'on sait toujours gré aux gens d'être plus aimables qu'ils n'étaient.

Voilà, en grand détail, le récit de notre entrevue. J'espère, cette fois, que vous ferez trêve à vos alarmes, et que vous serez tranquillisé tout de bon au sujet de la *passion* de M. Ernest. Cette tranquillité viendra d'autant plus à propos que vous allez de nouveau frayer avec lui, et qu'il est fort agréable, lorsqu'on vit ensemble, de se voir de bon œil. Mon père, je vous assure, ne m'a pas paru ébloui du tout, ni par le *rang*, ni par l'*opulence* ; bien au contraire, il accueillait M. de la Cour d'un air si peu charmé, que j'ai dû me mettre en frais de bonnes grâces et de conversation, pour que notre voisin ne regardât pas trop de son côté. M. Prévère m'a laissé faire, mais sans venir à mon aide, comme il fait ordinairement ; en sorte que, si je trouve que M. Ernest a gagné, le moins qu'il puisse faire, c'est de trouver, de son côté, que j'ai bien fait aussi quelques petits progrès.

J'ai demandé à M. Prévère s'il n'a point de commission à me donner pour vous. Il a souri, et m'a répondu que, pour m'épargner toute peine, il vous écrirait lui-même au premier jour. Ainsi, Charles, un peu de patience, point de rebellion, et plus de supplique : car cette grave affaire se discute dans un conseil où je ne suis pas admise.

Votre Louise.

LETTRE LXXVIII.

MONSIEUR PRÉVÈRE A CHARLES.

De la Cure.

Si vous êtes bien impatient, mon cher enfant, de revenir auprès de nous, nous ne le sommes pas moins de vous revoir. Mais j'avais désiré que vous ne vous trouvassiez plus placé, à l'égard de Louise, dans une situation équivoque; et jusqu'à ce que je fusse d'accord avec M. Reybaz, pour hâter la publication des annonces de votre mariage, il convenait que vous demeurassiez où vous êtes. Aujourd'hui, notre parti est pris. Vous pourrez donc partir dès demain, jeudi, et, dimanche, vos annonces seront lues à l'église, au service du matin. A partir de ce moment, votre situation sera claire aux yeux de tous; et nous serons, les uns et les autres, débarrassés de cette gêne qu'impose un secret d'ailleurs bien difficile à garder.

Ai-je besoin de vous rappeler, Charles, que ceci ne change rien au projet de M. Reybaz, qui est toujours de ne vous unir à sa fille qu'après que vous aurez été consacré ministre du saint Evangile? Vos succès récens m'ont montré que vous tendez sérieusement, par la plus courte et la plus honorable voie, vers cette carrière qui sera le port de votre destinée. Continuez, mon cher enfant : tout en répondant à mon attente, vous ferez la joie de ceux qui vous aiment. M. Reybaz a été heureux de votre succès, et Louise en a ressenti un bonheur qui se répand dans tout son air, comme dans tous ses discours.

Les de la Cour, qui ont passé l'hiver à Genève, sont de retour ici depuis quelques jours. C'est une circonstance qui me contrarie, mais moins pourtant que si je ne comptais pas, comme je le fais, sur votre prudence, et sur ces sentimens généreux que la félicité et la gratitude font naître si aisément. Je vous ai dit, dans le temps, que M. Ernest avait demandé la main de Louise; si donc j'en avais été libre, j'aurais certainement choisi, pour publier vos annonces, un jour où il aurait été absent de la Cure. Puisque nous ne pouvons pas avoir pour lui cet égard, ayons au moins tous les autres qui peuvent dépendre de nous ; et que rien, de notre part, n'encourage ou n'autorise d'imprudentes manifestations. C'est par ces motifs que nous tiendrons secret le projet de publier les annonces dimanche, afin d'éviter, s'il est possible, de la part des paysans, des réjouissances bruyantes, dont l'écho pourrait être pénible à M. Ernest.

Voilà, Charles, ce que je voulais vous dire. Montrez ma lettre à M. Dervey seul ; mais en prenant congé de ces dames, n'oubliez pas de leur exprimer le vif désir que j'ai, de les voir venir, cet été, passer deux ou trois semaines à la Cure, avec mon ami Dervey. C'est une faveur que je sollicite au nom de nous tous, et une fête sur l'attente de laquelle nous allons vivre heureux dès à présent. Je vous envoie quelque argent, afin que vous puissiez régler toutes vos petites affaires, et en particulier rémunérer gracieusement les domestiques qui vous ont servi.

A demain donc, mon cher enfant, le vif plaisir de vous embrasser.

PRÉVÈRE.

LETTRE LXXIX.

MONSIEUR PRÉVÈRE A MONSIEUR DERVEY.

De la Cure.

Je vous dois, mon cher confrère, quelques détails sur cette journée de dimanche. Grâce à Dieu, la voilà passée; mais j'ai éprouvé de vives anxiétés. Espérons toutefois que les conséquences en seront bien celles que nous avions prévues. Déjà M. Ernest n'est plus au Château, sa mère va le rejoindre, et ce voyage aux Cantons, projeté à Genève, se trouve être le prétexte de leur éloignement.

Nous étions convenus, M. Reybaz et moi, par égard pour M. Ernest, de tenir secret notre projet de publier les annonces dimanche; c'était afin d'éluder les manifestations et les réjouissances d'usage en pareille occasion. Mais, dès le jeudi, nous prévîmes que la chose serait difficile. Déjà l'on se doutait ici que Charles arriverait dans la journée : vers le soir, quelques-uns allèrent à sa rencontre, d'autres l'attendirent à l'entrée du village, quelques boîtes furent tirées ; en un mot, il fut accueilli presque ouvertement comme le fiancé de Louise, et plusieurs d'entre les paysans parlèrent devant lui de la publication des annonces, fixée au dimanche suivant. Samedi, nous sûmes qu'on faisait des préparatifs de fête. Il s'agissait d'une collation champêtre, et d'une danse en l'honneur des fiancés, qu'on devait prier d'y assister. Sans plus attendre alors, et dans le désir de régler du moins cette fête, puisque nous ne pouvions pas l'empêcher, nous fîmes savoir que danse et collation auraient lieu à la Cure, et que Charles et Louise y conviaient les gens du hameau. Une vive allégresse, et des cris de joie accueillirent cette nouvelle.

Dès le jeudi, M. Ernest, que nous avions vu presque à chacun des jours précédens, ne s'était plus montré. Le samedi soir, je reçus un billet de Mme de la Cour qui, supposant avec raison que je suis dans le secret des démarches et des sentimens de son fils, bien que je n'aie jamais eu l'occasion de m'en entretenir avec elle, me conjurait de retarder la publication des annonces, ou tout au moins d'empêcher qu'il n'y eût à ce sujet des réjouissances au hameau. Une brève allusion à l'état de son fils, lui servait de motif et d'excuse à sa demande : tout son billet respirait le trouble et l'angoisse. Je lui repondis que, quant aux annonces, il m'importait d'en hâter la publication ; que quant aux réjouissances, par des motifs de convenance dont j'étais pénétré, j'avais tout fait pour les éviter, mais sans pouvoir y réussir ; qu'au surplus, je me permettais de lui conseiller de s'éloigner avec son fils, pour ce jour-là, en ayant soin de partir avant l'heure du service divin. Antoine, qui porta ma réponse, revint bientôt après, sans que Mme de la Cour l'eût chargé de m'apprendre ce qu'elle avait résolu. Il l'avait trouvée tout en larmes, il avait remarqué de l'agitation dans la maison, et dans la cour, quelques domestiques, des journaliers, et un chasseur, nommé Paulet, ancien compagnon des désordres de M. Ernest, celui qui lui a aidé à perdre la fille Coissat. Ces gens, sachant de quelle part venait Antoine, et à quel effet, l'ont accompagné d'injures et de huées. Cette ignoble agression, en me faisant craindre, pour le lendemain, quelques scènes de désordres, m'avait presque déterminé à tout suspendre, fête et annonces, lorsque, en examinant avec plus de sang-froid quelles pouvaient être les conséquences de ce délai et de cet éclat, j'ai résolu de m'en tenir au parti précédemment arrêté, et de passer outre.

Le lendemain matin, je n'appris rien des de la Cour, jusqu'à l'heure du service. Tout était calme : les paysans se rassemblaient tranquillement devant le portail de l'église ; Charles, pour éviter toute démonstration de leur part, se tenait dans la maison. J'étais occupé dans ma chambre à relire mon sermon, lorsque, vers dix heures, j'ai vu arriver les domestiques des de la Cour, les deux frères Paulet, d'autres aussi, qui, comme eux, ne viennent jamais à l'église : au lieu de se mêler aux paysans, ils se tinrent à l'écart. Cette attitude m'inquiétait. Je donnai l'ordre de sonner, et, avançant de vingt minutes l'ouverture du service, je me rendis à l'église, en traversant la foule, qui y entra aussitôt après moi. Le temple était rempli, à l'exception du premier des trois bancs réservés aux notables ; des personnes venues de la ville occupaient les deux autres.

J'attendais impatiemment que la cloche eût cessé de sonner, afin de lire les annonces avant l'arrivée des de la Cour, dans le cas où, contre mon attente et mes prévisions, ils prendraient le parti de venir à l'église, lorsqu'au bruit d'une voiture qui s'arrêta devant le portail, un mouvement de vive curiosité se fit apercevoir dans l'assemblée, et tous les regards se tournèrent du côté de la porte. C'étaient eux. M. Ernest entra le premier, la tête haute, affectant un air d'aisance, mêlé de quelque nuance de dédain pour cette curiosité dont il était l'objet. Il chercha des yeux Louise, qui n'était pas dans le temple ; et au moment où il rencontra ceux de Charles, ses traits, pâlis par l'émotion, et contractés par l'effort, se couvrirent de rougeur et marquèrent comme un frémissement involontaire. Mme de la Cour venait derrière lui, son voile était baissé ; tous les deux, en entrant dans le banc demeuré libre, saluèrent, parmi les personnes de la ville, quelques-unes de leurs connaissances : je saisis ce moment pour lire les annonces. Mais, au premier mot que j'eus prononcé, M. Ernest se retourna, s'assit, et, les yeux fixés sur moi, il écouta, sans trahir le moindre trouble, ces courtes paroles, si amères pour lui, et, dans sa situation, si humiliantes. Le trouble et la compassion altéraient ma voix ; et telle était ma tristesse, qu'en publiant cette annonce si désirée par moi, si heureuse pour mon pauvre Charles, j'éprouvais toute la douleur d'un juge qui prononce une fatale sentence ! J'ai prié, j'ai prêché ensuite, mais sans chaleur, sans onction, sans pouvoir détourner ma pensée ni mes regards du malheureux qui était en face de moi. Lui-même, vers la fin du service, semblait ployer sous l'effort : son regard était terne, une expression de sombre chagrin envahissait sa figure, et en détachait insensiblement ce vain masque de calme et de fierté.

Le service terminé, la foule s'écoulait, lorsque, de la chaire où j'étais demeuré, j'ai entendu des détonations et des cris. M. Ernest venait de sortir : je suis accouru. J'ai vu alors, parmi les paysans, un grand tumulte ; à quelque distance Charles, qui tenait terrassé sous lui un des Paulet ; au loin, la voiture des de la Cour qui s'éloignait tranquillement. Voici ce qui s'était passé. Les paysans avaient eu l'égard de laisser partir M. Ernest avant de tirer les boîtes ; mais, après la première détonation, des pierres lancées de derrière une haie, étaient tombées au milieu d'eux, et en avaient atteint quelques-uns. C'étaient les Paulet, à la tête de quelques journaliers. Deux venaient d'être saisis, et le reste avait pris la fuite. Je rétablis l'ordre : ces deux hommes furent relâchés, les boîtes et l'allégresse reprirent le dessus, une députation d'anciens vint dans le jardin complimenter Louise, Charles, et M. Reybaz, et le reste de la fête s'est écoulé sans désordre et sans nouvelle alerte. Du reste, M. Ernest était déjà loin, et aucun de ses domestiques n'a été reconnu parmi ceux qui étaient avec les frères Paulet.

J'avais chargé Antoine de veiller de loin à ce qui se passait chez les de la Cour. Vers midi, une heure après le service, il a vu M. Ernest, à cheval, sortir de l'avenue, et se diriger du côté de Chouilly. Au moyen de ce détour, on se rend à la ville sans traverser le hameau. Ce matin l'on a su que Mme de la Cour se dispose à rejoindre ce soir son fils à Genève, et à partir avec lui pour les Cantons. Quant à la durée de leur absence, et à l'époque de leur retour à la Cure, ce sont choses qu'ils ne savent peut-être pas eux-mêmes. Si, plus tard, vous apprenez quelque chose à ce sujet, ayez la bonté de m'en informer.

Voilà, mon cher confrère, l'histoire de mes tribulations. Nous allons maintenant, je l'espère, jouir de quelque repos, et goûter le bonheur de notre réunion. M. Reybaz s'est peu préoccupé de M. Ernest ; il a été tout entier à la fête, et aux marques de considération qu'il a reçues des paysans. Pour Louise, cette journée qui la mettait en vue, ne pouvait être fort de son goût ; néanmoins elle a présidé le soir à la collation et à la danse, avec sa bonne grâce habituelle : on lui avait caché les scènes du matin. Quant à Charles, je vous laisse à juger de sa joie, de sa gaîté, de sa folle ivresse : à plusieurs reprises j'ai dû l'obliger à se contraindre, car il dépassait sans cesse cette ligne de tempérament qui plaît à M. Reybaz, et qu'il exige de Charles, plus rigoureusement que de tout autre.

Il ne me reste plus qu'à vous rappeler, mon cher confrère, la promesse que vous avez faite à Charles. Voici les beaux jours : ces dames voudront, je l'espère, faire et lier connaissance avec Louise, qui est digne de les aimer et d'en être aimée. Charles ne voit que l'heure et le moment de réunir à sa famille de la Cure, sa famille de la ville : ce sont ses expressions ; dans la bouche de cet orphelin elles me sont bien chères, et je ne les écoute pas prononcer, sans que le sentiment d'une attendrissante gratitude remue mon cœur. Que son vœu s'accomplisse, je vous en prie ; et qu'avant le premier juin, ou pour ce jour, au plus tard, vous soyez tous ici. Déjà on s'est occupé de vos logemens ; et ces préparatifs sont une fête, ajoutée à cette fête perpétuelle, où vivent aujourd'hui sous nos yeux ces chers enfans. Que Dieu soit béni qui m'avait réservé cette joie !

      Votre bien affectionné,
        Prévère.

LETTRE LXXX.

LE CHANTRE A CHAMPIN.

De la Cure.

Pendant que tu noces, Champin, ici nous faisons les annonces. C'était dimanche passé. M. Prévère m'y a poussé, tant à cause de ce que le mystère n'était plus de saison, que pour en finir avec ce notable qui lui tient au cœur moins qu'à toi. M. de la Cour a paru le matin à l'église, comme pour s'y faire confirmer, en public, un refus que je lui avais signifié entre quatre yeux, et par deux fois. Aussitôt le prêche fini, il a monté à cheval, et tiré vers la ville, où sa mère va le suivre. Ainsi épargne-toi des plaidoyers qui arriveraient trop tard. Quant à cette meute de langues, je ne vois plus ce qu'il leur reste à jaser : ainsi dépistées, force leur sera de se ruer sur une autre trace.

La journée était belle, et la mémoire en veut durer au hameau. Dès après le prêche, voici qu'au sortir, un tonnerre de boîtes éclate sur tous les côtés; mêmement que si la voiture des de la Cour n'avait pas été loin déjà, ce n'est pas leur cocher qui aurait maintenu les chevaux. C'est à ce moment que des vauriens ont lancé des pierres; on en a rossé deux, les autres courent encore. Après les boîtes, j'ai été prévenu par Olivet que j'eusse à me rassembler au jardin avec ceux de la Cure. Ainsi ai-je fait (dès la veille j'avais trente-cinq bouteilles de blanc toutes prêtes, et les verres rincés) : c'était une députation du hameau, les anciens en tête, pour complimenter. Charles était là, Louise est descendue, on s'est placés sous la galerie, en avant du seuil, et Olivet ayant donné le mot, ils sont entrés. Les anciens, Redard en tête, étaient vêtus de noir; le reste suivait, deux à deux, endimanchés; et, en queue, les catéchumènes de l'année, rangés sur double file : à gauche les filles, à droite les garçons; derrière, la marmaille du hameau. Arrivés en regard de nous, Redard a dit (j'ai copie de tout le compliment) :

Monsieur Reybaz!

On est chargé, de par le village, de vous complimenter de tout son cœur pour la susdite alliance, qui est un gage de la bénédiction de Dieu sur votre tête. Qu'il fasse reluire son soleil sur ce couple, et conserve vos jours aux fins d'en jouir, comme pour lui être en aide! »

Monsieur Charles et Mamselle Louise!

De même part, on est chargé de souhaiter à votre union les fleurs et les fruits; bien certains qu'on est que les vertus ne manqueront pas, dont la preuve est au bout, étant la mère des malheureux. »

Ici, les boîtes ont tiré par deux fois successives; après quoi, les catéchumènes de l'année, venus sur le devant de la foule, ont chanté ce quatrain:

> Que le bon Dieu, de sa main sans pareille,
> Verse ses biens sur les ans de tous deux!
> Prions, prions, pour que son regard veille
> Sur ces conjoints au hameau si précieux!

Ici, les boîtes ont tiré de nouveau. J'ai répondu :

« Je ressens un grand honneur au compliment du hameau; et ces enfans, ainsi fêtés par nos anciens, sont remués au cœur, et résolus de mériter la bénédiction qui leur est souhaitée par des si dignes. »

Ici, les boîtes ont tiré en quatrième récidive; après quoi on s'est touché la main, et j'ai fait avancer la cave : moi et Charles servant aux anciens, et la petite versant du trempé aux enfans. C'étaient soixante-quatre assistans; néanmoins, voyant les femmes guetter de derrière la haie, j'ai fait signe, et elles sont venues se mélanger à l'assemblée (outre les trente-cinq de blanc, j'avais sous la main quinze de rouge.) C'était riant à regarder, Champin, que le jardin ainsi illuminé de monde, et M. Prévère qui, venu ensuite, a ravivé l'attention sur la chose, et tempéré de sa présence l'allégresse du propos, toujours encline à s'émanciper après un verre de vin. Encore était-ce Charles qui fesait du mouvement et du bruit sa plus grande part. Le quatrain est de Lauron, le régent, et n'ayant pas encore servi, puisqu'il l'a fabriqué la veille, sous les yeux d'Ami Jaquet, et en moins d'une heure de temps.

Le soir, vers trois heures, a commencé la fête, réglée par M. Prévère; durant que je vaquais à l'arrangement, et à ce que chacun trouvât sa part, tant de victuaille que d'amusement. Le ciel étant clair, j'avais fait dresser les tables sous les acacias, où c'était un coup d'œil à voir. M. Prévère tenait le bout d'un côté ; venaient ensuite les anciens, puis les villageois, pères, mères, garçons, et fillettes ayant communié ; au milieu, Charles et Louise ; et, à l'autre bout, moi, par rapport au tonneau de vin, placé à ma droite, avec Antoine pour tirer au fur et à mesure, plutôt à mon signe qu'à mon commandement. Mais j'étais contrarié par Brachoz, lequel s'étant mis à portée du tonneau, se ravitaillait lui-même, sous prétexte d'être honnête envers ses voisins, et discret envers Antoine, déjà chargé de besogne. Aussi, vers le milieu de la collation, il en était déjà à raconter des histoires de l'an quarante : la grande pache des trois frères Ramuz, le renfort de Césegnin, et cinquante parades, les unes pour le miraculeux, les autres pour le rire. Quand ensuite on s'est levés, le voilà qui festonne en arrière, où, rencontrant le talus, il s'étend par terre. Alors, plusieurs l'ont entouré, aux fins que M. Prévère n'en eût pas le scandale ; et, moitié en le menant perdre, moitié en lui promettant du vin chaud, ils l'ont enfin reconduit au logis, où, à peine étendu sur le foin, il a ronflé à pleins naseaux. Pour la marmaille, on l'avait espacée sur le gazon, où Marthe répartissait à chacun sa ration pareille. Ils ont bu à tour.

Après la collation, les boîtes ont tiré, en présage de la danse; et les ménétriers (c'était Dutoit, le violon; et Guédrin, la clarinette) ont donné le branle. Alors, du gazon où l'on était encore, les couples se formant, Charles et Louise en tête, ont cadencé vers la grange, où a commencé le moulinet, durant que nous autres anciens, épars à l'entour, on regardait cette jeunesse tournoyer. C'était dur pour les Coissat que de n'y pas voir leur fille. Braves gens, sans tare de père en fils, les voilà à même de porter envie à plus d'un qui ne les vaut pas; et ce n'est pas M. Ernest qui pourrait, de tout son argent, laver la souillure qu'il leur a faite. Encore, sans M. Prévère qui les a distingués, se tenant auprès d'eux, c'est tout, s'ils allaient jusqu'au bout. Au soleil couché, j'ai fait signe aux ménétriers, qui ont joué la danse finale, et quitté leur échafaud. On s'est alors souhaité le bonsoir, pour ensuite s'accompagner les uns les autres, en devisant au clair de lune : d'où j'ai connu, aux propos qui se tenaient, que chacun s'en retournait content de la fête, et satisfait de quoi s'en souvenir. Une chose pourtant en marquera tristement l'anniversaire pour les Piombet. Durant qu'on dansait à la Cure, leur fille rendait le souffle. Elle était fiancée à Paul Redard.

Te voilà au fait, Champin, de cette journée, où j'ai eu plus de contentement que je n'en attendais, me voyant ainsi soutenu de tout le hameau, et honoré dans ma Louise, dont l'air, sauf un peu d'embarras, signifiait le contentement. Pour l'autre, je me serais contenté de transports plus tempérés, et d'allégresses moins turbulentes. Néanmoins sa tenue de cette année, et ces examens où il s'est montré parmi les premiers, sont l'indice que le temps est en sa faveur, et qu'avec les ans, ce vin qui fermente posera sa lie, et prendra son bouquet. Il va demeurer ici quelque temps, durant que leurs académies chôment; et M. Prévère lui commencera l'hébreu, où ils lisent à rebours. Comme tu l'auras su, dans huit jours les Dervey nous arrivent, et ce sera l'heure de les accueillir comme ils ont accueilli ce garçon.

Si quelque jour, cet été, tu nous arrivais avec ta Catherine et son homme, je serais content de le connaître, et de vous accueillir pareillement.

Ton affectionné,

REYBAZ.

(La correspondance est ici suspendue, du mois de juin au mois d'octobre, pendant le séjour de Charles à la Cure.)

LETTRE LXXXI.

CHARLES A LOUISE.

De Genève, fin d'Octobre.

Me voici, Louise, du ciel, redescendu sur la terre.... Ces murs m'étouffent, ces maisons m'écrasent.... ma chambre, mes livres, un de mes professeurs que je viens de rencontrer, tout m'accable d'un incomparable ennui. Si, aimé de vous, je n'étais pas par là le plus heureux des mortels, combien ma destinée actuelle, après ces mois de félicité, me fournirait matière à de lamentables tableaux !

Quel soleil, quelles fleurs, quel riant éclat aux lieux où vous êtes !... Quels soirs ! j'adore ces sentiers, ce banc, ces vieux tilleuls, ce firmament de là-bas que nous regardions ensemble. Le moindre de ces ressouvenirs me donne des tressauts de bonheur, et enlaidit à mes yeux tout ce qui bouge autour de moi, tout ce qui parle, tout ce qui se montre, tout ce qui n'est pas eux!... Je m'arrête, car mon cœur se serre, et tout mon bonheur ne m'empêcherait pas de verser des larmes de tristesse.

C'est dans quinze jours que recommencent les cours; que ferai-je jusque-là? J'ai revu quelques-uns de mes camarades : ils sont tout entiers à leur affaire, je veux dire à leurs études, tandis que je suis tout entier à la mienne, de façon que nous causons sans nous entendre. Hier pourtant ils m'entraînèrent à faire une partie de plaisir au mont Salève. De là-haut, j'ai vu la Cure, j'ai distingué le clocher, et, je crois, les tilleuls : mon cœur battait de joie.... Avec un de mes camarades, nous nous sommes assis à l'ombre de ce bouquet de hêtres que l'on voit de partout, et qu'on appelle les *Treize arbres;* et là, je lui ai conté mon histoire. Comme il m'écoutait! Louise, comme il me portait envie! En vérité, j'avais compassion de lui. Et quelle différence c'est pour moi, que de n'avoir plus à taire mon bonheur; chez les Dervey, par exemple, maintenant qu'ils savent tout, maintenant qu'ils vous connaissent, maintenant qu'ils me trouvent le plus favorisé des garçons de la terre, et qu'ils s'en réjouissent avec moi comme d'aimables, comme de vrais amis qu'ils sont tous!

Cette montagne de Salève, Louise, est un charmant but de promenade; je veux vous y conduire un jour. Elle est peu élevée et cependant abrupte : au sommet, ce sont des croupes désertes, sans arbres, sans habitations, d'où la vue se promène, d'un côté, sur le majestueux amphithéâtre des Alpes; d'où elle plane, de l'autre, sur les plus doux paysages que puissent enserrer des montagnes. Au fond du bassin, le lac, tranquille comme une glace, réfléchit les teintes tantôt grises, tantôt azurées du ciel; et, de ses rives jusqu'aux bleues parois du Jura, s'élèvent en ondulant des coteaux enchantés, ici tout brillans de prairies, là tout sombres de bois, ou tout scintillans de blanches bourgades. Dans les cieux, flottent des nuées, dont l'ombre se promène sur cette vaste scène, et l'on voit insensiblement les coteaux se voiler, pour resplendir ensuite. Pendant que nous étions à contempler ce spectacle, une flottille de voiles, qu'on n'apercevait pas d'abord, sortit tout à coup de l'ombre, et ce fut comme si la vie et la lumière prêtaient un charme tout nouveau à cette scène déjà auparavant si majestueuse et si belle.

De ce sommet, nous sommes redescendus sur le revers opposé du mont. Ici, ce ne sont ni des précipices, comme du côté de Genève, ni des croupes sauvages comme sur les hauteurs ; mais des vallons agrestes, des coins d'ombre et de rochers, des chemins rocailleux, et, tantôt de vertes clairières où paissent quelques vaches, tantôt des bouquets de noyers, sous lesquels sont éparses de rustiques demeures. Tout dans ce vallon respire le calme, et, à voir devant leurs demeures délabrées ces bonnes gens oisifs, on se sent l'envie de venir y partager leur insouciante paresse. Derrière le hameau de Monnetier, dans certaines retraites ignorées, j'ai noté deux ou trois places, pour y bâtir notre chaumière, si jamais l'âge pastoral revient sur la terre, ainsi que vous en exprimiez un jour le vœu, en faveur des moutons de ce siècle. Une chose cependant manque à ces endroits, ce sont de belles eaux.

Nous nous sommes arrêtés pour dîner, à Mornex : c'est un village sur le penchant d'un mont couronné de ruines. Il y a là de jolies maisons, où des familles de Genève viennent passer quelques mois d'été. Aussi, on y rencontre des citadins qui lisent sous l'ombrage, on y croise des caravanes de dames montées sur des ânes, des messieurs en frac, des demoiselles en parure de ville, des sociétés babillardes et folâtres, et toutes ces personnes, Louise, (je me le suis fait affirmer par deux fois) sont là pour se guérir d'une multitude de maux... Au fait, pourquoi pas? On ne se porterait déjà pas trop mal, qu'à ce train de vie, on se porterait bien mieux encore. Nous avons salué, salué; puis au delà nous nous sommes retrouvés dans des bois de châtaigniers, sous lesquels le sentier descend en serpentant jusqu'à la rive de l'Arve, où l'on retrouve le grand chemin. Cette montagne m'a plu infiniment, et je me suis promis d'y revenir, sans songer toutefois que voici l'hiver.

J'ai des nouvelles des de la Cour. Ils en ont eu vite assez, des Cantons. Depuis cinq semaines ils sont ici, entreposés dans un hôtel meublé, qu'ils louent au mois. M. Ernest sort à cheval de temps en temps; je ne l'ai pas rencontré : on dit qu'il a l'air sombre et farouche. Vous avez pu voir, Louise, que mes fantômes d'autrefois n'étaient que trop réels. Mais, depuis les annonces, je ne le crains plus. Le portier ne m'en a plus dit un mot; je lui aurais pourtant permis de m'apprendre ce qu'ils font dans cet hôtel, et s'ils passeront l'hiver ici, ou à la Cure. Qui vivra, verra.

Mais dites-moi, Louise, n'irai-je point passer à la Cure le jour de Noël? Fondra-t-on les plombs sans moi? Vous chargerez-vous d'adresser ma requête à M. Prévère, à votre père?.... Ma destinée, touté belle qu'elle est, n'est pas close. J'aimerais aussi savoir s'il y aura un autel pour Marthe, une bourse pour Antoine, des loups pour Dourak, et du vin pour Brachoz. Que j'aie en attente cette joie de vous revoir bientôt, et me voici sur-le-champ guéri de ma mélancolie, et je vais travailler en chantant. Si elle m'est refusée, je vais ne plus vous écrire que des doléances, qui vous rendront aussi ennuyée que je suis malheureux loin de vous.

Votre Charles.

LETTRE LXXXII.

LOUISE A CHARLES.

De la Cure.

Vos doléances, Charles, ne me déplaisent pas; elles s'accordent assez avec la disposition d'esprit où je suis depuis quelques jours. Vous m'avez vue gaie, folle, je suis maintenant posée, presque mélancolique ; et ces prés, ces campagnes, dont vous parlez avec tant d'enthousiasme, ne me semblent, à moi, ni bien fleuris, ni bien rians. C'est apparemment à cause du déclin de l'automne.....

Mais êtes-vous sujet, comme moi, à voir des sortes de refrains se loger, se fixer dans votre esprit, et demeurer plusieurs jours sur le bout de votre langue? Aujourd'hui, ce ne sont plus les *neiges d'antan;* c'est le premier vers du Don Carlos de Schiller....

« Die schönen Tage in Aranjuez ¹
Sind nun zu Ende. »

A peine ai-je eu repris mes habitudes domestiques, et ce train vulgaire d'occupations que votre séjour était venu interrompre, qu'aussitôt a surgi ce vers; et je redis, et je ne puis m'empêcher de redire, tantôt en moi-même, tantôt à voix basse, lorsque je suis seule :

« Die schönen Tage in Aranjuez
Sind nun zu Ende. »

J'ai présenté votre requête à mon père. Il a jugé la demande juste, presque convenable, tout au moins naturelle, puisque enfin il s'agit là d'une cérémonie domestique, et d'une opération, selon lui, sérieuse en bien des points. Pour moi, je me réjouis de vous revoir; mais ces pronostics, sans y croire, je les redoute, et depuis longtemps je n'assiste à ces jeux que pour ne pas perdre mon droit aux interprétations, que je tourne du côté favorable, quand mon père, ainsi qu'il y est sujet, incline au sinistre, et s'en fait du souci.

¹ Les beaux jours d'Aranjuez sont passés!

Voilà donc un point qui est réglé ; vous pouvez maintenant faire trêve à votre tristesse, et travailler en chantant. J'ai communiqué vos nouvelles des de la Cour à M. Prévère ; il en avait connaissance par M. Dervey, qui lui mande ne rien savoir de leurs projets pour cet hiver. Vous m'avez fait sourire avec cet air sombre et farouche que vous prêtez à M. Ernest : songez donc que je l'ai vu ici, l'air riant et dégagé. Et puis sombre, passe encore; mais farouche?

Il me semble maintenant comme si j'avais parcouru ce mont Salève, dont vous me faites une si jolie description. Dès mon enfance je le connaissais de vue, comme une montagne bleue, rayée de lignes grises, interrompues en un point par une échancrure profonde ; au delà, je me représentais des cavernes, des solitudes, des loups, et, pas bien loin, les Alpes qui d'ici semblent posées sur ces croupes dont vous parlez ; je suis charmée d'apprendre que ce soient au contraire des pâturages, des huttes délabrées, et des laboureurs qui goûtent le frais, les bras croisés. Seulement trouvé-je que vos caravanes babillardes, et vos messieurs en frac, gâtent un peu le tableau ; et, à cause de cela, je demeure fidèle à mes roches d'Allemogne, où la nature est moins belle sans doute, moins variée, mais où l'on est plus seul avec elle. D'ailleurs, je n'y retrouve pas nos belles eaux, et sans cette fraîcheur des nappes limpides, sans ce mouvement et ce murmure des flots, la plus belle campagne ne laisse-t-elle pas regretter ce qui en ferait le charme principal? Souvenez-vous des poëtes; oublient-ils jamais ce trait, et imagineraient-ils un bocage où ne gazouillerait pas quelque ruisseau fuyant sur les graviers, et baignant les tendres fleurs? Assurez-vous donc qu'en cet endroit où sera notre chaumière, quelque petit filet abreuve les herbes, et sautille parmi les rocailles, qui nous semblera dans son modeste cours, comme une image bien-aimée de notre vie. C'est là, au fond, le charme des ruisseaux, Charles; ils ont le mouvement, ils ont les accidens de la vie; ils passent, ils fuient comme nos jours; à quelque distance nous les perdons de vue, mais nous les sentons fuir encore, fuir plus loin, fuir toujours, baigner de nouvelles rives, tantôt ingrates, tantôt verdoyantes, pour s'aller mêler, sans s'y perdre, au grand réservoir qui appelle à lui toutes les eaux du monde. Image pleine d'attrait, n'est-ce pas? image mystérieuse et pourtant frappante, où le cœur s'attache, se complaît, goûte de la mélancolie et de l'espérance, de l'attendrissement et du calme, ce calme qui naît de la grâce même des tableaux, et de la confiance secrète en ces enseignemens, qui sont comme la voix du Créateur sortant de ses œuvres. Non, je ne dis plus, comme autrefois, que les poëtes se copient parce qu'ils se répètent ; j'ai compris que chacun d'eux arrive, doit arriver à son tour, à cette même source intarissable de poésie, et que, sur les mêmes sujets, sur les mêmes sentimens, ils chantent au travers des siècles un hymne toujours le même, et toujours nouveau !

C'est M. Prévère qui m'a aidé à trouver cela. Votre lettre que je lui ai lue, nous a amenés à converser sur ces sujets. Oh! que j'aurais désiré que vous pussiez l'entendre! Comme il sent, comme il explique, comme il rattache tout au bien, sans effort, sans nulle intention de prêcher, en entremêlant ses paroles graves de gaîtés aimables, de remarques curieuses, et toujours propres à exciter la pensée en la dirigeant! Le cours de l'entretien l'a conduit à me parler des diverses manières de cultiver les sciences naturelles, et, à ce propos, il m'a lu le soir quelques pages des écrits de de Saussure, qui m'ont donné une envie extrême de ne pas nous claquemurer dans notre chaumière, mais de faire, de là, quelques excursions vers ces hautes Alpes, dont cet auteur fait des descriptions si attachantes et si simples. « Ce savant, disait M. Prévère, est d'autant plus poëte qu'il ne songe pas à l'être, » et, pour me le prouver, il m'a lu des vers de l'abbé Delille, sur le Montanvert, où cet abbé, pour vouloir poétiser son modèle, en fait un portrait tout brillant et tout faux à la fois. Il m'a semblé voir en effet, d'un côté, de l'or un peu fruste, et de l'autre, quelque chatoyante verroterie. Après quoi M. Prévère, prenant sur sa table un petit volume tout usé, s'est mis à lire quelques vers dans un idiome inconnu. « Nous parlons de poésie agreste, a-t-il ajouté, en voici qui est touchante, aimable, colorée, parfaite comme la nature même... » Je l'ai grondé de me faire ainsi venir l'eau à la bouche, à propos d'un plaisir qui m'est interdit. — Mais je vous prêterai, Louise, la traduction de Delille? — Mais il aura rendu cela, comme il a fait le Montanvert? — Un peu, a dit en souriant M. Prévère. Ce livre, Charles, ce sont les Géorgiques. Mon père qui est survenu, a voulu dire son mot contre les livres en général, et contre ces Géorgiques en particulier. — « Vous vous méprenez, mon cher Reybaz, lui a dit M. Prévère, car c'est ici un livre d'agriculture ; il enseigne les préceptes de cet art que vous aimez. — L'agriculture des livres, a répondu mon père, ça n'a jamais fait pousser une carotte. L'agriculture, c'est chose de pratique, non de plume. Les pluies et les chaleurs sont dans la main de Dieu ; pour le reste, c'est à l'homme d'y pourvoir, de ses bras, de son habitude, de ses sueurs, sans que d'écrire, avance ni retarde la croissance de l'épi ; et votre Géorgique avec ses rimes, a moins fait pour faire baisser le prix de la coupe, que s'il avait soigné son champ, et pris la faucille avec ses moissonneurs. » C'était fort drôle. Le dépit de ne pouvoir lire l'agriculture de Virgile, a fait que je me suis mise du côté de mon père ; et nous avons guerroyé si agréablement, que la soirée s'est écoulée comme un clin d'œil : comme le petit ruisseau quand il arrive en ces endroits où son lit se resserre, où sa pente s'incline, où l'obstacle de quelques cailloux le réveille et l'excite, où il se lance comme un trait, puis ressort de dessous les bouillons pour aller dormir à deux pas, dans une flaque tranquille et profonde.

Votre Louise.

LETTRE LXXXIII.

CHARLES A LOUISE.

De Genève.

J'adore les ruisseaux, Louise, je cherche partout des ruisseaux ; je veux aller à Allemogne avant que l'hiver enchaîne ce mouvement, et fasse taire cette douce voix des ondes, que vous m'enseignez à comprendre. J'aimais les torrens, l'écume, et ce beau vacarme des flots en fureur ; mais, je l'avoue, je trouvais fades et monotones ces innocentes eaux qui murmurent éternellement entre deux rives uniformes, avant que le murmure bien plus doux encore de votre plume eût enchanté mon esprit, et comme ouvert mon cœur à de nouveaux sentimens. Je vous l'ai dit déjà, je ne sais ni voir, ni sentir; et dans ces domaines où se promène votre pensée, moi, avec mes yeux bandés, je n'ai d'accès qu'autant que votre main m'y conduit; de plaisir, que si votre voix m'en révèle les mystères.

Aussi je commence à croire qu'il avait bien raison, M. Dumont, trop raison! Plus j'apprends, moins je sais; plus j'étudie, moins je pense; plus j'avance dans la carrière où me voici engagé, plus le but où je croyais tendre s'éloigne, et se décolore. Me voici en théologie; bon Dieu! que tout ceci répond peu à mon attente! Je m'étais figuré une étude attrayante, animée, parlant à l'âme plus qu'à l'esprit, enrichissant le cœur plus que la mémoire.... Me voici apprenant de l'hébreu, apprenant des dogmes, apprenant de l'histoire, de l'homilétique, de l'exégèse, de l'apologétique..... Les premiers jours, je me suis trouvé si désappointé, que j'en avais, je vous assure, le cœur gros, et que je n'ai pu m'empêcher de conter mes peines à M. Dervey. « Vous n'êtes donc pas, m'a-t-il dit, de l'avis de ceux qui voudraient dans nos études plus d'exégèse encore, de la dogmatique plus haute, de l'histoire plus profonde, et je ne sais combien de sciences, de doctrines et de systèmes qu'on fabrique en Allemagne? — Oh! non, lui ai-je répondu. — Eh bien, mon bon ami, consolez-vous alors, en vous mettant bien dans l'esprit que la théologie n'est pas la religion ; qu'elle est au contraire bien souvent funeste à l'esprit religieux ; et que, se composant partout et essentiellement des mêmes élémens, la nôtre présente cet avantage, d'être restreinte dans de justes limites, par des hommes de piété et de sens, qui savent que là ne se trouve ni le feu qui réchauffe, ni la flamme qui éclaire, et que la mission du ministre de Christ est une mission d'œuvres, non d'érudition. » Ces explications m'ont un peu tranquillisé. Il n'en est pas moins vrai que je trouve ceci trop froid, trop distant encore de la pratique, trop à côté de la chose, qui est après tout de s'enrôler à Jésus-Christ, non pas pour devenir savant, mais pour paître un troupeau, pour lui consacrer sa vie, pour le servir par le triple et puissant ascendant de l'exemple, des œuvres et de la prédication.

Bon Dieu ! que je pense souvent à M. Prévère ! que je regrette souvent cette merveilleuse école, où j'apprenais si bien, dans le temps que je n'étudiais pas ; où j'ai puisé ces sentimens, ces forces, ce vivifiant désir d'action, qui, je l'espère, résisteront au désappointement que j'éprouve ! Ah ! si à cette même chaire d'où l'on nous enseigne tant de choses, il venait avec l'autorité de sa vie, avec les lumières de son pastorat, avec la chaleur de sa charité, et l'éloquence de son langage, nous instruire, non pas de la science des livres, mais de la science des hommes : de leurs maux, de leurs besoins, de leurs misères ; s'il venait nous enseigner non pas telle doctrine célèbre, mais comment on préserve, on console, on dirige, comment on porte au bien ses semblables, comment les plus simples passages de l'Evangile contiennent, pour le fidèle qui les pratique, bien plus que pour le savant qui les commente, des trésors de sagesse et de contentement, en faisant trouver la joie dans l'abnégation de soi ; la grandeur, dans l'humilité ; le gain, dans le sacrifice ; s'il venait nous révéler ce que c'est qu'un ministre de Christ, et, en nous peignant la difficulté non moins que la beauté de cette vocation, enflammer, exalter nos jeunes courages.... quels ne seraient pas la vie et les fruits d'un pareil enseignement, les charmes et l'attrait de cette étude ! et ne voyez-vous pas avec moi, Louise, toutes les théologies du monde, tous les docteurs de l'Allemagne laissés loin, bien loin derrière, dans l'art de former les jeunes hommes au saint ministère, par ce seul ministre professant ce qu'il a pratiqué, senti, et prouvé par sa vie entière ?

Il est bien vrai, Louise, qu'à mon âge, on s'est fait des illusions que la réalité est destinée à décevoir; il est vrai encore que j'ai pris jusqu'ici tout juste dix leçons, et que c'est un peu tôt pour asseoir mon opinion ; mais je vous livre les miennes à mesure qu'elles viennent, quitte à les réformer ensuite : de cette façon enfle, au lieu de se vider, ce sac à babil que votre père croyait près d'être épuisé. A tout événement, je vous prie de ne pas communiquer ces remarques à M. Prévère; car de quel air soutiendrais-je mon dire devant lui ? N'est-il pas, lui, et d'autres qui sont l'honneur de notre Église, sorti de cette école ? Au fait, je commence à croire que l'on est ce que l'on veut être, et que le désappointement et les critiques indiquent encore mieux le manque de volonté, que le manque de ressources.

D'ailleurs, je vais vous voir à Noël ; ainsi, trêve de doléances! Ah! remerciez votre bon père, qui a si bien compris que ma présence là-bas est nécessaire. Et qui donc, plus que moi, a droit à consulter le sort? Que n'aurais-je pas à lui demander sur ceux qui m'ont donné le jour?... Vous parlez de ces mots qui se logent dans l'esprit, qui demeurent sur le bout de la langue : les miens, Louise, depuis quelque temps surtout, c'est *mon père! ma mère!...* Où sont-ils? Pourquoi ignorent-ils la félicité de leur enfant? Les connaîtrai-je enfin? M'ont-ils oublié?... Ah! je ne puis le croire, et j'éprouve moins d'amertume à penser qu'ils sont morts, qu'à me persuader qu'ils me savent vivant, et qu'ils se dérobent à ma tendresse.

Mais ce ne sont pas les plombs qui dévoilent ces mystères! Pour vous, Louise, en redoutant ces pronostics ainsi que vous faites, vous donnez à penser que vous y croyez plus qu'il ne faut. Veuillez donc rire des mauvais, et ne croire qu'aux bons. C'est ce que je fais. Que peuvent tous les plombs du monde, contre la publique promesse de votre père, contre sa croissante confiance, contre son cœur qui m'accepte, en attendant qu'il m'aime? Je saurai l'y forcer, Louise.

Voulez-vous savoir à quoi je passe mes soirées? Au lieu d'interroger l'avenir, je rebrousse dans le passé; je relis, chacune à leur date, vos lettres de l'an passé, et, faisant un parallèle entre ma situation présente et celle d'alors, bien belle déjà, il me semble comme si j'avais monté du quatrième ciel au huitième. C'était l'époque de mes fantômes; votre père m'écrivait des rudesses; je tremblais devant ce portier. Fantômes, où êtes-vous? M. Champin, où est votre malice? Et au lieu de rudesses.... M. Reybaz qui veut que je sois à la Cure le jour de Noël!... Et quand je serai à la Cure, le jour de Noël, je ferai considérer à M. Prévère que le jour de l'an est tout voisin, et qu'en manquant trois jours seulement de dogmatique et d'hébreu, je pourrai finir auprès de vous ce petit bout de vieille année, pour entrer avec vous dans l'année nouvelle. Je confie ces arcanes à votre discrétion, Louise, sans vous empêcher d'ailleurs de commettre toutes les indiscrétions qui seraient favorables à l'accomplissement desdits arcanes.

Votre Charles.

LETTRE LXXXIV.

LOUISE A CHARLES.

De la Cure.

Si vous relisez mes lettres, Charles, j'en fais autant des vôtres, et j'y vois que ce n'est pas la première fois que vous éprouvez des désappointemens dans le cours de vos études. J'espère donc qu'ici, comme par le passé, ces nuages sont passagers, et qu'ils ne nuiront en rien au résultat, comme par le passé aussi. Je me figure qu'il est inévitable que l'on vous fasse acquérir beaucoup de connaissances qui ne concourent qu'indirectement à vous former au saint ministère, et je ne m'étonne pas qu'ayant commencé par prendre, dans le commerce de M. Prévère, une si grande idée du but, vous soyez un peu désappointé lorsqu'on vous contraint, pour y arriver à votre tour, de rebrousser jusqu'au point de départ des chemins un peu arides qui y conduisent. Il m'a fallu faire toute cette dépense de raisonnemens pour me tranquilliser; car que deviendrions-nous, si, poursuivant sur la pente où vous voici, vous alliez vous décourager à mesure que vous approchez de ce port où mon père vous attend? Au surplus, cette conclusion si juste, à laquelle vous arrivez : que le découragement serait plutôt le signe du manque de volonté, que du manque de ressources, me rassure pleinement.

Voici l'hiver qui nous menace, mais quels beaux jours encore! Hier, ces campagnes étaient ravissantes d'éclat, et toutes paisibles de ce repos des champs qui ont fini leur travail, et livré leurs récoltes. Pour ne rien perdre de ces dernières magnificences, j'ai couru tout le jour. Dès le matin, M. Prévère me proposa de faire une promenade. Nous avons été passer le Rhône, pour côtoyer l'autre rive jusqu'à Cartigny. Ce village est agreste et paisible comme la Cure; comme à la Cure aussi, il y a une belle maison de notable. En passant auprès, devinez donc qui nous avons vu là? Devinez entre cent, entre mille..... Au milieu d'une nombreuse et gaie société, qui était rassemblée devant la maison, un monsieur en redingote, d'une belle figure, et le bras comme en écharpe ! Tout à côté un gros, un très-gros monsieur, ample dans ses habits, ample dans ses gestes, d'épais sourcils, et le chapeau fort à la bonne !... J'ai dit : — Voilà M. Dumont... et l'autre monsieur doit être M. Bellot !— Ce sont eux effectivement, m'a dit M. Prévère ; et, de derrière la haie, nous les avons indiscrètement regardés pendant un bon moment. J'avais presque peur, comme vous à votre dîner ; mais j'éprouvais un vif plaisir à cette rencontre imprévue, qui me faisait connaître deux hommes que j'aime de tout mon cœur, à cause du bien qu'ils vous veulent. Nous n'entendions pas leurs paroles, mais il y a eu un moment où, sans doute à propos de quelque saillie, s'est fait entendre ce rire de M. Dumont, dont vous m'aviez parlé, si bon, si franc, qu'il s'est communiqué à toute la société, et à nous-mêmes derrière notre haie. Bientôt nous avons passé outre sans être vus, et, traversant de nouveau le Rhône, au bac de Peney, nous sommes arrivés à la Cure pour dîner.

Le soir, M. Prévère étant occupé, et mon père absent, j'ai pris Dourak avec moi, et nous nous sommes rendus ensemble aux collines de Chevron. Jamais, Charles, je n'avais vu si beau encore, le spectacle de cette verdoyante vallée, de ce mont Salève, de ces Alpes tout entières empourprées des rayons du couchant! Une transparente brume, répandue partout, au lieu d'assombrir la scène, semblait multiplier et répandre une fine et scintillante lumière; tandis que, de toutes parts, autour de moi, resplendissaient les riches teintes des feuillages d'automne... Belle vallée! belle et chère patrie! pensais-je avec un sentiment d'attendrissante gratitude... puis mes regards se sont fixés sur la Cure pour ne s'en plus détourner. Ah, Charles! quelles espérances planaient sur ce paisible séjour! quel avenir j'ai pu contempler!... quels rêves si présens, si réels, dont mon cœur s'enivrait! Des larmes de bonheur ont coulé de mes yeux, et je bénissais Dieu qui vous a donné à M. Prévère, pour que je pusse vous être donnée, et trouver dans votre tendresse ma félicité, dans votre destinée, l'appui, le refuge, l'abri bien-aimé de la mienne.

Pendant que je me livrais tout entière à ces sentimens, Dourak retirait de dessous les feuilles sèches mon petit volume de Paul et Virginie, que j'y avais égaré la dernière fois. Il était dans un triste état, néanmoins je l'ai retrouvé avec un vif plaisir, tant j'éprouve d'attachement pour les livres sur lesquels j'ai lu pour la première fois quelque intéressant récit. Etes-vous donc sujet à ces enfantillages? La couleur des pages, le format, les moindres accidens des feuillets, la disposition des paragraphes, tout finit par s'associer bientôt au charme du livre; de façon que, ces choses changées, le charme diminue, je lis avec d'autres impressions, ce ne sont plus ces mêmes lieux où je me plaisais tant. Toutefois, vous le dirai-je? Charles. Quand j'ai eu retrouvé mon volume, j'ai ouvert, j'ai voulu lire..... mais, à côté des émotions que je venais d'éprouver, ces pages m'ont paru froides, ces tableaux de bonheur pâles, ces choses sans puissance pour me captiver. J'ai refermé le livre, et repris, avec Dourak, le chemin de la Cure.

Votre Louise.

LETTRE LXXXV.

MONSIEUR PRÉVÈRE A CHARLES.

De la Cure.

Vous deviez, mon cher enfant, venir passer auprès de nous deux ou trois jours à Noël; je viens vous proposer un autre arrangement qui, sans nuire à vos études, vous sera une compensation du plaisir que vous vous promettiez. Vos quatre jours de vacances s'ouvrent le 29; nous irons passer ce jour-là et le suivant auprès de vous. M. Reybaz a des emplettes à faire à la ville; en outre, il a promis à Louise de la conduire une fois au théâtre. Vous les y accompagnerez donc vendredi, si le spectacle est convenable.

Adieu, mon cher enfant. Nous nous réjouissons de vous voir; c'est dans cette chère attente que je vous embrasse tendrement.

Prévère.

LETTRE LXXXVI.

LE CHANTRE A CHARLES.

De la Cure.

Hier, à la veillée, on a fondu les plombs : on était la petite, Marthe et moi. Jean Redard vint un moment pour savoir, et tout autant pour faire parade des siens, où ils ont eu une bourse qui est significative; et un autel, qu'il pense être marque d'hyménée pour une de ses trois filles, qui chacune se l'attribuent. Comme aux nôtres, et à ceux de plusieurs du hameau, il y a un sabre, indiquant du remuement entre les puissances, et des rencontres d'armées. Ceci s'accorderait bien avec ce qu'on dit du Russe qui s'apprête, et de ces courriers qui battent la grande route d'Allemagne.

Pour revenir à la chose, c'est vers huit heures, qu'ayant tiré de la boîte les menus plombs que j'ai recueillis de ci, de là, durant l'année, et notamment un gros, provenant de la couverture du pigeonnier, j'en fis trois parts, pour autant que nous étions, regrettant de n'avoir pas à vous livrer la vôtre. Marthe fondit la première, et amena un plomb qui nous mit en gaîté, en ce que, n'ayant rien de sinistre, il était d'ailleurs parsemé d'autels lui pronostiquant des maris par douzaines, et, à l'angle, un vaisseau qui marque traversée et voyage d'outre-mer. Sur quoi la petite s'est invitée à sa noce, et moi au baptême de son troisième, pour en être le parrain, et la Combet, ma commère. Marthe a quarante-six ans, et n'est fréquentée de quiconque; toutefois les plombs ne mentent guère, et ce ne serait pas la première au village qui, bien que mûre, trouve un garçon pour la marier, si, outre sa cinquantaine, elle lui apporte cinquante louis de bien. Pour ce qui est du vaisseau, c'est un jeu du métal, ou une présomption de nos yeux ; car il n'y a chance que la pauvre Marthe s'en aille naviguer aux Amériques, ou boire son café à l'endroit où croît la plante.

J'ai fondu en second, et versé tout à la fois, d'un seul virement de la casserole, non à fil, comme il y en a qui font, voulant se ménager plus de chances ; sans songer qu'ainsi faire, c'est prétendre gouverner le sort, et non qu'il nous gouverne. Aussi, que leur advient-il ? A une question sans droiture, le sort fait une réponse ambiguë, et, au lieu d'une seule plaque dont les signes s'accordent en un pronostic clair et certain, ils en ont deux, trois, dont les signes s'opposent, se contredisent, et aboutissent à un pronostic mensonger. Au surplus, la mienne n'a pas marqué grand changement en bien comme en pire, n'y ayant ni bourses plus amples que ce qu'il en faut pour le pain quotidien, ni cendres ou noirceurs tirant au sépulcre. Seulement y a-t-il, vers le rebord, deux sabres en croix, dont l'un, brisé à moitié, signale une défaite ; et non loin, des pointes de langues, indiquant les dards du babil, et le venin des paroles. Mais depuis Caïn le sang a coulé sur la terre, et depuis Eve la langue a travaillé ; ce n'est donc là de quoi se soucier plus que de coutume.

La petite est venue ensuite, riant de la chose, et se donnant pour n'y pas croire, en quoi je ne la contrariais pas, dans la crainte de ce que pourrait amener son plomb, au-dessus duquel, durant qu'elle jouait, je voyais tournoyer une cendre qui s'y est posée, non sans m'assombrir. Le plomb versé, j'ai vu la cendre fixée pas loin du pourtour, et, la fesant disparaître furtivement, j'en ai gardé le pronostic en dedans de moi-même, sans que Marthe ni Louise, attentives aux autels, aux bourses, et aux fleurs étoilées, aient vu dans ce plomb autre chose qu'hyménée, félicité, et jours tressés de grâces du Ciel. Moi-même je me suis ragaillardi à leurs propos, en ce que si la cendre y était (et encore je l'y craignais peut-être plus que je ne l'y ai vue), du moins elle était sans noirceurs, sans fosses, et plutôt un jeu malicieux du hasard ou du vent, qu'un signe ordonné d'en haut. Que, dans tous les cas, ces choses demeurent ignorées de Louise.

M. Prévère vous a écrit qu'on ira à la ville jeudi, pour y séjourner deux jours, tant par rapport à des emplettes, qu'à votre intention, et pour faire voir le théâtre à Louise à qui j'ai promis, et à moi qui ne l'ai pas vu. Par la même occasion, on visitera le musée où sont ces pierres curieuses, et tous les animaux féroces figurés au naturel; puis le temple de Saint-Pierre, où se voient les douze apôtres, en couleurs, et ces hautes colonnes qui se rejoignent en voûte par-dessus les têtes, vraie maison de Dieu, où je ne suis pas entré que je n'aie eu comme l'impression de tabernacles, de parvis, et de saint respect du Seigneur. Pas bien loin, je veux montrer à Louise cet escalier de l'Hôtel-de-Ville, qui vous fait monter par une rampe pavée, comme qui dirait une rue, jusqu'aux toitures de l'édifice; et où, dans les anciens temps, les quatre Syndics montaient à cheval, suivis du cortége. Ces choses vues, ou chemin faisant, on songera aux emplettes où vous nous guiderez, connaissant les marchands sinon la marchandise. Pour M. Prévère, occupé de son côté, il rejoindra aux repas, et pour la soirée du jeudi, qu'on passera au coin du feu. Nous logerons chez Mme Chaumont, chez qui il vous faut retenir trois chambres, les mêmes, si faire se peut, qu'il y a deux ans.

Dieu merci, Louise est mieux que je ne l'aie encore vue. Appliquez-vous donc, Charles, à bien apprendre votre profession; et n'oubliez pas que, favorisé de Dieu, il ne vous reste plus qu'à vous rendre digne. Soyez comme ces arbres dont on ne sait qui les a plantés, mais que leur bonne venue fait épargner, jusqu'à ce que, à cause de l'ombrage qu'ils donnent, et des fruits qu'ils portent, on s'en fasse honneur.

Votre affectionné,

REYBAZ.

FIN DU TOME PREMIER.

www.ingramcontent.com/pod-product-compliance
Lightning Source LLC
Chambersburg PA
CBHW071417230426
43669CB00010B/1580